PROCESSOS COLETIVOS E POLÍTICAS PÚBLICAS:
Mecanismos para a garantia de uma prestação jurisdicional democrática

CONTRACORRENTE

SABRINA NASSER DE CARVALHO

PROCESSOS COLETIVOS E POLÍTICAS PÚBLICAS:
Mecanismos para a garantia de uma prestação jurisdicional democrática

São Paulo

2016

CONTRACORRENTE

Copyright © **EDITORA CONTRACORRENTE**
Rua Dr. Cândido Espinheira, 560 | 3º andar
São Paulo – SP – Brasil | CEP 05004 000
www.editoracontracorrente.com.br
contato@editoracontracorrente.com.br

Editores

Camila Almeida Janela Valim
Gustavo Marinho de Carvalho
Rafael Valim

Conselho Editorial

Augusto Neves Dal Pozzo
(Pontifícia Universidade Católica de São Paulo – PUC/SP)

Daniel Wunder Hachem
(Universidade Federal do Paraná – UFPR)

Emerson Gabardo
(Universidade Federal do Paraná – UFPR)

Gilberto Bercovici
(Universidade de São Paulo – USP)

Heleno Taveira Torres
(Universidade de São Paulo – USP)

Jaime Rodríguez-Arana Muñoz
(Universidade de La Coruña – Espanha)

Pablo Ángel Gutiérrez Colantuono
(Universidade Nacional de Comahue – Argentina)

Pedro Serrano
(Pontifícia Universidade Católica de São Paulo – PUC/SP)

Silvio Luís Ferreira da Rocha
(Pontifícia Universidade Católica de São Paulo – PUC/SP)

Equipe editorial

Carolina Ressurreição (revisão)
Denise Dearo (design gráfico)
Mariela Santos Valim (capa)

Dados Internacionais de Catalogação na Publicação (CIP)
(Ficha Catalográfica elaborada pela Editora Contracorrente)

C331   CARVALHO, Sabrina Nasser de.

Processos coletivos e políticas públicas: mecanismos para a garantia de uma prestação jurisdicional democrática | Sabrina Nasser de Carvalho – São Paulo: Editora Contracorrente, 2016.

ISBN: 978-85-69220-13-8

Inclui bibliografia

1. Direito. 2. Direito Administrativo. 3. Direito Processual Civil. 4. Direito público.
I. Título.

CDU – 341

Impresso no Brasil
Printed in Brazil

*Aos meus pais, Regina e Marcus,
pelo amor e pelas lições de vida.*

*À minha família e aos meus amigos,
por darem alegria e significado à minha vida.*

Ao Rafa, meu melhor amigo e o amor da minha vida.

*Ao Francisco, meu mais novo amor,
por me encher de alegria a cada sorriso.*

SUMÁRIO

AGRADECIMENTOS 9

PREFÁCIO – Prof. Ricardo de Barros Leonel 11

INTRODUÇÃO 13

1. DEMOCRACIA, JUSTIÇA E PROCESSO 17
   1.1 DEMOCRACIA E DIREITOS SOCIAIS 17
   1.2 DEMOCRACIA PARTICIPATIVA 30
   1.3 PROCESSO E DEMOCRACIA 42

2. CONTROLE JURISDICIONAL DE POLÍTICAS PÚBLICAS 55
   2.1 DO ESTADO LIBERAL AO ESTADO CONSTITUCIONAL DE DIREITO 55
   2.2 POLÍTICAS PÚBLICAS: ORIGEM, EVOLUÇÃO E CONCEITO 69
   2.3 ATOS POLÍTICOS X ATOS ADMINISTRATIVOS 75
   2.4 LEGITIMIDADE DO CONTROLE JURISDICIONAL DE POLÍTICAS PÚBLICAS 86
      2.4.1 Parâmetros para o controle jurisdicional de políticas públicas pelo Poder Judiciário 86
      2.4.2 Legitimidade democrática do controle jurisdicional de políticas públicas 106
      2.4.3 Críticas e respostas ao controle jurisdicional de políticas públicas 114

3. **PROCESSOS COLETIVOS COMO INSTRUMENTO DE EFETIVAÇÃO DOS FUNDAMENTOS DO ESTADO DEMOCRÁTICO DE DIREITO** 123

3.1 PROCESSO COLETIVO MODERNO: REDEFINIÇÃO DE UM NOVO MODELO PROCESSUAL 123

    3.1.1 *Class Actions*: novo paradigma de modelo processual 130

    3.1.2 Direito processual brasileiro 135

3.2 PROCESSOS COLETIVOS: MODELO PROCESSUAL MAIS ADEQUADO PARA A DISCUSSÃO JURÍDICO-POLÍTICA 148

    3.2.1 Primazia da tutela de direitos (essencialmente) coletivos para o controle jurisdicional de políticas públicas 148

    3.2.2 Processos coletivos e democracia social 169

4. **INSTRUMENTOS PROCESSUAIS À SERVIÇO DA DEMOCRATIZAÇÃO DO PROVIMENTO JURISDICIONAL DE POLÍTICAS PÚBLICAS** 179

4.1 REPRESENTATIVIDADE ADEQUADA E DEMOCRACIA PROCESSUAL 179

    4.1.1 Legitimação coletiva 179

    4.1.2 Representatividade adequada 185

    4.1.3 Representatividade adequada como instrumento de participação social na elaboração dos elementos objetivos da demanda coletiva 205

4.2 PARTICIPAÇÃO POPULAR POR INTERMÉDIO DAS AUDIÊNCIAS PÚBLICAS 216

4.3 *AMICUS CURIAE*: REPRESENTATIVIDADE DA SOCIEDADE CIVIL NO ENFRENTAMENTO AOS OBSTÁCULOS À INFORMAÇÃO 236

    4.3.1 Do instituto: amicus curiae 236

    4.3.2 Democratização do debate processual por meio do amicus curiae 253

CONCLUSÃO 265

REFERÊNCIAS BIBLIOGRÁFICAS 271

AGRADECIMENTOS

Esta obra foi fruto de uma longa caminhada, marcada por muito trabalho e também por felizes encontros com pessoas que me deram todo o suporte e auxílio para que o projeto fosse adiante.

Agradeço ao meu orientador do curso de mestrado, Ricardo de Barros Leonel, que, sempre com muita disponibilidade e atenção, provocou-me com reflexões imprescindíveis a uma abordagem crítica e sempre ponderada sobre os caminhos a serem traçados para a conclusão desta pesquisa.

Aos professores Suzana Henriques da Costa e Richard Paulro Pae Kim, pelas valiosas críticas e ensinamentos, que muito contribuíram para o amadurecimento dos argumentos e conclusões expostas neste trabalho.

À minha irmã, Patrícia, pela imprescindível troca de experiências e por ter-me contagiado com seu entusiasmo pela vida acadêmica.

A todos os meus colegas e amigos da Defensoria Pública, que, com sua luta diária pelos mais pobres, servem de inspiração ao meu trabalho e aos meus estudos.

Por fim, um agradecimento especial ao meu marido, Rafael, que esteve todo o tempo ao meu lado, me incentivando, palpitando e revisando os textos. Estar ao seu lado foi fundamental!

A Deus, pela vida, inspiração e força.

PREFÁCIO

Com imensa satisfação aceitei o convite para prefaciar a obra que ora vem a público, intitulada "Processos Coletivos e Políticas Públicas", de autoria de Sabrina Nasser de Carvalho, que atua profissionalmente como Defensora Pública no Estado de São Paulo.

Mostra-se necessário averbar que se trata da versão editorial da dissertação apresentada como requisito parcial para obtenção do Título de Mestre em Direito Processual Civil pela Faculdade de Direito da Universidade de São Paulo, aprovada com distinção, no ano de 2013, por banca examinadora composta por mim, na condição de presidente e orientador acadêmico, e pelos professores doutores Susana Henriques da Costa e Richard Paulro Pae Kim.

A autora demonstrou, na excelente pesquisa que serviu de base à elaboração do texto do livro, o quão importante se revela que, nos estudos do Direito Processual Civil contemporâneo, o pesquisador lance o seu olhar não apenas para a técnica processual, mas também para a realidade vivenciada por todos aqueles que, de algum modo, esperam os bons resultados do instrumento de trabalho do processualista. Demonstrou também a importância da compreensão de que o processo é, verdadeiramente, meio de exercício do poder estatal e, justamente por isso, deve ser moldado de forma a materializar, nos seus lindes, a realização de anseios democráticos do poder constituinte.

Não bastasse a atenção quanto ao indispensável conteúdo científico do estudo e às necessidades pragmáticas do foro, preocupou-se a autora com a formulação de reflexões que vão para além do Direito Processual e enveredam, em boa medida, pelos meandros da Teoria do Estado, do Direito Constitucional e da Ciência Política, visto evidenciar, com percuciência, que quando se ingressa no difícil terreno da intervenção do Poder Judiciário em Políticas Públicas, apresenta-se a imponderável necessidade de repensar aspectos assentados como dogmas no que diz respeito ao sistema de divisão de Poderes e da representatividade popular.

Labora ainda a autora para esclarecer que, a partir do momento em que se admite a intervenção do Poder Judiciário, por meio do processo coletivo, na formulação e realização de políticas públicas, torna-se absolutamente indispensável concretizar mecanismos para que a prestação jurisdicional a ser aí obtida se realize em conformidade com o modelo vigente de Estado Democrático de Direito.

Como toda obra cuja densidade decorre da profundidade do estudo e das sensíveis reflexões críticas que apresenta, não pretende a autora inserir um ponto final no debate que vem se intensificando, nessa área, nos últimos tempos. Busca sim lançar fundamental contribuição quanto a esta discussão para que, seja em função do sistema legislativo vigente, seja ainda na hipótese de adoção de modificações legislativas, orientadas para a adequação do processo coletivo aos litígios envolvendo políticas públicas, estejam os atores conectados ao elemento central que não pode, em qualquer hipótese, ser esquecido: a ideia de que os mecanismos de concretização dos direitos coletivos devem apresentar conformidade às necessidades contemporâneas e à indispensável premissa de que a prestação jurisdicional deve ser alcançada de forma democrática.

Por essas razões é que me sinto convencido quanto ao acerto em assinalar a importância da obra, recomendando sua leitura por todos aqueles que se interessam pelo estudo da convergência entre Políticas Públicas e Processo Coletivo, tão frequente nos últimos tempos.

À Editora Contracorrente meus cumprimentos pela decisão de publicar esta obra indispensável, de conteúdo verdadeiramente científico, tornando-a acessível a todos quantos pretendam se aprofundar nesse terreno.

Ricardo de Barros Leonel
Professor Associado
Departamento de Direito Processual
Faculdade de Direito da Universidade de São Paulo

INTRODUÇÃO

O presente trabalho pretende discutir a utilização e a institucionalização de mecanismos democráticos e participativos no curso do processo coletivo em que se veicula o controle de políticas públicas. Procurar-se-á demonstrar a pertinência do alargamento da relação dialética processual para além das partes formais do processo, de modo a conferir, por meio de novos institutos processuais, um potencial legitimador às decisões jurisdicionais de largo interesse social.

O propósito será demonstrar que o Poder Judiciário também pode ser instância adequada para o exercício dos valores democráticos, através de oportunidades participativas proporcionadas à sociedade civil, com o fim de contribuir para o processo de construção dos valores sociais constitucionais e, em consequência, corroborar para a busca do cumprimento dos objetivos da República Federativa do Brasil.

Para tanto, o presente estudo mantém-se atento à premissa de que o Direito é verdadeira expressão cultural e, por se tratar de produto do homem, acompanha as transformações ocorridas no seio da sociedade, impulsionadas pela conjuntura política e social que particularizam determinado período da história.

A institucionalização de um Estado constitucional e democrático colocou os valores inerentes à dignidade humana no centro de todo o ordenamento jurídico, outorgando uma visão ética ao Direito para se tornar verdadeiro instrumento a serviço da solidariedade. Sob os auspícios destes novos valores, a neutralidade da jurisdição fez-se substituir pela atuação ativa e política do magistrado, colocando-o como corresponsável, juntamente com os demais poderes, por alcançar os objetivos traçados pela Constituição.

No Estado Democrático de Direito, as normas constitucionais são inscritas por meio de princípios abertos, que autorizam uma ampla margem de atuação do intérprete jurisdicional para desvelar o seu verdadeiro sentido social. Na ameaça ou lesão a estes direitos e garantias o Poder Judiciário pode ser provocado a restabelecer a harmonia constitucional.

A indagação fomentadora das inúmeras controvérsias que recebem atenção atualmente na doutrina e na jurisprudência refere-se aos limites da atuação pelo Poder Judiciário, quando este é provocado a aferir se, por ação ou omissão, houve afronta aos direitos fundamentais constitucionais pelos demais poderes. Imprescindível, portanto, estabelecer seu espectro de atuação jurisdicional, com o escopo de colimar ao equilíbrio entre os Poderes no Estado Democrático de Direito, e não à sobreposição arbitrária de um sobre o outro.

A definição destes limites passa pela análise de inúmeras questões, como, por exemplo, quais as características normativas dos direitos constitucionais e a sua justiciabilidade, qual o papel do Poder Judiciário no Estado Democrático de Direito, quais as deficiências do modelo da democracia representativa, entre outras.

A sedimentação dos limites dos Poderes se faz necessária para que se evitem intervenções indevidas e inoportunas, que podem estar perigosamente travestidas pelo discurso do compromisso com a efetividade dos preceitos constitucionais, culminando na arbitrariedade da atuação do Poder Judiciário. Nesse caso, pode haver verdadeira afronta ao princípio constitucional da harmonia e independência dos Poderes.

De outro vértice, importante se faz delinear as possibilidades em que o Poder Judiciário está autorizado a imiscuir-se nas ações políticas estratégicas, respaldado pela constatação de que as normas constitucionais e infraconstitucionais foram desrespeitadas pelos entes públicos, por ação ou omissão, de forma desarrazoada e injustificada.

PROCESSOS COLETIVOS E POLÍTICAS PÚBLICAS

Estes novos rumos do Poder Judiciário, de intervir em questões de alta relevância política e social, também ensejam reflexos no Direito processual, que, assim como o direito material, receberá uma nova leitura em decorrência dos influxos do constitucionalismo democrático. Enquanto instrumento de efetivação do direito material, o processo dever adequar-se aos propósitos constitucionais, de modo a garantir a plenitude destes novos direitos, muitos deles particularizados pela transindividualidade de sua titularidade e por sua importância política e social. Assim, os reflexos da ideologia inserta nas normas constitucionais uniram-se à técnica para redimensionar determinados institutos processuais e fazer florescer outros, necessários à ampliação do acesso à justiça e à democratização de seu procedimento. Em consequência, edificou-se um processo civil que, mais do que ao interesse das partes, serve aos interesses sociais.

Isto posto, deve-se analisar a processualística contemporânea, de modo a identificar o modelo instrumental mais adequado para se postular em juízo estes novos direitos. Para tanto, o processo deve franquear mecanismos condizentes com as particularidades da estrutura das políticas públicas, servindo de facilitador do acesso à justiça e concorrendo a fim de proporcionar o instrumento adequado à implementação da distribuição igualitária dos recursos públicos e ao alcance do bem comum.

Ao direito processual também é outorgado o mister de proporcionar a abertura do procedimento, garantindo, assim, a participação da sociedade nos processos de interesse público e social, uma vez que as políticas públicas representam questões de alta relevância à sociedade, por referirem-se aos meios para se efetivar os direitos fundamentais e de primeira ordem.

Dentre os destaques da evolução processual está o processo coletivo. É este modelo processual que flexibiliza os institutos processuais tradicionais para amoldar-se eficientemente aos direitos transindividuais, perfazendo-se como ferramenta eficiente para dimensionar conflitos de alta relevância social e política.

Não obstante, instiga-se à processualística contemporânea a construção de respostas adequadas ao cumprimento deste dever constitucional de inserção política da sociedade civil em corroborar as deliberações jurisdicionais, servindo como mecanismo de aprimoramento da deliberação jurisdicional, e, principalmente, à legitimidade social da intervenção do Judiciário em questões de interesse político e social.

E, assim, a proposta de novos instrumentos processuais democráticos ganha espaço e importância, como será analisado neste trabalho.

1

DEMOCRACIA, JUSTIÇA E PROCESSO

1.1 DEMOCRACIA E DIREITOS SOCIAIS

A relação e o diálogo estabelecidos entre o Direito e as formas de exercício do poder instigam reflexões e controvérsias de pensadores desde a antiguidade, quando então iniciaram a busca pelas respostas dos questionamentos advindos da relação de circularidade estabelecida entre estes dois elementos.[1]

O embasamento da relação de interdependência entre Direito e o modo de governar subjaz na premissa explicitada por Norberto Bobbio de que direito e poder são duas faces de uma mesma moeda: só o

---

[1] "(...) já que as leis são geralmente postas por quem detém o poder, de onde vêm as leis a que deveria obedecer o próprio governante? As respostas dada pelos antigos a esta pergunta abriram duas estradas. A primeira: além das leis postas pelos governantes existem outras leis que não dependem da vontade dos governantes, e estas são ou as leis naturais, derivadas da própria natureza do homem vivendo em sociedade, ou as leis cuja força vinculatória deriva do fato de estarem radicadas numa tradição (...). A segunda: no início de um bom ordenamento de leis existe o homem sábio, o grande legislador, que deu a seu povo uma constituição à qual os futuros dirigentes deverão escrupulosamente ater-se". (BOBBIO, Norberto. *Estado, governo, sociedade*: para uma teoria geral da política. Traduzido por Marco Aurélio Nogueira. Rio de Janeiro: Paz e Terra, 1987, pp. 96/97).

poder pode criar o direito e só o direito pode limitar o poder.[2] Pelos ensinamentos do filósofo italiano, o Estado democrático posiciona-se segundo o ponto de vista do direito, ao contrário do Estado despótico, que se refere a um tipo ideal de Estado, compreendido do ponto de vista do poder.[3]

Em uma democracia, portanto, para que as decisões tomadas por determinados indivíduos possam ser aceitas como decisões coletivas faz-se imprescindível a observância das "regras do jogo", ou seja, leis preestabelecidas, que garantam a qualidade democrática das deliberações políticas. Do mesmo modo, é por intermédio do modelo democrático que as "regras do jogo" são elaboradas e aprimoradas; pois o Direito, afastando-se da concepção jusnaturalista, não é um conjunto de dados extraídos da natureza do homem, e sim reflete dados históricos, sociais e culturalmente construídos.[4]

Nesta linha de intelecção, é possível descortinar uma relação de interdependência ou reciprocidade estreita entre direitos fundamentais e democracia no Estado Democrático de Direito.[5] Neste modelo de

---

[2] "O governo das leis celebra hoje seu trunfo na democracia. E o que é a democracia se não um conjunto de regras (as chamadas regras do jogo) para a solução dos conflitos sem derramamento de sangue? E em que consiste o bom governo democrático se não, acima de tudo, no rigoroso respeito a estas regras? Pessoalmente, eu não tenho dúvidas sobre a resposta a estas questões. E, exatamente porque não tenho dúvidas, posso concluir tranquilamente que a democracia é o governo das leis por excelência". (BOBBIO, Norberto. *O futuro da democracia*. Traduzido por Marco Aurélio Nogueira. São Paulo: Paz e Terra, 2000, p. 185).

[3] BOBBIO, Norberto. *O futuro da democracia*. Traduzido por Marco Aurélio Nogueira. São Paulo: Paz e Terra, 2000, p. 23.

[4] "(...) os direitos do homem, por mais fundamentais que sejam, são direitos históricos, ou seja, nascidos em certas circunstâncias, caracterizadas por lutas em defesa de novas liberdades contra velhos poderes, e nascidos de modo gradual, não todos de uma vez e nem de uma vez por todas". (BOBBIO, Norberto. *A era dos direitos*. Traduzido por Carlos Nelson Coutinho. Rio de Janeiro: Elsevier, 2004, p. 25).

[5] "Pode-se dizer, assim, que há entre os direitos fundamentais e a democracia uma relação de interdependência e reciprocidade. Da conjugação desses dois elementos é que surge o Estado democrático de direito, estruturado como conjunto de instituições jurídico-políticas erigidas sob o fundamento e para a finalidade de proteger e promover

Estado, os postulados estão preconizados sob a prevalência dos direitos fundamentais e nos preceitos participativos da sociedade civil. Com isso, tem-se que os governantes estão vinculados ao respeito estrito dos direitos que perfazem a dignidade humana e, ainda, que as decisões políticas devem ser o resultado da intensa participação da sociedade civil nas deliberações de larga importância política e social.

No Estado de Direito, perfilhava-se o postulado de que o Direito era apenas um limitador de poder, mas a criação das regras não era concebida como resultado de um procedimento democrático verdadeiramente popular.

Após um largo período de conquistas, o paradigma no Estado Democrático de Direito se alterou. Neste momento, os valores democráticos ultrapassam o conceito meramente formal de democracia, denotando-se um projeto de autogoverno do povo, em que os cidadãos atuam, não apenas como destinatários das normas, mas também participam do processo de elaboração dos comandos normativos. Neste sentido, a limitação do poder em favor das liberdades individuais não se torna a única preocupação, mas a ênfase também é de garantir a participação efetiva dos cidadãos nos processos de tomada da decisão política, outorgando condições materiais para o exercício dos direitos políticos. A participação do povo é o elemento legitimador das escolhas que regem a sociedade, tornando-as eminentemente coletivas e fruto de opções advindas dos anseios sociais, com a dinamicidade inerente às transformações da sociedade, refletindo fielmente a evolução de um determinado momento da história.[6]

---

a dignidade da pessoa humana". (BINENBOJM, Gustavo. *Uma teoria do direito administrativo*: direitos fundamentais, democracia e constitucionalização. Rio de Janeiro: Renovar, 2008, pp. 50/51).

[6] "Fluindo do dissenso conteudístico que caracteriza estruturalmente o mundo da vida e, pois, a esfera pública, a soberania do povo é fator de reciclagem permanente do Estado em face das novas situações e possibilidades, assim como condição básica e indispensável de sua heterolegitimação em uma sociedade sistemicamente hipercomplexa, eticamente heterogênea e politicamente pluralista". (NEVES, Marcelo. *Entre Têmis e Leviatã*: uma relação difícil. O estado democrático de direito a partir e além de Luhmann e Habermas. São Paulo: Martins Fontes, 2008, p. 165).

Os direitos fundamentais, por sua vez, também qualificam o Estado Democrático de Direito, erigindo a cláusula da dignidade da pessoa humana como o fundamento da atuação estatal. Reconhece-se, assim, a necessária observância do comprometimento do sistema político e jurídico com a promoção da pessoa humana, seja no espectro dos direitos individuais e de liberdade, seja em relação aos direitos sociais, estes últimos impulsionados pelo componente do princípio da solidariedade.

Os valores que delineiam o perfil deste Estado Constitucional e Democrático encontram-se positivados nas Constituições modernas por intermédio dos direitos fundamentais. Tais direitos consubstanciam o acordo básico estabelecido entre as diversas forças sociais e políticas, consolidando um ponto de convergência e de consenso mínimo que deve informar uma sociedade pluralista.[7] Em outros termos, a força e o poder advindos do Estado, neste novo momento histórico, jamais podem deixar de perfilhar os caminhos que regem a temática dos direitos fundamentais, os quais constituem pontos fulcrais do Estado Democrático de Direito, sob pena de seus atos tornarem-se ilegítimos, promovendo ainda a descaracterização da própria democracia. Diante de sua inegável importância, cuida-se de direitos e garantias intocáveis pelo processo político, uma vez que consubstanciam o núcleo inviolável da dignidade intrínseca a todo indivíduo.

Vale ressaltar que a imbricação entre os direitos fundamentais e a democracia neste novo momento histórico exige o livramento das amarras da concepção dos preceitos meramente negativos destes direitos, tão festejados no Estado Liberal.

Deste modo, os conceitos de liberdade e igualdade são revisitados no modelo constitucional-democrático, exigindo-se igual liberdade

---

[7] "En su significación axiológica objetiva los derechos fundamentales representan el resultado del acuerdo básico de las diferentes fuerzas sociales, logrado a partir de relaciones de tensión y de los consiguientes ersfuerzos de cooperación encaminados al logro de metas comunes. Por ello, corresponde a los derechos fundamentales un importante cometido legitimador de las formas constitucionales del Estado de Derecho, ya que constituyen los presupuestos del consenso sobre el que se debe edificar cualquier sociedad democrática; en otros términos, su función es la de sistematizar el contenido axiológico objetivo del ordenamiento democrático al que la mayoíria de los ciudadanos prestan su consentimiento y condicionan su deber de obediência al Derecho." (PEREZ LUÑO, Antonio Enrique. *Los derechos fundamentales*. Madrid: Tecnos, 1998, pp. 20/21).

entre os indivíduos, inteirada pelo princípio da solidariedade, de modo a garantir as condições básicas para que todos os cidadãos possam intervir no procedimento de distribuição dos recursos comuns. Sob este prisma, questiona-se se a democracia substancial pode ser de fato atingida quando a fome, a miséria, o analfabetismo e a exclusão social mostram-se características marcantes de uma determinada sociedade.

Não há dúvidas de que a resposta é negativa, como bem evidencia o constitucionalista J. J. Gomes Canotilho:

> A articulação da socialidade com democraticidade torna-se, assim, clara: só há verdadeira democracia quando todos têm iguais possibilidades de participar do governo da pólis. Uma democracia não se constrói com fome, miséria, ignorância, analfabetismo e exclusão. A democracia só é um *processo* ou *procedimento justo de participação política* se *existir uma justiça distributiva* no plano dos bens sociais. A juridicidade, a socialidade e a democracia pressupõem, assim, uma base jusfundamental, incontornável, que começa nos direitos fundamentais da pessoa e acaba nos direitos sociais.[8]

Pelos valores postos no Estado contemporâneo, a conclusão é pela indissociabilidade da democracia e dos direitos sociais. Neste contexto, é dever do Estado Social promover meios para a concreta inclusão social dos indivíduos, por intermédio da outorga de pressupostos materiais, qualificados como essenciais para o resguardo da dignidade humana.

É forçoso reconhecer que o Direito, para realizar-se como verdadeiro instrumento de inserção dos indivíduos nos procedimentos que culminam em importantes deliberações políticas do Estado, deve superar

---

[8] CANOTILHO, José Joaquim Gomes. "O direito constitucional como ciência de direcção. O núcleo essencial de prestações sociais ou a localização incerta da socialidade. Contributo para a reabilitação da força normativa da 'constituição social'". *In:* CANOTILHO, J.J. Gomes; CORREIA, Marcus Orione Gonçalves; CORREIA, Érica Paula Barcha (Coords.). *Direitos fundamentais sociais.* São Paulo: Saraiva, 2010, p. 19.

a visão de proteção restrita aos direitos de primeira geração, os denominados "direitos de defesa" ou de "liberdades públicas".

Estes direitos têm sua gênese no pensamento liberal-burguês do século XVIII, quando então a preocupação era demarcar os limites estreitos à intervenção e ao constrangimento do Estado, dimensionando-os no espectro mínimo, de modo a amparar a convivência social. Com isso, a economia capitalista encontrou espaço livre para seu desenvolvimento, convertendo-se em uma questão eminentemente privada, prescindindo de regulação estatal.

De todo modo, ainda que tais direitos se prestassem a satisfazer os interesses da classe burguesa, o seu intento era de resguardar a esfera de autonomia do indivíduo frente aos desmandos do Estado e do particular. Inegável, assim, o seu valor.

Esta modalidade de direitos mantém-se nas Cartas políticas contemporâneas, mas, sem dúvida, é compreendida sob outro prisma após uma releitura permeada pelos influxos axiológicos da sociedade atual, de modo a adequar-se ao modelo de Estado Democrático e Constitucional.

A importância da preservação da autonomia do indivíduo é inquestionável, promovendo a proteção de seu aspecto existencial e de autodeterminação da pessoa humana.

No estágio atual, estes direitos são denominados de "direitos civis e políticos", porque abrangem um leque de liberdades que se relacionam à promoção da participação política do indivíduo, a exemplo da liberdade de expressão, liberdade de imprensa, direito de reunião, direito ao voto, entre outros, denotando-se, assim, sua estreita aproximação com a democracia.[9]

A nota distintiva do Estado Social, no entanto, é a imprescindível ampliação da proteção das dimensões do dever estatal, por meio da

---

[9] SARLET, Ingo Wolfgang. *A eficácia dos direitos fundamentais*: uma teoria geral dos direitos fundamentais na perspectiva constitucional. Porto Alegre: Livraria do Advogado, 2012, p. 47.

promoção dos direitos econômicos, sociais e culturais. Como anteriormente mencionado, imputa-se ao Poder Público a responsabilidade de prover as condições materiais inerentes à esfera da solidariedade, a exemplo do direito à saúde, à moradia, ao lazer, ao trabalho, entre outros. Para além da igualdade meramente formal do Estado Liberal, busca-se promover a igualdade em seu aspecto material, de modo a posicionar o indivíduo em condições de iguais oportunidades, franqueando-lhe cidadania social, a fim de que todos possam exercer o conteúdo de forma efetivamente participativa na seara das decisões políticas advindas do Estado. Portanto, por meio da dinâmica distributiva, o Estado torna-se devedor de um progresso material da sociedade, de modo a assegurar a todos as condições imprescindíveis para a sua inclusão política e para a preservação de seu poder de influência nas deliberações no âmbito estatal, tornando todos sujeitos de direitos e não meros objetos de um processo político meramente formal.

Preconizado nestas premissas, revela-se, para o exercício do direito democrático, imprescindível a observância simultânea dos direitos de liberdade e dos direitos sociais.

Não é por outra razão que, na esfera dos direitos humanos, fala-se em interdependência e indivisibilidade dos direitos civis e políticos e dos direitos econômicos, sociais e culturais, reconhecendo-se, no plano internacional, a insuficiência de proteção da dignidade humana somente com a observância de uma destas modalidades de direitos.[10]

---

[10] "Um dos possíveis significados das noções de interdependência e indivisibilidade de todos os direitos humanos é o fato de que deveres decorrentes de diferentes direitos podem se sobrepor – de forma que o mesmo dever pode ser identificado com diferentes direitos. Um exemplo típico desse fenômeno é a ideia de que o direito à vida envolve obrigações positivas, incluindo o acesso a um nível básico de serviços de saúde – um dever que também pode ser identificado com o direito à saúde. Finalmente, alguns direitos resistem à compartimentalização estrita – por exemplo, o direito à educação vem sendo considerado um direito civil, político, econômico, social e cultural. (COURTIS, Christian. "Critérios de justiciabilidade dos direitos econômicos, sociais e culturais: uma breve exploração". *In*: SOUZA NETO, Cláudio Pereira de; SARMENTO, Daniel. *Direitos sociais*: fundamentos, judicialização e direitos sociais em espécie. Rio de Janeiro: Lumen Juris, 2008, pp. 490/491).

De todo modo, hodiernamente, ainda se encontra arraigada, na doutrina e na jurisprudência, uma dicotomia plasmada na essência da conformação dos efeitos que caracterizam os direitos de liberdade e os direitos sociais, sustentando tratar-se de modalidades díspares, o que ensejaria o enquadramento destes direitos em categorias diversas.

A principal característica suscitada que outorga naturezas tão distintas a estes direitos refere-se à compreensão de uma dimensão de conteúdo meramente abstencionista da atividade estatal, o que caracterizaria a essência dos direitos de defesa, defendendo-se, em contraposição, uma dimensão prestacional aos direitos sociais, o que exigiria do Estado, para satisfazê-los, uma atuação positiva.

Preconizado nesta distinção, sustenta-se que os direitos meramente negativos inserem-se na categoria de direitos subjetivos públicos, o que os faz plenamente justiciáveis, haja vista que, para a sua satisfação, torna-se suficiente apenas uma abstenção do Estado, ou seja, uma atuação negativa e, portanto, desonerada de custos.

De outro vértice, os direitos sociais, por condizerem com a atuação prestacional perpetrada pelo aparato estatal, representam um comportamento ativo do Estado e não apenas uma mera abstenção. E, em sendo assim caracterizados, os direitos sociais demandam custos por parte do Estado e sua implementação encontra-se condicionada às possibilidades materiais existentes, subordinada aos critérios distributivos dos recursos comuns, infirmando, em contrapartida, a eficácia jurídica desses direitos,[11] ou seja, a sua sindicabilidade perante o Poder Judiciário.

Alicerçando-se sobre essas premissas, é possível mencionar a doutrina de José Afonso da Silva, que dispõe sobre a classificação da eficácia

---

[11] Sobre o conceito de eficácia jurídica: "Trata-se, na nomenclatura contemporânea, da eficácia jurídica – eficácia juridicamente qualificada – por força da qual, uma vez desrespeitada uma norma, podem ser exigidas providências diante do Judiciário, instituição responsável por sua imposição coativa." (BARCELLOS, Ana Paula de. *A eficácia dos princípios constitucionais*: o princípio da dignidade da pessoa humana. Rio de Janeiro: Renovar, 2002, p. 33).

jurídica das normas constitucionais, ou seja, quanto aos aspectos de aplicabilidade, exigibilidade ou executoriedade da norma.[12]

O constitucionalista divide as normas constitucionais em três categorias: normas constitucionais de eficácia plena, normas constitucionais de eficácia contida e normas de eficácia limitada ou reduzida. Na primeira categoria, todas as normas produzem seus efeitos essenciais, pois contêm uma normatividade suficiente para tanto. Da mesma forma, o segundo grupo também se caracteriza por conter normas que incidem imediatamente e produzem os efeitos desejados, mas, por outro lado, preveem meios e conceitos que permitem manter a sua eficácia contida em certos limites. Por fim, as normas de eficácia limitada não produzem, com a simples entrada em vigor seus efeitos essenciais em razão de sua normatividade insuficiente, deixando a tarefa de integrá-la para o legislador ou para outro órgão do Estado.[13]

Diante desta classificação, conclui José Afonso da Silva, as normas constitucionais que descrevem direitos individuais são de aplicabilidade imediata e direta, prescindindo de qualquer atividade do legislador ou de outro órgão estatal. Os direitos sociais, por sua vez, inserem-se na categoria de normas de eficácia limitada, na qual integra a espécie de normas programáticas, e se prestam a direcionar os fins que devem orientar o Estado, exigindo a emanação de outros atos para se tornarem plenos em sua normatividade e produzirem os efeitos desejados pela norma.[14]

---

[12] SILVA, José Afonso. *Aplicabilidade das normas constitucionais*. São Paulo: Malheiros, 2009, p. 66.

[13] SILVA, José Afonso. *Aplicabilidade das normas constitucionais*. São Paulo: Malheiros, 2009, pp. 82/83.

[14] SILVA, José Afonso. *Aplicabilidade das normas constitucionais*. São Paulo: Malheiros, 2009, pp. 151-160. Ainda assim o autor reconhece graus de eficácia jurídica, direta e vinculante a esta espécie de direitos, como: I – estabelecem um dever para o legislador ordinário; II – condicionam a legislação futura, com a consequência de serem inconstitucionais as leis ou atos que a ferirem; III – informam a concepção do Estado e da sociedade e inspiram sua ordenação jurídica; IV – constituem sentido teleológico para a interpretação, integração e aplicação das normas jurídicas; V – condicionam a atividade discricionária da Administração e do Judiciário; VI – criam situações jurídicas subjetivas de vantagem ou desvantagem.

Virgílio Afonso da Silva apresenta uma posição crítica à classificação acima descrita. Segundo esse autor, a capacidade para a produção dos efeitos desejados pela norma está sempre condicionada a variáveis outras que não somente aquelas restritas ao dispositivo legal ou constitucional. Na visão do constitucionalista, nenhuma norma basta em si mesma, pois seus efeitos plenos sempre estariam a depender de algum tipo de regulamentação pelo legislador ou por outro órgão estatal, mesmo os denominados direitos individuais ou de liberdade. Este posicionamento coloca em questão a classificação trinária delineada por José Afonso da Silva e, por consequência, a tese de que os direitos de liberdade são normas de eficácia plena e os direitos sociais enquadram-se no conceito de normas de eficácia limitada.[15]

Para ilustrar o argumento acima exposto, Virgílio Afonso da Silva utiliza-se do exemplo em que são cotejadas a norma constitucional que regulamenta o direito ao sufrágio, inscrito no artigo 14 da Constituição Federal, e a norma que garante o direito à saúde, inserta no artigo 6º da Constituição Federal.

Em primeiro lugar, esclarece Silva que, no plano do texto constitucional, nada as diferencia. Ademais, acrescenta o constitucionalista, no plano de produção dos efeitos desejados pelas normas também não se pode justificar a dicotomia entre estes dois direitos por meio da aferição sobre a necessidade ou desnecessidade de regulamentação ou de ação estatal. No caso do direito ao sufrágio, para o gozo deste direito pelo cidadão, fazem-se necessárias a criação e a manutenção das seções eleitorais e das juntas de apuração, a organização e manutenção de um órgão responsável pela organização e pelo bom funcionamento das eleições, a elaboração de legislação eleitoral e partidária que impeça fraudes, a criação e a manutenção de alguma forma de financiamento partidário, dentre outras. Este mesmo raciocínio pode ser aplicado à institucionalização dos meios para o gozo dos demais direitos que perfazem as liberdades públicas. No que se refere ao exercício do direito constitucional à saúde, as prestações estatais também se tornam condições

---

[15] SILVA, Virgílio Afonso da. *Direitos fundamentais*: conteúdo essencial, restrições e eficácia. São Paulo: Malheiros, 2010, pp. 228-232.

sine qua non para a plena eficácia da norma, como a construção de hospitais, a contratação de médicos, a compra de medicamentos, a criação de legislação para estabelecer as prioridades na prevenção de doenças. Do mesmo modo ocorrem com os demais direitos sociais.[16]

Por fim, para justificar o fato de que os direitos de liberdade têm seus efeitos mais amplos quando comparados com os direitos sociais, explicita Virgílio Afonso da Silva que a diferença é identificada no fato de que as condições institucionais, legais e materiais para o gozo dos direitos individuais já se encontram implementadas em nosso País, diversamente dos direitos sociais, que ainda não se encontram em sua esfera ideal de implementação,[17] exigindo um maior custo para o Estado para torná-los efetivos.

As bases desta concepção tradicional também foram contrapostas por Victor Abramovich e Christian Courtis, em obra dedicada à justiciabilidade dos direitos sociais.[18] Os autores dedicaram-se a demonstrar que a dicotomia entre os direitos civis e políticos, de um lado, e os direitos econômicos, sociais e culturais, de outro, é sustentada pela ideologia do Estado mínimo, o qual se propõe a garantir exclusivamente a justiça, a segurança e a defesa.[19] Demonstram os autores que, tanto os direitos de civis e políticos, como os direitos sociais, exigem prestações positivas e negativas[20] e, portanto, podem ou não demandar custos para a sua implementação. Deste modo, tecem críticas à concepção que ilide a justiciabilidade dos direitos sociais como um desvalor inerente à sua natureza. Em linha de conclusão, aduzem

---

[16] SILVA, Virgílio Afonso da. *Direitos fundamentais*: conteúdo essencial, restrições e eficácia. São Paulo: Malheiros, 2010, pp. 232/234.

[17] SILVA, Virgílio Afonso da. *Direitos fundamentais*: conteúdo essencial, restrições e eficácia. São Paulo: Malheiros, 2010, pp. 237/238.

[18] ABRAMOVICH, Victor; COURTIS, Christian. *Los derechos sociales como derechos exigibles*. Madrid: Editorial Trotta, 2002.

[19] ABRAMOVICH, Victor; COURTIS, Christian. *Los derechos sociales como derechos exigibles*. Madrid: Editorial Trotta, 2002, p. 23.

[20] ABRAMOVICH, Victor; COURTIS, Christian. *Los derechos sociales como derechos exigibles*. Madrid: Editorial Trotta, 2002, p. 32.

que a dicotomia sustentada entre estas duas modalidades de direito serve apenas para refletir os paradigmas político-ideológicos das diferentes formas de regulação jurídica e para situar em um contexto histórico a forma como os diversos direitos foram concebidos e positivados.[21]

Na mesma linha, Cass Sunstein e Stephen Holmes demonstram que a defesa da propriedade, aprioristicamente inserta em uma modalidade abstencionista de direitos, na realidade, acaba por impulsionar uma vultosa atuação pelos agentes estatais,[22] assim como demanda um verdadeiro arcabouço legislativo para a sua proteção,[23] concluindo tratar-se, ao revés, de um direito extremamente positivo e prestacional.

Ainda sob a acurada análise de Cass Sunstein, a insistência da Suprema Corte norte-americana na dicotomia entre direitos negativos e positivos revela a inclinação da Corte pela opção ideológica de proteção de parte do povo americano, travestindo os reais critérios e fundamentos da justiça distributiva,[24] de modo a manter a mesma sistemática do Estado Liberal.

As análises críticas apresentadas têm como alvo desmascarar as falsas premissas reverberadas na doutrina que insistem, mesmo nos dias atuais, na distinção de eficácia dos direitos fundamentais, pautando exclusivamente na dicotomia entre os direitos de liberdade e os direitos sociais com vistas a justificar a recalcitrância da implementação efetiva desta última modalidade de direitos pelo Estado. E, esta atuação estatal encontra-se escudada pelo discurso proclamado pelos Tribunais de que a eficácia jurídica destes direitos sociais demandaria atuações prestacionais, e, em última análise, demandaria custos, o que tornaria, necessariamente,

---

[21] ABRAMOVICH, Victor; COURTIS, Christian. *Los derechos sociales como derechos exigibles*. Madrid: Editorial Trotta, 2002, pp. 47/48.

[22] HOLMES, Stephen; SUNSTEIN, Cass R. *The cost of rights*: why liberty depends on taxes. Cambridge: Harvard University Press, 2000, p. 90.

[23] HOLMES, Stephen; SUNSTEIN, Cass R. *The cost of rights*: why liberty depends on taxes. Cambridge: Harvard University Press, 2000, pp. 60-66, 90.

[24] SUNSTEIN, Cass R. *The partial constitution*. Cambridge: Harvard University Press, 1993, pp. 70/71.

tais normas condicionadas aos critérios da dinâmica de escolhas de prioridades inerente à política distributiva.

Uma vez aceita a conclusão de que todos os direitos subjetivos públicos podem ensejar custos ao erário, rejeita-se a manipulação ideológica da efetividade dos direitos, lastreada no aspecto negativo-positivo.[25]

Como bem pondera Flavio Galdino,

> é preciso perscrutar a essência dos direitos públicos subjetivos para verificar que todos são positivos, e permitir uma escolha lúcida entre a violenta proteção da propriedade e a adequada prestação educacional, que talvez seja menos custosa.[26]

Repisa-se que os pilares dos valores que perfazem a democracia subjazem sobre o respeito a todos os direitos fundamentais, indistintamente. Por isso, somente se constrói uma democracia efetiva se há observância concorrente de todos os direitos que compõem as liberdades individuais e dos direitos que impulsionam uma cidadania social, de modo a proporcionar aos indivíduos as condições materiais para manter um senso crítico e transformador das políticas advindas do Estado.

Aceitas as premissas de que todos os direitos demandam custos e que o Estado não apresenta condições para implementar todos eles, as escolhas devem ser feitas respeitando os valores e a ordem normativa inserta na Constituição Federal, que determina a sobreposição dos direitos fundamentais sobre todos os demais e não estabelece, *a priori*, qualquer prevalência dos direitos de liberdade sobre os direitos sociais, mas, ao contrário, outorga a ambas as categorias o mesmo grau de importância e ainda reconhece uma estreita interdependência entre elas ao

---

[25] Expressão utilizada por Flávio Galdino. GALDINO, Flávio. "O custo dos direitos". *In*: VIANA, Luiz Werneck (org.). *A democracia e os três poderes no Brasil*. Belo Horizonte: UFMG, 2002, pp. 280/281.

[26] GALDINO, Flávio. "O custo dos direitos". *In*: VIANA, Luiz Werneck (org.). *A democracia e os três poderes no Brasil*. Belo Horizonte: UFMG, 2002, p. 281.

resguardo do fundamento da República Federativa do Brasil, qual seja, a dignidade humana.

1.2 DEMOCRACIA PARTICIPATIVA

A Constituição Federal Brasileira de 1988, em seu artigo 1º, parágrafo único, enuncia o princípio democrático de que "todo o poder emana do povo, que o exerce por meio de representantes eleitos ou diretamente (...)". A abertura da Carta Política inicia-se, assim, com a outorga do direito democrático a todos os cidadãos, atribuindo ao povo o direito de reger-se segundo as suas próprias escolhas, ou seja, de serem governados por opções advindas verdadeiramente do seio da sociedade. Consagra-se neste dispositivo a soberania popular, que se destaca como requisito indispensável para a concretização da democracia.

A cláusula constitucional de que todo poder emana do povo, enquanto dotada de *status* normativo, não se mostra vazia de conteúdo, muito menos escora-se em procedimentos meramente formais, com vistas à legitimação de decisões tomadas internamente por uma minoria elitista que ascende ao poder. O governo do povo, evocado na Constituição, detém força jurídica e, como tal, vincula todas as formas de exteriorização do poder, nos termos dos postulados democráticos.

Diversamente da democracia meramente formal do Estado burguês,[27] uma das características marcantes do Estado Democrático de Direito apoia-se na condicionante de legitimidade das decisões estatais, que necessariamente deve ser pautada na titularidade da força transformadora do povo. Deste modo, faz-se imprescindível o controle da eficácia e da legitimidade dos instrumentos utilizados no

---

[27] "O mandato representativo é criação do Estado liberal burguês, ainda como um dos meios de manter distintos Estado e sociedade, e mais uma forma de tornar abstrata a relação povo-governo. Segundo a teoria da representação política, que se concretiza no mandato, o representante não fica vinculado aos representados, por não se tratar de uma relação contratual; é geral, livre, irrevogável em princípio, e não comporta ratificação dos atos do mandatário". (SILVA, José Afonso da. *Curso de direito constitucional positivo*. São Paulo: Malheiros, 2009, p. 139).

exercício de gestão pública, a fim de identificar se, de fato, são fruto de uma construção social.[28]

Partindo dessa análise, Paulo Bonavides defende que a moldura da democracia no Estado Social de direitos fundamentais afigura-se menos uma forma de governo do que um direito. Com lastro nas lições do autor, a democracia torna-se o mais fundamental dos direitos da nova ordem normativa que se assenta o Estado contemporâneo.[29]

Se a democracia recebe o *status* de direito, os pressupostos subjacentes ao exercício democrático não podem ser desconsiderados, sendo esta a razão pela qual os direitos civis e políticos e aqueles pertinentes à esfera econômica, social e cultural também devem ser preservados, proporcionando as premissas para o correto funcionamento dos mecanismos procedimentais de um regime democrático.

Nesta senda, a ideologia extraída do contexto democrático social encontra-se alinhavada com o diálogo horizontal e inclusivo dos cidadãos, os quais não podem ser compreendidos como meros espectadores das funções administrativa, legislativa e judiciária, mas devem estar integrados à dinâmica proporcionada pelos diversos procedimentos democráticos, de modo a tornar o povo uma potência ativa de dominação do poder, e, o Estado, o ente responsável por cumprir as opções sociais.

A soberania popular não é externada por meio de um único procedimento, mas abarca modos distintos de exercício deste poder. Uma

---

[28] LEAL, Rogério Gesta. *Teoria do estado*: cidadania e poder político na modernidade. Porto Alegre: Livraria do Advogado, 2001, p. 212.

[29] "Tanto quanto o desenvolvimento, é a democracia, por igual, direito do povo; direito de reger-se pela própria vontade; e, mais do que forma de governo, se converte sobretudo em pretensão da cidadania à titularidade direta e imediata do poder, subjetivado juridicamente na consciência social e efetivado, de forma concreta, pelo cidadão, em nome e em proveito da Sociedade, e não do Estado propriamente dito – quer o Estado liberal que separa poderes, quer o Estado social, que monopoliza competências, atribuições e prerrogativas". (BONAVIDES, Paulo. *Teoria constitucional da democracia participativa*: Por um direito constitucional de luta e resistência, por uma nova hermenêutica, por uma repolitização da legitimidade. São Paulo: Malheiros, 2008, p. 161).

das formas de contemplar os valores democráticos é por intermédio da democracia representativa. Neste modelo, as deliberações políticas são tomadas pelos representantes eleitos por meio do sufrágio universal.

As liberdades individuais, assim como a igualdade do voto, ostentam o caráter democrático do processo político de escolhas dos representantes que têm o encargo de decidir acerca da distribuição de resultados a toda sociedade. É, portanto, por meio do processo eleitoral que se fortalecem as instituições democráticas, e, o voto, compreendido como um elemento fomentador da cidadania democrática, torna-se um mecanismo inclusivo de inserção do indivíduo no processo de escolhas dos destinos do país, ainda que a soberania popular seja exercida pela via representativa.[30]

Sendo a sociedade marcadamente pluralista e, diante do complexo procedimento decisório sobre os destinos do Estado, a democracia representativa, idealizada no Estado Liberal, preserva-se ainda nos dias atuais ainda como modelo hegemônico, em razão do contexto das democracias de grande escala, outorgando poder aos políticos eleitos para que deliberem, em nome do povo, sobre as prioridades públicas. Na compreensão do Estado Democrático de Direito a legitimidade deste modelo preconiza-se sobre a marca da soberania social, e, portanto, no sentido único de fluxo de poder, que deve advir sempre dos cidadãos em direção à autoridade.

No entanto, o postulado democrático e normativo da soberania popular contrasta-se com a realidade fática, mormente aquela vivida pelos países caracterizados por grandes desigualdades sociais. Nestes locais, ostenta-se um abismo entre a promessa de legitimidade popular e o que é realmente feito na prática, tornando letra morta a mera invocação no texto constitucional de que o poder pertence ao povo. Inserida neste contexto, a capacidade de execução dos valores democráticos por meio do modelo representativo foi posta em discussão, bem como

---

[30] TORRES, Ricardo Lobo. "A cidadania multidimensional na era dos direitos". *In*: LOBO, Ricardo (org.). *Teoria dos direitos fundamentais*. Rio de Janeiro: Renovar, 2001, p. 269.

o potencial legitimador das decisões proferidas pelos representantes, deflagrando-se uma crise deste método democrático.

Não passa despercebido pela doutrina atual o descompasso entre a atuação dos agentes políticos eleitos e dos interesses titularizados pelo povo, desvelando uma crise do princípio representativo em refletir os verdadeiros interesses dos representados, os quais se encontram alicerçados na expectativa de efetivação dos direitos fundamentais e na correção de outros graves problemas sociais. Entre os óbices que corroboram para infirmar a capacidade de representação dos agentes políticos pode-se citar o fato de que os cidadãos são privados de informações sobre os elementos que compõem as atuações do Estado, o que os impede de aferir se, de fato, as ações estatais coincidem com suas reais demandas. Desvela-se ainda uma distância entre os representantes e representados, o que impossibilita o diálogo estreito entre as partes, inviabilizando, em última análise, que os primeiros sejam os verdadeiros porta-vozes dos cidadãos. Não obstante, é notório o desinteresse político do povo em debater os assuntos de importância política e social, revelando uma apatia e descrença quanto ao potencial transformador da política. Ademais, os cidadãos não se mostram sensíveis quanto à importância das escolhas políticas, expressas por intermédio do voto. Este, muitas vezes, acaba sendo realizado sem reflexão qualitativa.[31] Por fim, podem-se mencionar a corrupção disseminada e institucionalizada, dentre inúmeros outros entraves opostos ao aprofundamento da democracia.[32]

---

[31] LEAL, Rogério Gesta. *Teoria do estado*: cidadania e poder político na modernidade. Porto Alegre: Livraria do Advogado, 2001, p. 148.

[32] Outros exemplos são mencionados por Luís Roberto Barroso: "No sistema eleitoral, a maldição dos financiamentos públicos eleitorais e as relações promíscuas que engendram. No sistema orçamentário, o estigma insuperado do fisiologismo e das negociações de balcão nas votações no âmbito do Congresso. No sistema tributário, a cultura da sonegação, estimulada pela voracidade fiscal e por esquemas quase formais de extorsão e composição. No sistema de segurança pública, profissionais mal pagos, mal treinados, vizinhos de porta daqueles a quem deviam policiar, envolvem-se endemicamente com a criminalidade e a venda de proteção. A exemplificação é extensa e desanimadora". (BARROSO, Luis Roberto. "Fundamentos teóricos e filosóficos do novo direito constitucional brasileiro". *In*: BARROSO, Luis Roberto (coord.). *Temas de direito constitucional*. Tomo. II. Rio de Janeiro: Editora Renovar, 2009, p. 44).

A identificação da crise da democracia representativa impulsiona o debate sobre o redimensionamento do processo democrático, franqueando novas luzes sobre o fenômeno da representação, de modo a reduzir a distância entre as deliberações dos representantes e os fins almejados pelo povo.

A Constituição Federal traz expressamente em seu corpo mecanismos de democracia direta, a exemplo do referendo, do plebiscito e da iniciativa popular das leis, todos com previsão no artigo 14. O objetivo é conjugá-los com o sistema eleitoral de escolhas dos representantes, que conforma a democracia representativa, como uma maneira de aproximar o povo da esfera deliberativa, investindo-o diretamente do poder de alteração dos rumos do país.

Ainda assim, devem ser pensados novos modelos de inserção efetiva da sociedade no processo de tomada de decisão sobre os destinos do Estado, de modo a franquear maior potencial à cláusula da soberania popular, com o escopo de neutralizar os reflexos de uma crise que sobreleva os pontos fracos do sistema democrático. A intenção é conjugar os valores de igualdade e liberdade, ínsitos ao modelo democrático, com a articulação concreta do cidadão, para que este se torne mais um integrante na elaboração das políticas delineadas para o alcance dos objetivos já determinados na Carta constitucional, insertos em seu artigo 3º.

Neste contexto, emergem das vozes doutrinárias propostas para o avanço e para a inserção de novos instrumentos de inclusão do povo, capazes de impulsionar o fomento de um maior potencial legitimador à democracia e de reduzir os déficits de uma democracia representativa de baixa intensidade.

Alinhavada à ideologia inclusiva, a democracia participativa desponta como um modelo democrático alternativo, que não pretende afastar as fórmulas da democracia representativa, mas tem como objetivo trazer à baila formas de rearticulação de espaços públicos de onde possam emergir novas fontes de autoridade a ser integrada ao modelo tradicional dos rumos democráticos.[33] A relação entre o modelo representativo

---

[33] (...) a evolução do processo político vem incorporando outros elementos na democracia

e participativo da democracia é, portanto, de complementariedade, com o reconhecimento pelos poderes estatais de que parte dos processos de deliberação pública pode ser substituída pelo procedimentalismo participativo.[34]

Na reflexão de Boaventura de Sousa Santos, a democracia participativa pode ser vista como uma das formas para se reinventar a emancipação social. Assim, pondera que, paralelamente ao modo hegemônico de democracia liberal ou representativa, que não garante mais do que uma democracia de baixa intensidade, está a democracia participativa, a qual tem assumido, nos tempos atuais, uma nova dinâmica, protagonizada por comunidades e grupos sociais na luta contra a exclusão social e a trivialização da cidadania.[35]

Como primeiro passo para a revisitação do conceito clássico do modelo democrático, aduz José Luis Bolzan de Morais que se faz necessário perceber o processo de desterritorialização ou reterritorialização

---

representativa que promovem uma relação mais estreita entre os mandatários e o povo, especialmente os instrumentos de coordenação e expressão da vontade popular: partidos políticos, sindicatos, associações políticas, comunidades de base, imprensa livre, de tal sorte que a opinião pública – expressão da cidadania – acaba exercendo um papel muito importante no sentido de que os eleitos prestem mais atenção às reinvindicações do povo, mormente às de suas bases eleitorais". (SILVA, José Afonso da. "Democracia Participativa". *Cadernos de Soluções Constitucionais 2*. São Paulo: Malheiros, 2006, p. 191).

[34] No magistério de Boaventura de Sousa Santos e Leonardo Avritzer, há duas formas de combinação entre democracia representativa e participativa: coexistência e complementariedade. A primeira, a democracia representativa em nível nacional, coexiste com a participativa, em nível local. A segunda, por sua vez, implica a articulação mais profunda entre o modelo representativo e participativo, pois pressupõe o reconhecimento pelo governo de que o procedimentalismo participativo, as formas públicas de monitoramento dos governos e os processos de deliberação pública podem substituir parte do processo de representação e deliberação tais como concebidos no modelo hegemônico de democracia. (SOUZA, Boaventura dos Santos; AVRITZER, Leonardo. "Introdução". *In*: SOUZA, Boaventura dos Santos (coord.). *Democratizar a democracia*: os caminhos da democracia participativa. Reinventar a emancipação social para novos manifestos. Rio de Janeiro: Civilização Brasileira, 2002, pp. 75/76).

[35] SOUZA, Boaventura dos Santos; AVRITZER, Leonardo. "Introdução". *In*: SOUZA, Boaventura dos Santos (coord.). *Democratizar a democracia*: os caminhos da democracia participativa. Reinventar a emancipação social para novos manifestos. Rio de Janeiro: Civilização Brasileira, 2002, p. 32.

do espaço da democracia. De acordo com este fenômeno a democracia passa a desbordar os limites geográficos do Estado com o alcance do espaço supranacional e comunitário, forjando-se, neste último caso, um espaço local-participativo, resultando em uma transformação radical nas fórmulas das práticas cidadãs. Em consequência, o conceito de cidadania ganha novos contornos em seu conteúdo, ultrapassando um viés meramente político para ingressar em outros setores como o social, este visto sob a perspectiva do trabalho, escola, consumo, afetos, relações jurídicas ou jurisdicionais.[36]

David Duarte afirma que a técnica participativa funciona atualmente como um complemento da representação democrática, com vistas à compensação do déficit deste último modelo. E, complementa o autor que a participação concorre para a solução negociada dos conflitos:

> O princípio participativo (ou da democracia participativa) sustenta também a reformulação do agir público, incorporando, através dos mecanismos de participação, fórmulas de acção e de aproximação à decisão superadoras de natureza impositiva e exclusivamente unilateral das decisões públicas. A abertura pública aos dispersos interesses sociais e a sua canalização por via de técnicas de participação permitiu que, na procura dos consensos decisórios e na minimização das reacções negativas às decisões, se chegasse a meios de solução negociada dos conflitos.[37]

Paulo Bonavides eleva a democracia participativa ao único modelo capaz de dar efetividade à clausula constitucional do poder popular, que, na perspectiva do autor, tem sido alvo de um processo de distorção

---

[36] MORAIS, José Luis Bolzan de. "Crise do estado e democracia: onde está o povo?" *In:* LIMA, Martonio Mont'Alverne Barreto; ALBUQUERQUE, Paulo Antonio de Menezes (coords.). *Democracia, direito e política*: estudos internacionais em Homenagem a Friedrich Müller. Florianópolis: Conselho Editorial, 2006, pp. 119-121.

[37] DUARTE, David. *Procedimentalização, participação e fundamentação*: para uma concretização do princípio da imparcialidade administrativa como parâmetro decisório. Coimbra: Almedina, 1996, p. 112.

e falseamento.[38] A proposta é fazer transcender a noção obscura, abstrata e irreal do povo nos sistemas representativos, transcendendo, de igual modo, o conceito clássico de separação de poderes.[39] Lastreada na visão do autor, a teoria constitucional da democracia participativa identifica-se como uma teoria material da Constituição, cujos limites jurídicos de eficácia e aplicabilidade devem combinar a autoridade e a judicatura dos tribunais constitucionais, de um lado, e a autoridade da cidadania popular, de outro.[40] Os reflexos desta teoria irão ensejar o nascimento de uma nova hermenêutica, em que o político e o jurídico entrelaçam-se na constitucionalidade expressa por meio de princípios, regras e valores.

Por este conteúdo normativo, os tribunais devem dar real concretude aos direitos fundamentais, pois é justamente o seu esvaziamento nos países subdesenvolvidos que obsta o regular funcionamento da democracia representativa.[41] Acrescenta ainda o constitucionalista que,

---

[38] "Os vícios eleitorais, a propaganda dirigida, a manipulação da consciência pública e opinativa do cidadão pelos poderes e veículos de informação, a serviço da classe dominante, que os subornou, até as manifestações executivas e legiferantes exercitadas contra o povo e a nação e a sociedade nas ocasiões governativas mais delicadas, ferem o interesse nacional, desvirtuam os fins do Estado, corrompem a moral pública e apodrecem aquilo que, até agora, o *status quo* fez passar por democracia e representação". *Teoria constitucional da democracia participativa*: por um direito constitucional de luta e resistência, por uma nova hermenêutica, por uma repolitização da legitimidade. São Paulo: Malheiros, 2008, pp. 25/26).

[39] BONAVIDES, Paulo. *Teoria constitucional da democracia participativa*: por um direito constitucional de luta e resistência, por uma nova hermenêutica, por uma repolitização da legitimidade. São Paulo: Malheiros, 2008, p. 27.

[40] BONAVIDES, Paulo. *Teoria constitucional da democracia participativa*: por um direito constitucional de luta e resistência, por uma nova hermenêutica, por uma repolitização da legitimidade. São Paulo: Malheiros, 2008, p. 25.

[41] BONAVIDES, Paulo. *Teoria constitucional da democracia participativa*: por um direito constitucional de luta e resistência, por uma nova hermenêutica, por uma repolitização da legitimidade. São Paulo: Malheiros, 2008, pp. 36/37. Ainda, segundo o autor: "Essa hermenêutica se funda toda em elementos valorativos, cuja supremacia nos faz chegar à democracia participativa; democracia da concretude e da realidade e não do sonho e da utopia; democracia do povo e não da representação; democracia das massas e não das elites; democracia da cidadania e não do súdito branco, o suposto cidadãos dos regimes representativos". (BONAVIDES, Paulo. *Teoria constitucional da democracia participativa*:

se as políticas de governo, ofensivas ao direito popular e à soberania, não forem tolhidas pela ordem judicial, "legitimam o direito de resistência, bem como a desobediência civil, como derradeiras instâncias de defesa do povo agredido".[42]

No contexto da democracia participativa, percebe-se que pode ser o próprio Poder Público o responsável pelo incentivo à cultura participativa, criando estruturas e instituições aptas a oferecer ao cidadão oportunidades que ultrapassam o espectro meramente representativo de poder.

No âmbito da participação popular, o discurso meramente tecnocrático deve ceder espaço ao gerenciamento inclusivo dos cidadãos, estes compreendidos não como meros destinatários de políticas públicas, mas sujeitos participantes da elaboração de programas governamentais, como condição prévia à sua implementação. Por intermédio da opinião popular retratam-se os dissensos, as pluralidades e as principais demandas que marcam uma sociedade, moldando a política distributiva de acordo com as principais aspirações advindas de seio.

Neste novo momento político a participação torna-se um valor em si mesmo e irradia sua influência a outros institutos que anteriormente se restringiam ao código liberal individualista do sistema representativo. Nesta linha, a legitimidade do processo político decisório mantém-se condicionada ao processo deliberadamente participativo, tornando-o verdadeiro *locus* das reivindicações sociais.

Os vetores participativos deste novo momento político têm como um dos objetivos inverter o processo de despolitização da sociedade e de neutralização dos sistemas políticos. Assim, o aprisionamento do poder popular exclusivamente ao modelo clássico de escolhas de representantes impulsionou o descrédito da população quanto aos mecanismos

---

por um direito constitucional de luta e resistência, por uma nova hermenêutica, por uma repolitização da legitimidade. São Paulo: Malheiros, 2008, p. 38).

[42] BONAVIDES, Paulo. *Teoria constitucional da democracia participativa*: por um direito constitucional de luta e resistência, por uma nova hermenêutica, por uma repolitização da legitimidade. São Paulo: Malheiros, 2008, p. 28.

que regem a democracia representativa, haja vista que esta, inegavelmente, não foi capaz de alterar o quadro dos graves problemas sociais e de garantir a efetividade dos direitos fundamentais.

Impulsiona-se, deste modo, uma nova cidadania, em que o cidadão é tido como sujeito criador de direitos, partícipe do conteúdo decisório sobre as mais importantes deliberações dos destinos do país, e, ainda, torna-se sujeito fiscalizador da atuação estatal.

Pode-se afirmar também que o aumento da participação social é diretamente proporcional à eficiência das decisões públicas. Esta eficiência se traduz no aspecto quantitativo, uma vez que, por meio do alargamento do diálogo com a população, aumenta-se o espectro das informações, proporcionando uma visão mais ampla sobre o conteúdo decisório. Fala-se ainda do aspecto qualitativo, impulsionado pela relação dialética entre aqueles que seriam abrangidos pela decisão, retratando de forma mais fidedigna as expectativas dos cidadãos.[43] Neste caso, centraliza-se todo o conhecimento disponível na sociedade em benefício da *performance* da gestão pública.

Anunciando o novo paradigma que caracteriza o Estado Democrático de Direito, a Constituição Federal de 1988 traz em seu bojo dispositivos que expressam os preceitos imbuídos dos valores participativos que devem reger as deliberações públicas.[44]

Atualmente, estudam-se formas de articulação sociopolítica com o fim de proporcionar as condições favoráveis para as interações entre os diversos atores sociais, promovendo um diálogo plural e aberto, imprescindível para lidar com a complexidade da sociedade atual. Além dos dispositivos constitucionais expressos que albergam hipóteses de participação social nos destinos do Estado, está autorizada em nosso

---

[43] PEREIRA, Rodolfo Viana. *Direito constitucional democrático:* controle e participações como elementos fundantes e garantidores da constitucionalidade. Rio de Janeiro: Lumen Juris, 2008, p. 155.

[44] Artigo 10; artigo 29, inciso XII; artigo 31, § 3º; artigo 37, § 3º; 74, § 2º; artigo 89, VII; artigo 187; artigo 194, VII; artigo 198, III; artigo 204, II; artigo 205; 206, VI; artigo 225; artigo 227, § 1º.

ordenamento jurídico a institucionalização de novas formas de inclusão popular, segundo os valores que permeiam o constitucionalismo democrático. Neste sentido, mostra-se necessária a ampliação do *experimentalismo democrático*, expressão utilizada por Boaventura de Souza Santos e Leonardo Avritzer. Isso porque, segundo os autores, a prática revela que as novas formas exitosas de participação popular, que concorreram para o fortalecimento da democracia participativa, foram adquiridas experimentalmente.[45]

Entre os espaços já consolidados de participação na esfera da Administração Pública, destacam-se os conselhos setoriais de políticas públicas,[46] os quais têm, entre os seus integrantes, membros da sociedade civil que representam a forma de harmonizar os valores democráticos e a eficiência nos processos de produção de políticas públicas, por intermédio de funções consultivas e deliberativas.[47] [48] Os conselhos de políticas públicas revelam-se um processo de gestão conjunta entre o Estado e a sociedade na implementação de mecanismos de repartição de benefícios sociais, destacando-se como um dos principais instrumentos de participação popular previsto na Constituição Federal de 1988.[49]

---

[45] AVRITZER, Leonardo. "Introdução". *In*: SOUZA, Boaventura dos Santos (coord.). *Democratizar a democracia*: os caminhos da democracia participativa. Reinventar a emancipação social para novos manifestos. Rio de Janeiro: Civilização Brasileira, 2002, p. 77.

[46] Entre os conselhos criados por lei destacam-se: Conselho Municipal e Conselho Estadual dos Direitos da Criança e do Adolescente (Lei n. 8.069/90); Conselho de Saúde (Lei n. 8080/90); Conselho Municipal de Assistência Social (Lei n. 8.742/93); Conselhos de Educação (Lei n. 9.394/96); Conselho Municipal do Idoso (Lei n. 10.742/2003).

[47] "Os Conselhos podem, também, funcionar como órgãos consultivos, expedindo recomendações, que se materializam por meio de manifestação opinativa, referente à área de atuação, pela qual os órgãos consultivos da administração expressam o seu entendimento sobre assuntos de cunho técnico ou jurídico". (LIBERATI, Wilson Donizeti. *Políticas Públicas no Estado Constitucional*. São Paulo: Atlas. 2013, p. 151).

[48] "As decisões tomadas pelos conselhos são atos administrativos, que expressam a vontade geral da Administração Pública. Essas decisões são feitas por meio de *deliberações*, materializadas em *resoluções*, que são atos administrativos, editados por agentes públicos, com força de lei, que podem ser realizados antes ou depois da ação, conferindo eficácia ao praticado". (LIBERATI, Wilson Donizeti. *Políticas Públicas no Estado Constitucional*. São Paulo: Atlas. 2013, p. 151).

[49] Na prática, no entanto, a eficiência e a força democrática dos conselhos na construção das políticas públicas ainda deixam a desejar: "No geral, as avaliações mais comuns

As audiências públicas e as consultas públicas também despontam como instrumentos efetivos para fortalecer o vínculo entre os representantes e representados. Quanto mais amplo e aberto o debate com a sociedade, maior a capacidade qualitativa dos representantes de exercerem seu *múnus* político, proferindo uma decisão coletiva e não meramente pessoal e subjetiva, assim como maior respaldo terão em suas ações por parte dos cidadãos.

Entre as experiências democráticas inovadoras destaca-se o orçamento participativo, que teve o seu início na cidade de Porto Alegre e já se expandiu para outras cidades do País. Pela institucionalização da conhecida "administração popular", buscou-se, no final da década de 80, uma inovação no modelo de governar, centrado na preocupação de garantir a participação social na formulação e execução do orçamento municipal. A despeito do enfrentamento de tradicionais óbices para a participação plena de todos os cidadãos, é forçoso reconhecer que o orçamento participativo mostrou-se como prática capaz de institucionalizar um modelo inclusivo de negociação popular sobre a política distributiva de bens públicos e tornar-se uma resistência contra as práticas elitistas que desvirtuam o curso do interesse público na democracia liberal.[50]

---

presentes na literatura são de que os conselhos não estão cumprindo sua vocação deliberativa. Embora os motivos apresentados sejam os mais variados, a grande maioria dos estudos aponta a baixa capacidade de inovação das políticas públicas a partir da participação da sociedade nos conselhos, sugerindo que essa participação assume contornos mais reativos que propositivos". (TABAGIBA, Luciana. *Conselhos Gestores de Políticas Públicas e Democracia Participativa*: aprofundando o debate. Disponível em http://www.scielo.br/pdf/rsocp/n25/31122.pdf. Acesso em 22 de junho de 2013).

[50] A respeito do orçamento participativo, o diagnóstico de Leonardo Avritzer: "No caso do OP, a inovação entendida como uma prática societária de negociar abertamente o acesso a bens públicos torna-se um desenho participativo institucionalizado. Tal desenho é capaz de substituir práticas das elites e o particularismo delas decorrente por formas ampliadas de discussão e tomada de decisão. Acrescentem-se a isso o fato de o OP oferecer uma resposta diferente ao problema de justiça. Ao invés de ceder ao conto da sereia da inevitabilidade do particularismo, o OP introduz regras que levam à sua limitação. E, não menos importante, o OP da uma resposta original à questão do controle das instâncias de tomada de decisão pelos técnicos, um problema não resolvido pela concepção hegemônica da democracia". "Modelos de deliberação democrática: uma

Sob a égide da nova ordem normativa inscrita nos preceitos democráticos insertos na Constituição Federal de 1988, o povo, por meio de novos instrumentos políticos que permitem a participação direta no processo de deliberação dos interesses públicos, deve ser dotado de potencial transformador da realidade social, alargando o diálogo e reproduzindo a pluralidade inerente ao contexto atual. Propõe-se, assim, que o sistema representativo seja permeado por mecanismos de participação popular, de maneira que estes passem a fazer parte da agenda política de todos os poderes estatais, culminando em novas formas de gestão compartilhada.

1.3 PROCESSO E DEMOCRACIA

A proposta de reformular a organização política de um Estado por intermédio de valores extraídos da ideologia inerente à democracia participativa deve-se espraiar a todas as formas de exteriorização do poder. Cada função estatal, com esteio em suas particularidades, deve moldar seus atos da maneira mais eficaz a cumprir este desiderato e evitar que este novo paradigma de modelo de Estado proposto culmine em um discurso meramente retórico.

O Poder Judiciário, como uma das funções do Estado, não pode ficar alheio aos reflexos oriundos dos novos ventos trazidos pelo contexto constitucional democrático. Os ideais da democracia participativa, que miram a ampla participação popular, também devem conformar a atuação jurisdicional, com o devido ajuste do procedimento, por meio do qual, ao final, será proferida a decisão.

O processo revela-se o instrumento da jurisdição,[51] portanto, em última análise, o instrumento por meio do qual o poder estatal é exercido.

---

análise do orçamento participativo". *In*: SOUZA, Boaventura dos Santos (coord.). *Democratizar a democracia*: os caminhos da democracia participativa. Reinventar a emancipação social para novos manifestos. Rio de Janeiro: Civilização Brasileira, 2002, pp. 592/593).

[51] Sobre as diversas concepções de jurisdição: "(...) a jurisdição é, ao mesmo tempo, poder, função e atividade. Como poder, é manifestação do poder estatal, conceituado

O seu *iter* define os passos a serem perfilhados para o alcance de uma decisão legítima, convergindo para colimar, juntamente com o Legislativo e o Executivo, os fins almejados pela sociedade contemporânea. Portanto, cabe à ciência processual o encargo de dar respostas satisfatórias às expectativas da sociedade, de modo a proporcionar um método hábil ao desempenho legítimo do poder jurisdicional.

A história nos revela que a disciplina processual foi diretamente influenciada pelo contexto político e social de cada época. Originalmente, o processo pautava-se em atos formais que externavam o agir arbitrário do governo autocrático, absoluto e ditatorial. Posteriormente, sob os auspícios do Estado Liberal, o processo foi elevado à categoria de garantia constitucional, com o objetivo de resguardar a esfera individual do cidadão, afastando o arbítrio do Estado e do particular.

No Estado Democrático de Direito, o processo, para além de uma garantia constitucional, passa a ser visto como um instrumento político de participação dos cidadãos. Por este novo paradigma, os indivíduos tornam-se autorizados a exigir o cumprimento dos objetivos políticos com fulcro na realização de direitos inscritos no ordenamento jurídico.[52]

Conclui-se, assim, que o instrumento pelo qual se legitima o uso do poder é diretamente influenciado pela ideologia estatal de cada momento histórico. Os mesmos valores que delineiam o agir dos demais poderes também são sentidos na jurisdição, que reproduz, por meio de seu instrumento, as "ideias, projetos sociais, utopias, interesses econômicos, sociais, políticos e estratégicos do poder reinante em

---

como capacidade de decidir imperativamente e impor decisões. Como função, expressa o encargo que têm os órgãos estatais de promover a pacificação de conflitos interindividuais, mediante a realização do direito justo e através do processo. E como atividade ela é o complexo de atos do juiz no processo, exercendo o poder e cumprindo a função que a lei comete. O poder, a função e a atividade somente transparecem legitimamente através do processo devidamente estruturado (devido processo legal)". (CINTRA, Antônio Carlos de Araújo; GRINOVER, Ada Pelegrini; DINAMARCO, Cândido Rangel. *Teoria geral do processo*. São Paulo: Malheiros, 2008, p. 147).

[52] PASSOS, José Joaquim Calmon de. "Democracia, participação e processo". *In*: GRINOVER, Ada Pellegrini; DINAMARCO, Cândido Rangel; WATANABE, Kazuo (coords.). *Participação e processo*. São Paulo: RT, 1988, p. 94.

determinada sociedade".[53] Não é por outra razão que o direito processual é compreendido como um fenômeno cultural, produto exclusivo do homem.[54]

Colhe-se na doutrina o entendimento de que o processo civil também pode ser compreendido como uma estratégia de imposição de poder. Determinados grupos políticos, por meio da conformação de leis processuais, podem exercer o poder expresso por meio da jurisdição de acordo com os seus interesses, impedindo ou obstando, em contrapartida, decisões concretas de interesses de outros grupos políticos.[55]

Como um instrumento de imposição do poder estatal, espera-se do processo mais do que um método racional e lógico para servir de meio capaz de veicular uma norma de direito substancial. Se o processo é um produto cultural e social, que reflete a ideologia cultivada em determinado momento histórico, a neutralidade ínsita ao formalismo dogmático não pode ser aceita como um vetor que orienta a ciência processual no Estado democrático e social. Ao contrário, atribui-se ao processo um caráter ético, expresso por meio das opções ideológicas eleitas pela sociedade, que se encontram declaradas nas regras e princípios do direito substancial.[56]

Mas o que se espera do processo? Quais os escopos que a jurisdição, enquanto poder, deseja alcançar? Qual a interferência do processo no exercício deste poder?

---

[53] OLIVEIRA, Carlos Alberto Álvaro de. *A garantia do contraditório*. Disponível em: <http://www.abdpc.org.br/abdpc/artigos/Carlos%20A.%20A.%20de%20Oliveira%20%20formatado.pdf> Acesso em: 22 de outubro de 2012.

[54] "O processo não se encontra *in res natura*, é produto do homem e, assim, inevitavelmente, da sua cultura. Ora, falar em cultura é falar em valores, pois estes não caem do céu, nem são a-históricos, visto que constituem frutos da experiência, da própria cultura humana, em suma". (OLIVEIRA, Carlos Alberto Álvaro de. *Do formalismo no processo civil*: proposta de um formalismo-valorativo. São Paulo: Saraiva, 2009, p. 71).

[55] SILVA, Carlos Augusto. *O processo civil como estratégia de poder*: reflexo da judicialização da política no Brasil. Rio de Janeiro: Renovar, 2004, pp. 71-76.

[56] BEDAQUE, José dos Santos. *Direito e processo*: Influência do direito material sobre o processo e técnica processual. São Paulo: Malheiros, 2007, pp. 22-28.

No contexto atual, os escopos do processo desbordam as fórmulas exclusivamente jurídicas. Atentando às lições de Cândido Rangel Dinamarco, é possível aferir que os propósitos norteadores do processo ultrapassam a mera relação de instrumentalidade para a concretização e efetivação do direito material e passam a ter como alvo também o aspecto social e político.

A eliminação da insatisfação é uma das facetas dos escopos sociais do processo. Com o provimento jurisdicional, elide-se o estado anímico inserto na lide, pois, ao final, haverá uma decisão definitiva sobre o conflito de interesses, que será imunizada pela coisa julgada. Findo o *iter* processual, sedimenta-se, definitivamente, determinado conflito de interesses, proporcionando, enfim, a paz social. Ainda sobre o escopo social, denota-se que o processo também promove a consciência dos membros da sociedade quanto ao respeito dos direitos e obrigações, garantindo, em última análise, a educação dos cidadãos por meio do adequado exercício da jurisdição.[57]

Extrai-se ainda, da doutrina de Cândido Rangel Dinamarco,[58] o escopo político do processo. Essa concepção passa pela visão dos atos processuais como instrumento para o exercício do poder do Estado e acaba por aproximar a jurisdição das funções executivas e legislativas, descortinando uma estreita imbricação entre o sistema processual e a política. A capacidade de decidir imperativamente é o que garante esta natureza política ao processo. Os atos processuais promovem o exercício organizado do poder estatal, franqueando-lhe a legitimidade necessária e esperada no Estado Democrático de Direito. Deste modo, o Estado reafirma a sua condição de responsável pela organização da vida social e, ainda, reforça a autoridade das normas que compõem o ordenamento jurídico. Mas, como adverte Cândido Rangel Dinamarco, o exercício deste poder deve deferência aos valores de liberdade e participação.

---

[57] DINAMARCO, Cândido Rangel. *A instrumentalidade do processo*. São Paulo: Malheiros, 2009, pp. 188-193.

[58] DINAMARCO, Cândido Rangel. *A instrumentalidade do processo*. São Paulo: Malheiros, 2009, pp. 198-207.

O primeiro limita os contornos do poder estatal, de modo a afastar qualquer invasão indevida na esfera de liberdade do cidadão. O autor também ressalta que a participação é um dos aspectos que outorga potencial ao processo de influir politicamente.[59]

O direito processual deve assegurar a participação dos cidadãos nos destinos da sociedade política, pois o valor democrático não se restringe apenas à via política do voto ou a ocupação eletiva dos cargos públicos.[60] Na lição de Cândido Rangel Dinamarco, "todas as formas de influência sobre os centros do poder são participativas, no sentido de que representam algum peso para a tomada de decisões". E complementa: "Conferir ou conquistar a capacidade de influir é praticar a democracia".[61]

Como outrora demonstrado, o Estado Democrático de Direito sustenta-se, entre outros princípios, sobre o ideal da participação social nas deliberações sobre os destinos do Estado. A racionalidade democrática representa o aumento quantitativo e qualitativo de participação do cidadão na construção da decisão sobre os destinos do Estado e da sociedade.

A cláusula democrática de que todo poder emana do povo, de onde se extrai os valores da democracia participativa, irradia seus efeitos para abranger a função jurisdicional.[62] Dotada de força normativa, a referida cláusula impõe o dever de democratizar o Poder Judiciário, por meio do aspecto político do processo que se revela na ampla participação popular.

Na linha do escólio de Boaventura de Sousa Santos, a democratização da justiça tem duas vertentes. A primeira delas diz respeito à

---

[59] DINAMARCO, Cândido Rangel. *A instrumentalidade do processo*. São Paulo: Malheiros, 2009, pp. 198/199.
[60] DINAMARCO, Cândido Rangel. *A instrumentalidade do processo*. São Paulo: Malheiros, 200, pp. 198-202.
[61] DINAMARCO, Cândido Rangel. *A instrumentalidade do processo*. São Paulo: Malheiros, 2009, pp. 201/202.
[62] MIRRA, Álvaro Luis Valery. *Participação, processo civil e defesa do meio ambiente*. São Paulo: Letras Jurídicas, 2011, p. 176.

constituição interna do processo e inclui as seguintes orientações: o maior envolvimento e participação dos cidadãos, individualmente ou em grupos organizados, na administração da justiça; a simplificação dos atos processuais e o incentivo à conciliação das partes; o aumento dos poderes do juiz; a ampliação dos conceitos de legitimidade das partes e do interesse de agir. A segunda vertente diz respeito à democratização do acesso à justiça.[63]

Assim, o passo inicial para a efetiva participação na esfera jurisdicional inicia-se com a eliminação dos óbices existentes para o acesso do cidadão ao Poder Judiciário. De nada adianta mencionar a democratização do procedimento se parte da população não tem sequer acesso aos meios jurisdicionais eficazes de exigibilidade de seus direitos. A reforma estrutural que se exige dos demais poderes com o escopo de democratizar a própria democracia também deve ser sentida no âmbito da jurisdição, permitindo a ampla abertura a todos os cidadãos do Poder Judiciário, em especial para as classes menos favorecidas. A solução neste caso parecer estar na plena efetividade do direito à assistência jurídica integral e gratuita, insculpida no artigo 5º, LXXIV, da Constituição Federal.[64]

Sob outro prisma, perfilhar os preceitos do pluralismo participativo na jurisdição também representa a participação da própria comunidade na administração da justiça. O autor, Kazuo Watanabe, ressalta a importância social da participação dos cidadãos comuns no desempenho das funções de conciliador e juiz leigo perante os Juizados Especiais Cíveis e Criminais. Os benefícios da participação popular na administração da justiça são expostos pelo autor:

> A par das vantagens mais evidentes, que são a maior celeridade e maior aderência da Justiça à realidade social, a participação da

---

[63] SOUZA, Boaventura dos Santos. *Pela mão de Alice*: o social e o político na pós-modernidade. São Paulo: Cortez, 2000, p. 154.

[64] Este direito constitucional no Brasil ainda é flagrantemente descumprido, uma vez que os órgãos responsáveis pela prestação deste serviço à população hipossuficiente, as Defensorias Públicas, não estão devidamente estruturados em todos os Estados e cidades do País.

comunidade traz, ainda, o benefício da maior credibilidade da Justiça e principalmente o do sentido pedagógico da administração da justiça, propiciando o espírito de colaboração.[65]

Os equivalentes jurisdicionais, a exemplo da arbitragem, mediação e conciliação, tornam-se canais legítimos de distribuição de justiça e de pacificação social, seguindo, na visão de Rodolfo de Camargo Mancuso, os ideais da democracia participativa.[66]

Não obstante, a técnica processual também pode refletir meios que permitam a interferência popular nos destinos do Estado. As ações de controle de constitucionalidade e as ações coletivas representam a potência do direito processual em cumprir com o compromisso de pluralização dos centros de poder, pois o cidadão passa a ser dotado de mecanismos transformadores da realidade social promovendo a dispersão de seus efeitos da decisão para que sejam sentidos por toda a sociedade. A ampliação da legitimidade *ad causam* ao público e aos seus entes representativos, como ocorre na ação popular e na ação civil pública, faz do processo civil verdadeiro instrumento a serviço da democracia participativa.[67]

Neste passo, preconizado na ideologia que permeia o momento histórico atual, o processo jurisdicional deve se alinhar ao compromisso democrático inscrito na Carta Constitucional em vigor, regendo seus atos de acordo com os vetores participativos que devem contaminar todos os centros de irradiação de poder estatal. O seu procedimento deve estar a serviço dos preceitos democráticos e, portanto, aberto à cláusula democrática de que todo poder emana do povo.

Partindo desta análise, há quem afirme que a concepção do processo rompe com o conceito restrito aos limites de uma mera relação

---

[65] WATANABE, Kazuo. "Acesso à justiça e sociedade moderna". *In*: GRINOVER, Ada Pellegrini; DINAMARCO, Cândido Rangel; WATANABE, Kazuo (coord.). *Participação e processo*. São Paulo: RT, 1988, p. 133.

[66] MANCUSO, Rodolfo de Camargo. *Acesso à justiça*. São Paulo: RT, 2011, pp. 387-401.

[67] MIRRA, Álvaro Luis Valery. *Participação, processo civil e defesa do meio ambiente*. São Paulo: Letras Jurídicas, 2011, pp. 187/188.

jurídica e traduz-se como uma expressão relevante para a democracia, tornando-se verdadeiro *locus* para sedimentar os axiomas que delineiam a democracia participativa e a cidadania inclusiva:

> O processo, nesse contexto, assume a condição de via ou canal de participação e não somente de tutela jurisdicional; atua como instrumento da jurisdição e habilita-se como *modus* de participação do cidadão na busca da concretização e proteção dos direitos fundamentais e do patrimônio público. Mais do que um instrumento do poder, é instrumento de *participação no poder*. É um contributo para democratizar a democracia por meio da participação. Enfim, um microcosmo da democracia, porque concretiza os objetivos fundamentais do Estado Democrático de Direito, como *locus* da cidadania.[68]

A garantia constitucional do contraditório é o espectro mais amplo do conceito de participação do cidadão no processo jurisdicional. A oportunidade de abertura para o diálogo com os litigantes nada mais é do que a genuína expressão da democracia, ajustada ao direito processual. Assim, a cláusula do contraditório, compreendida como oportunidade das partes intervirem no procedimento deliberativo e judicial, cuida da realização concreta das opções políticas eleitas pelo modelo adotado na Constituição brasileira.[69]

Esta garantia constitucional, enquanto valor cultural, também sofreu larga influência irradiada dos preceitos constitucionais em vigor. Neste sentido, sob a ótica do Estado Liberal, o contraditório e as demais garantias advindas do devido processo legal foram compreendidos sob a ideologia individualista, que se caracterizava pela sobreposição do interesse individual sobre o social. Diversamente, no Estado constitucional de direitos fundamentais, observa-se o fenômeno da socialização das

---

[68] ABREU, Pedro Manoel. *Processo e democracia:* o processo jurisdicional como um locus da democracia participativa e da cidadania inclusiva no estado democrático de direito. São Paulo: Conselho Editorial, 2011, p. 467.

[69] BUENO, Cassio Scarpinella. *Amicus curiae no processo civil brasileiro*: um terceiro enigmático. São Paulo: Saraiva, 2008, p. 78.

garantias, que não mais subjazem sob o apanágio da visão individual, mas sim sob o prisma publicista. Em conclusão, deixam de ser uma posição de vantagem das partes e tornam-se garantias da própria jurisdição, visando ao resguardo do justo processo.[70]

Neste esteio, o delineamento desta garantia no contexto ideológico do Estado Democrático de Direito deve estreita observância aos direitos fundamentais e aos fins e objetivos de uma sociedade multicultural. Em outras palavras, a garantia do contraditório deve ganhar largos contornos, com o intuito de valorizar o amplo diálogo processual e reproduzir os dissensos de uma sociedade plural.

Para adquirir o delineamento almejado pelo Estado Democrático de Direito, o conteúdo do contraditório não pode se esgotar na ciência bilateral dos atos do processo ou mesmo na mera possibilidade de contraditá-los. A dinâmica participativa deve influir na moldura de todos os provimentos judiciais, de modo a permitir que as partes conheçam as razões e as argumentações expendidas pela outra parte, os motivos e os fundamentos que conduziram o órgão judicial a tomar determinada decisão, assim como se deve outorgar a oportunidade de efetiva participação na indicação e formação das provas.

Para alcançar os desafios propostos à cláusula do contraditório, o órgão julgador não pode ser apenas um espectador dos atos processuais. Ao contrário, deve participar ativamente do processo, agindo para que as providências necessárias sejam postas em prática, de modo a garantir a plenitude da participação de todos aqueles a quem se destinam os efeitos da sentença.[71] Deste ponto de vista, pode-se afirmar que o contraditório reflete um dever a ser cumprido pelo Estado.[72]

---

[70] GRINOVER, Ada Pellegrini. *Novas tendências do direito processual*. São Paulo: Universitária Forense, 1989, pp. 1-3.

[71] "O contraditório não é apenas 'a participação dos sujeitos do processo'. Sujeitos do processo são o juiz, seus auxiliares, o Ministério Público, quando a lei o exige, e as partes (autor, réu, intervenientes). O contraditório é garantia de participação, em simétrica paridade, das partes, daqueles a quem se destinam os efeitos da sentença, daqueles que são os "interessados", ou seja, aqueles sujeitos do processo que suportarão os efeitos do provimento e da medida jurisdicional que ele vier a impor". (GONÇALVES, Aroldo Plínio. *Técnica processual e teoria do processo*. Rio de Janeiro: Aide Editora, 1992, p. 120).

[72] GONÇALVES, Aroldo Plínio. *Técnica processual e teoria do processo*. Rio de Janeiro:

E este comportamento ativista do órgão julgador de resguardar a garantia do contraditório não se restringe aos meios de inclusão participativa dos litigantes. Está também inserta no conteúdo democratizante da cláusula do contraditório a simetria de participação dos jurisdicionados. A ideologia política atual não mais aceita a igualdade meramente formal da cultura disseminada no Estado Liberal, mas trilha os caminhos dos valores do Estado Social, que concorrem em exigir a igualdade substancial.[73]

Lastreado no modelo atual, o axioma de que todos são *iguais perante a lei* ganha uma dimensão dinâmica, desvencilhada da concepção de mera ficção jurídica e torna-se um dever do Estado suprir as desigualdades.[74] Desta maneira, somente se alcança a plenitude e a efetividade do contraditório se houver uma distribuição igualitária de forças entre as partes para que estas possam demonstrar as suas razões.

O juízo decisório deve ser o resultado de uma adequada distribuição dos poderes, deveres, ônus e faculdades das partes e do juiz. A paridade de armas representa a faceta da igualdade processual real. Esta garantia incide sob a cláusula do contraditório, promovendo-o ao fenômeno da contraposição dialética paritária e transformando o processo jurisdicional numa estrutura de cooperação entre as partes e o órgão julgador,[75] todos intencionados à busca de uma decisão justa.

Deste modo, a revisitação do contraditório pelo prisma da democracia participativa passa a ser fator condicionante de legitimidade do poder da jurisdição e também integra o conceito de dignidade da pessoa humana. O processo somente culmina o seu objetivo quando permite às partes atuarem ativamente, como sujeitos de direito e não meros

---

Aide Editora, 1992, p. 126.

[73] MARINONI, Luiz Guilherme. *Novas linhas do processo civil:* o acesso à justiça e os institutos fundamentais do direito processual. São Paulo: RT, 1993, p. 162.

[74] GRINOVER, Ada Pellegrini. *Novas tendências do direito processual.* São Paulo: Universitária Forense, 1989, p. 6.

[75] GRINOVER, Ada Pellegrini. *Novas tendências do direito processual.* São Paulo: Universitária Forense, 1989, p. 7.

objetos da decisão judicial, fiscalizando a atividade do órgão julgador e tendo a oportunidade de se manifestar de modo crítico e construtivo para a deliberação judicial final.[76]

Malgrado a importância destacável do contraditório, a participação, enquanto essência da democracia, não tem o seu significado exaurido nesta garantia. Nas linhas da doutrina de Luiz Guilherme Marinoni, é possível desvelar o conceito elástico de participação no processo jurisdicional como requisito para a legitimação da jurisdição enquanto fonte de poder estatal. Segundo o autor, o significado de participação é mais amplo do que o conceito do contraditório. Participar ultrapassa o direito de influir sobre o convencimento do juiz, pois também abrange o direito de publicidade e o direito de fundamentação dos atos processuais. Estas duas garantias tratam-se de meios para que as partes possam fiscalizar a atuação do órgão julgador, ilidindo, ao final, atos arbitrários. Conclui Luiz Guilherme Marinoni que a fórmula para legitimar as decisões proferidas no processo devem unir contraditório, publicidade e fundamentação. Somente com a observância obrigatória destes ingredientes é que a participação, extraída dos valores democráticos, torna-se elemento para franquear legitimidade às decisões judiciais.[77]

Cumprir os desideratos da democracia participativa também exige a elaboração de novas experiências de participação no processo, assim como ocorre nas demais instâncias de poder. O vetor inclusivo extraído da de-

---

[76] "A faculdade concedida aos litigantes de pronunciar-se e intervir ativamente no processo impede, outrossim, sujeitem-se passivamente à definição jurídica ou fática da causa efetuada pelo órgão judicial. E exclui, por outro lado, o tratamento da parte como simples "objeto" de pronunciamento judicial, garantindo o seu direito de atuar de modo crítico e construtivo sobre o andamento do processo e seu resultado, desenvolvendo antes da decisão a defesa das suas razões. A matéria vincula-se ao próprio respeito à dignidade humana e aos valores intrínsecos da democracia, adquirindo sua melhor expressão e referencial, no âmbito processual, no princípio do contraditório, compreendido de maneira renovada, e cuja efetividade não significa apenas debate das questões entre as partes, mas concreto exercício do direito de defesa para fins de formação do convencimento do juiz, atuando, assim como anteparo à lacunosidade ou insuficiência da sua cognição". (OLIVEIRA, Carlos Alberto Álvaro de. *Do formalismo no processo civil*: proposta de um formalismo-valorativo. São Paulo: Saraiva, 2009, p. 167).

[77] MARINONI, Luiz Guilherme. *Teoria geral do processo*. São Paulo: RT, 2007, p. 419.

mocracia participativa deve impulsionar outras formas de participação popular no processo, com o reflexo desta ideologia irradiado às leis processuais e à interpretação do ordenamento que rege o direito processual.

A cláusula constitucional do contraditório, por se revestir de roupagem normativa de princípio jurídico, alberga novos mecanismos participativos que incitam ao adensamento da estrutura dialética do processo. O resultado transparece no alargamento do quadro de análise para julgamento, ilidindo conceitos preconcebidos e favorecendo a formação de uma decisão mais plural e ponderada.

Deve-se reconhecer que o procedimento em contraditório, por si só, não garante a justiça do conteúdo substancial das normas constitucionais. O contraditório pleno corresponde à parte do espectro da legitimidade das decisões jurisdicionais. Mesmo com a outorga do devido valor ao contraditório é possível identificar, em um determinado caso concreto, uma decisão injusta em razão de o órgão julgador ter franqueado errônea interpretação das normas substanciais em vigor. Desta maneira, é forçoso ponderar que a legitimidade do Poder Judiciário também está na aferição do correto significado atribuído aos valores constitucionais. Portanto, como bem ponderado por Luiz Guilherme Marinoni, não basta qualquer decisão, mas é preciso que "ela se funde em critérios objetivadores da identificação do conteúdo do direito fundamental e que se ampare em uma argumentação racional capaz de convencer".[78]

De todo modo, quanto mais denso o diálogo processual, mais elementos fáticos e jurídicos o órgão julgador terá à sua disposição para colimar uma decisão justa. E, assim, a verdadeira democracia jurisdicional revelar-se-a na imbricação entre o procedimento em contraditório e o conteúdo substancial da decisão judicial proferida que outorgue o devido valor aos direitos fundamentais. Tais critérios não se repelem, mas ao contrário, se complementam para conformar a legitimidade jurisdicional perfilhada pelos valores democráticos.

---

[78] MARINONI, Luiz Guilherme. *Novas linhas do processo civil:* o acesso à justiça e os institutos fundamentais do direito processual. São Paulo: RT, 1993, p. 457.

2

CONTROLE JURISDICIONAL DE POLÍTICAS PÚBLICAS

2.1 DO ESTADO LIBERAL AO ESTADO CONSTITUCIONAL DE DIREITO

O debate sobre os conceitos, as premissas, os limites e os instrumentos processuais que envolvem a temática sobre o controle jurisdicional de políticas públicas exige uma análise preliminar a respeito do desenvolvimento do modelo do Estado Liberal até o estágio atual e, ainda, uma abordagem sobre a evolução da função social e política exercida pelo Poder Judiciário.

Isso porque a política pública é um fenômeno recente, fruto de um determinado estágio de desenvolvimento da sociedade,[79] quando ao Estado foi facultada a intervenção direta no comportamento político e social, com vistas à persecução do interesse público.

Do mesmo modo, a natureza e os limites da atividade jurisdicional são condicionados pela ideologia perfilhada em cada período da

---

[79] DERANI, Cristiane. "Política pública e a norma política". *In*: BUCCI, Maria Paula Dallari (org.). *Políticas públicas*: reflexos sobre o conceito jurídico. São Paulo: Saraiva, 2006, p. 131.

história, partindo-se de uma atuação limitada à racionalidade mecânica e circunscrita à letra do Direito posto até o modelo contemporâneo, que subjaz na busca da eticidade inserta em normas escritas por meio de valores e finalidades.

O escorço histórico inicia-se com o modelo político e jurídico vigente no Estado Liberal. Os valores consagrados pela ética do Estado burguês primavam pela proteção do indivíduo contra os desmandos advindos da ingerência do Poder Público visando a infirmar o poder autocrático que caracterizava o Estado absolutista.

O espectro da atuação das instituições sociais e estatais estava condicionado ao respeito da liberdade, com vistas à promoção da maior vantagem individual do cidadão. Em razão disso, a atividade governamental não era regida por uma orientação finalística e não estava comprometida com a proteção de fins sociais, mas, ao contrário, mantinha uma atuação mínima de modo a observar estritamente a liberdade do indivíduo.

A atividade jurisdicional seguia esta mesma linha. O Poder Judiciário julgava apenas conflitos entre sujeitos individuais,[80] restringindo a sua esfera de atuação à função corretiva, por meio do reconhecimento da violação a direitos individuais dos jurisdicionados e ao retorno ao *status quo*.[81] A igualdade formal e a segurança jurídica serviam de vetores que direcionavam a atividade julgadora.

Com o escopo de abandonar os resquícios do *Ancien Régime*, o Poder Legislativo passa a ser o ator protagonista do Estado Liberal, tomando as rédeas do controle da ação do Estado. Para o cumprimento dos intentos liberais, a submissão irrestrita à lei era instrumento valoroso de controle político e social, pois garantia a curvatura dos

---

[80] SALLES, Carlos Alberto de. "Políticas públicas e processo: a questão da legitimidade nas ações coletivas". *In*: BUCCI, Maria Paula Dallari (org.). *Políticas públicas*: reflexões sobre o conceito jurídico. São Paulo: Saraiva, 2006, p. 178.

[81] ZANETI Jr., Hermes. "A teoria da separação de poderes e o estado democrático constitucional". *In*: GRINOVER, Ada Pellegrini; WATANABE, Kazuo (coords.). *O controle jurisdicional de políticas públicas*. Rio de Janeiro: Forense, 2011, p. 4.

Poderes Executivo e Judiciário às determinações de interesse do Poder Legislativo.[82]

Festejava-se a obediência ao princípio da legalidade estrita, entendida como a emanação de um poder objetivado, livre da vontade instável da autoridade e protetora da tutela das liberdades dos indivíduos.[83]

Coerente com os ideais iluministas, surge o fenômeno da codificação das leis,[84] que tinha como alvo a sistematização racional do Direito, contemplado em uma só fonte legislativa. O fenômeno da codificação visava a extirpar as possíveis incertezas e os privilégios do ordenamento jurídico e ainda trazia consigo a ilusão de que seus dispositivos contemplavam em seu corpo todas as respostas para a solução dos conflitos jurídicos.[85]

O campo da hermenêutica era marcado pelo dogma do positivismo jurídico estrito, ilidindo qualquer possibilidade de abertura à inserção de elementos valorativos na descoberta do conteúdo da norma jurídica. Fiel às características do modelo da dogmática jurídica, exige-se neste momento uma rígida separação entre o Direito, Política e Economia.[86] O escopo era garantir a neutralidade técnica da lei, inviabilizando qualquer imbricação entre o Direito e os reflexos sociais e políticos produzidos perante a sociedade.[87]

---

[82] RAMOS, Elival da Silva. *Ativismo judicial*: parâmetros dogmáticos. São Paulo: Saraiva, 2010, p. 67.

[83] MEDAUAR, Odete. *O direito administrativo em evolução*. São Paulo: RT, 2003, p. 114.

[84] O Código mais representativo do Estado Liberal é o Código Civil francês de 1804, destacando-se pelo seu rigor técnico e pela precisão normativa. Elaborado no regime napoleônico, o seu objetivo era afastar as premissas do Antigo Regime, mormente as incertezas, os privilégios e a ausência de racionalidade dos atos estatais.

[85] NOJIRI, Sergio. *A interpretação judicial do direito*. São Paulo: RT, 2005, pp. 36-39.

[86] CAMPILONGO, Celso Fernandes. "O trabalhador e o direito à saúde: a eficácia dos direitos sociais e o discurso neoliberal". *In*: DI GIORGI, Beatriz; CAMPILONGO, Celso Fernandes; PIOVESAN, Flávia (coords.). *Direito, cidadania e justiça*: ensaio sobre lógica, interpretação, teoria sociológica e filosofia jurídicas. São Paulo: RT, 1995, p. 129.

[87] "Em síntese, o positivismo torna a ciência jurídica uma ciência unidisciplinar, fechada em si mesma, admiradora exclusivamente de sua própria imagem". (TAVARES, André Ramos. "Abertura epistêmica do direito constitucional". *In*: NOVELINO, Marcelo

O modelo de interpretação jurídica do Estado Liberal pairava sobre teorias dedutivas e monológicas, que preconizavam um método científico para a extração do correto significado da legislação, baseadas na racionalidade de um processo mecânico, com o intento de garantir a separação entre a criação e a aplicação do Direito.

O ato de revelar o correto sentido da lei aproximava-se de uma expressão matemática, como um sistema fechado em si mesmo e de resultado exato e preciso. A exegese do texto legal era colimada por um método lógico-formal, do qual o magistrado não poderia se desviar: o raciocínio do juiz deveria partir da premissa maior, ou seja, da regra do Direito, com a aplicação mecânica da norma a uma premissa menor, esta compreendida como a constatação do preenchimento das condições fáticas previstas na regra.

Ao final, a sentença era fruto do silogismo da conclusão,[88] a qual expressava o único e verdadeiro sentido da norma, que, segundo o pensamento liberal, nada mais era do que a expressão da soberania popular, ou seja, a real vontade do povo.

Diante das amarras defendidas pela doutrina liberal predominante até o século XIX, o Poder Judiciário mantinha-se refém das decisões proferidas pelo Poder Legislativo, concretizadas através da legislação formal. Assim, a atuação da atividade jurisdicional limitava-se ao cumprimento das opções estatais expressas no arcabouço legislativo, por intermédio do processo mecânico, padronizado e impessoal de subsunção da norma ao fato, reduzindo, ao final, o papel do intérprete a mero revelador do conteúdo predeterminado na lei, sem qualquer espaço para o exercício da atividade interpretativa.

A partir do final do século XIX, a estabilidade econômica, social e política foi abalada por uma avalanche de transformações. O marco deste

---

(coord.). *Leituras complementares de direito constitucional*: controle de constitucionalidade e hermenêutica constitucional. Salvador: JusPodivm, 2008, p. 149.

[88] CORTES, Osmar Mendes Paixão. "O pensamento jurídico-filosófico de Chäim Perelman". *In:* PONTES, Kassius Diniz da Silva; CÔRTES, Osmar Mendes Paixão; KAUFMANN, Rodrigo de Oliveira (coords.). *O raciocínio jurídico na filosofia contemporânea*. São Paulo: Carthago, 2002, p. 157.

momento histórico foi a denominada Revolução Industrial, que, impulsionada pela expansão tecnológica, desencadeou o processo de urbanização das cidades, a massificação do consumo e a globalização das informações.

Todos estes processos de transformações resultaram em graves diferenças sociais, as quais, por sua vez, fomentaram a insatisfação das classes populares, que não mais suportavam pagar sozinhas as contas do desenvolvimento econômico.

Ao mesmo tempo, no campo legal, a irracionalidade da lei levava a seu desprestígio e despertava a descrença de que a sua mera observância formal obstaria para a justiça social esperada pela nova classe de proletariados, que vivia na pobreza e na miséria, resultado da ausência da intervenção estatal na regulamentação sócio-econômica. Tal contexto social denunciava o fracasso do liberalismo em promover o bem-comum de toda a sociedade.

No início do século XX, a ideia de Estado de Direito como mero Estado Legal, sem qualquer preocupação com os direitos e garantias mínimas aos indivíduos, começa a ruir. Em contrapartida, como resultado do embate entre liberalismo e socialismo, os direitos sociais ganharam destaque, consolidando o que se denominou de Estado Social, marcado por uma postura mais ativa e interventiva do Poder Público na promoção dos fins sociais.

A crise do Estado Legal desencadeou também a crise do Parlamento, que, por sua vez, foi acompanhada pelo fortalecimento do Poder Executivo, alterando-se assim o pólo de centralização do poder. Isso ocorreu principalmente em razão do fomento da função normativa pelo Poder Executivo, fenômeno corroborado pelo controle deste Poder nas maiorias parlamentares.

Deste modo, a lei deixava de ser a expressão da vontade geral para se tornar a positivação da orientação política ditada pelos interesses da Administração Pública.[89] Neste contexto, o Poder Executivo, fiel ao

---

[89] MEDAUAR, Odete. *O direito administrativo em evolução*. São Paulo: RT, 2003, pp. 145/146. No mesmo sentido: "O detentor do poder político impõe seu "programa"

legalismo, direcionava os rumos políticos e sociais, segundo as intenções que lhe interessava.

Com as revoluções e mudanças que ocorriam pelo mundo, as relações sociais tornaram-se mais complexas e diversificadas, originando uma explosão de conflitos de interesses jamais previstos no modelo jurídico liberal. Estes conflitos sociológicos eram traduzidos em litígios judiciais e passaram a desaguar no Poder Judiciário, exigindo respostas à altura das controvérsias postas em juízo.

Sob o pálio desta nova ordem, a exegese formalista que se sustentava na concepção da sentença como silogismo mostrou-se insuficiente como método interpretativo para a regulamentação da dinâmica da sociedade moderna.[90] O panorama político e social exigiu novos contornos aos métodos de interpretação, pois o mito da completude sistêmica do ordenamento jurídico já não mais se sustentava. O legalismo estrito ensejava formalismos excessivos e aprisionava os valores e o espírito dos textos normativos aos limites estreitos da letra da lei, culminando na equiparação do Direito com a legislação em seu sentido formal.

O período pós Segunda Guerra Mundial, como resposta às atrocidades cometidas, foi dedicado à aproximação dos referenciais éticos que o Estado Liberal havia se distanciado, assumindo inúmeros Estados o

---

(sua vontade, suas opções, não necessariamente a dos eleitores), tomando decisões *a priori*, alterando após as leis para adequá-las aos seus objetivos pessoais, de seu grupo político, pragmáticos e, se possíveis, gerais. As leis tornam-se caudalosas, frequentes; agora não mais advêm de uma assembleia legislativa, mas do "Governo", mera junção do Executivo com sua maioria parlamentar (não se governa sem a lei)". (PALU, Oswaldo Luiz. *Controle dos atos de governo pela jurisdição*. São Paulo: RT, 2004, pp. 66/67).

[90] "O crescimento das desigualdades e a fraude generalizada e massificada da boa-fé, a incapacidade de conhecer todo o necessário ao julgamento correto e, principalmente, o fato de que cada indivíduo é um feixe de relações sociais que o precedem e constituem em grande parte, tornaram o modelo inaceitável e incapaz de promover o seu ideal. Daí a perda de legitimidade do regime privatista e civilista como fundamento da justiça social". (LOPES, José Reinaldo de Lima. "Justiça e poder judiciário ou a virtude confronta a instituição". *Revista USP*, n. 21, p. 25, São Paulo, Universidade de São Paulo, 1994).

compromisso com a proteção dos direitos inerentes à dignidade humana, a exemplo da Declaração Universal dos Direitos Humanos, de 1948.

Sendo assim, a alteração do paradigma hermenêutico veio com as Constituições modernas, as quais proporcionaram uma verdadeira revolução da cultura jurídica e política, culminando na instituição do Estado democrático e constitucional de Direito. Estas Cartas constitucionais trouxeram em seus corpos jurídicos valores e opções políticas inscritas por meio de normas deônticas e vinculantes, que consolidaram um consenso mínimo oponível contra a ditadura das maiorias, portanto, intocável pelo processo político, por serem valores indispensáveis à proteção dos direitos fundamentais e à democracia. Assim, o constitucionalismo democrático promoveu a conciliação entre a democracia formal e substancial.[91]

Ao lado dos direitos sociais, o Estado Democrático também consolida os direitos relativos à solidariedade e à comunidade, agregando os elementos participativos e discursivos, incluindo-os como parte de uma quarta dimensão de direitos fundamentais.[92]

As normas constitucionais originadas deste modelo de Estado, diferentemente do modelo anterior, agregam finalidades sociais às ações governamentais, vinculando o poder estatal às ações efetivas para atingir os desideratos normativos inscritos por intermédio de regras e princípios, estes últimos caracterizados por meio de uma maior fluidez e vaguesa normativa, com a prescrição dos fins a serem perseguidos, sem, contudo, mencionar os meios para atingi-los.

Sem abandonar a racionalidade que deve permear o processo intelectivo de interpretação da norma constitucional,[93] aceitou-se a ideia

---

[91] CAMBI, Eduardo. *Neoconstitucionalismo e neoprocessualismo*: direitos fundamentais, políticas públicas e protagonismo judiciário. São Paulo: RT, 2009, p. 28.

[92] Sobre o tema: BONAVIDES, Paulo. *Teoria geral do estado*. São Paulo: Malheiros, 2008, pp. 53-61.

[93] Como bem esclarece Teresa Arruda Alvim Wambier, para a correta aplicação da norma exige-se certo grau de regularidade objetiva, razão pela qual os métodos hermenêuticos não podem jamais se distanciar da racionalidade e da regularidade formal,

de que o exercício do processo hermenêutico poderia ser criativo do direito e não mero revelador de uma resposta única.

Por meio de um modelo retórico-argumentativo, a nova hermenêutica parte da premissa de que o Direito lida com a verdade construída por intermédio do diálogo, legitimada após um processo de justificação, e, sendo assim, não é meramente descoberta por um procedimento científico,[94] nem é pautada na dimensão meramente gramatical do texto de lei.

Neste esteio, o próprio conceito do princípio da legalidade ganha novos contornos, distanciando-se dos traços da concepção clássica do legalismo estrito. Por este novo paradigma, não basta apenas a observância pela Administração Pública da lei em sentido formal, mas do respeito aos preceitos que abarcam toda sistemática valorativa das normas insertas na Constituição Federal.[95] Para além da legalidade formal, exige-se também o enquadramento dos atos administrativos nos padrões éticos de conduta estatal, nos exatos termos dos princípios da moralidade e lealdade administrativa, expressos na Constituição Federal.

Em outras palavras, no panorama do Estado Constitucional e Democrático, ao conceito de legalidade é inserido também o conceito

---

pois estas são ideias fundamentais para o direito, uma vez que garantem a efetivação dos valores previsilibilidade e segurança, os quais também recebem prestígio no constitucionalismo democrático. (*Recurso especial, recurso extraordinário e ação rescisória*. São Paulo: RT, 2008, p. 49).

[94] "Assim, a verdade jurídica não é 'revelada' ou 'descoberta', já que não vem de Deus, nem preexiste ao labor humano, não se encontra, pois, no objeto a ser observado. É uma verdade 'construída' 'num processo do qual participa o intérprete'. Não é essa verdade, demonstrada, mas legitimada mediante um processo de justificação". (WAMBIER, Teresa Arruda Alvim. *Recurso especial, recurso extraordinário e ação rescisória*. São Paulo: RT, 2008, p. 41).

[95] Este é o entendimento de Odete Medauar. Sobre o tema, a autora dispõe: "A Constituição brasileira de 1988 determina que todos os entes e órgãos da administração pública obedeçam ao princípio da legalidade (art. 37, caput); a compreensão do princípio deve abranger não somente a lei formal, mas também os preceitos decorrentes de um Estado Democrático de Direito (...)". (MEDAUAR, Odete. *O direito administrativo em evolução*. São Paulo: RT, 2003, p. 149).

de legitimidade.[96] Assim sendo, o desvirtuamento da atividade administrativa do compasso constitucional macula o ato e o procedimento administrativo, tornando-os passíveis de terem sua validade questionada.

Uma das facetas da interpretação constitucional envolve o controle de constitucionalidade das leis e dos atos administrativos, e, com ela, a discussão sobre os limites da atuação legítima de cada poder.

Sua gênese está no sistema norte-americano de revisão judicial (*judicial review*), que outorga ao Poder Judiciário a incumbência constitucional de dirimir as disputas e a contenção dos demais ramos de poder, de modo a assegurar a observância estrita das normas constitucionais, as quais devem se sobrepor a todo o ordenamento jurídico. Por este sistema, quem franqueia justo significado à normativa constitucional são os juízes, os quais têm a última palavra sobre o seu real significado.

Deste modo, lastreado no princípio da supremacia da Constituição, o modelo de controle de constitucionalidade prospera e convence sobre a sua legitimidade contramajoritária, sem representar qualquer risco ao sistema democrático, mas, ao contrário, atuando no sentido de preservar as normas constitucionais que concorrem para garantir a unidade e a harmonia de uma determinada nação.

Sob os auspícios destes novos valores, o sistema norte-americano do *judicial review* expandiu-se para outros países, sendo também incorporado ao modelo brasileiro,[97] com a promoção de uma verdadeira revolução no conceito de soberania constitucional. Assim, a atividade jurisdicional foi alçada o *status* de poder de Estado, permitindo a sua intervenção nas questões de interesse público e ainda garantindo a participação dos cidadãos em novas alternativas de representação popular.

---

[96] CARVALHO, Raquel Melo Urbano de. "Controle jurisdicional dos atos políticos e administrativos na saúde pública". In: FORTINI, Cristiana; ESTEVES, Júlio César dos Santos; DIAS, Maria Tereza Fonseca (orgs.). *Políticas públicas*: possibilidades e limites. Belo Horizonte: Fórum, 2008, p. 303.

[97] O controle de constitucionalidade teve origem no Brasil na Constituição de 1891, momento em que os juízes e tribunais foram responsabilizados pelo controle *in* concreto dos preceitos constitucionais.

Com efeito, a Constituição, para além da natureza de pacto político e social de uma dada nação, tornou-se também um sistema de controle e de imposição de limites formais e materiais, com o escopo de viabilizar a construção de identidades, conquistas de objetivos, formação de consensos e resolução de dissensos,[98] resguardando a formação e manutenção da unidade política e normativa de um determinado país.

Ao Poder Judiciário foi conferido o exercício deste controle, sendo-lhe, para tanto, outorgado a prerrogativa de franquear real interpretação aos preceitos constitucionais. Alinhavada nestas premissas, a atuação jurisdicional vai, aos poucos, ganhando espaço, sedimentando-se e incrementando-se, e, ainda, concorrendo para a construção de um conceito mais amplo de democracia, com a proteção aos direitos inalienáveis das minorias, ainda que em contramão ao posicionamento das maiorias.

No Brasil, a Constituição Federal de 1988 institucionalizou o Estado Democrático de Direito, marcado pela participação popular nas deliberações de interesse social e preconizado no resguardo aos direitos e garantias fundamentais, os quais, erigidos a *status* de cláusulas pétreas, passaram a ser capitulados de forma pormenorizada, com ênfase nos direitos sociais e econômicos. O destaque deste momento histórico deveu-se ainda à previsão da exigibilidade imediata e da justiciabilidade destes direitos e garantias fundamentais, franqueando um legado transformador e emancipatório à atuação jurisdicional.

Ao elencar como fundamento da República Federativa do Brasil a dignidade da pessoa humana, a Carta política impõe a observância obrigatória deste vetor ético e informador a todas as demais normas que compõem o ordenamento jurídico, exigindo uma sensibilidade maior do intérprete com a identificação do compromisso constitucional. Certamente, não se olvidou o constituinte de 1988 de prever mecanismos

---

[98] PEREIRA, Rodolfo Viana. *Direito constitucional democrático:* controle e participações como elementos fundantes e garantidores da constitucionalidade. Rio de Janeiro: Lumen Juris, 2008, p. 41.

de exigibilidade dos direitos fundamentais, os quais são essenciais para formalizar a completude da eficácia comunitária da Constituição.

Neste diapasão, o Poder Judiciário se mostra como uma das mais importantes vias para a realização da defesa dos preceitos constitucionais. Inserto no extenso rol de direitos fundamentais estampados no artigo 5º da Constituição Federal, o acesso à justiça recebeu uma conotação fundamental no Estado Democrático: trata-se de canal direto a serviço da sociedade para a promoção dos direitos fundamentais. Em decorrência desta constatação, qualquer violação a este preceito deflagra uma profunda crise de efetividade das demais garantias e direitos, caracterizados pela essencialidade à existência e dignidade humana, concorrendo contra os valores primados no Estado Democrático de Direito.

Assim, o restabelecimento da democracia no Brasil, com a promulgação da Constituição cidadã em 1988, alargou a importância da função jurisdicional. A expectativa era de que os novos direitos, arduamente conquistados, pudessem ser exigidos perante o Poder Judiciário, caso não voluntariamente satisfeitos ou violados pelos demais Poderes.

Ainda com a redemocratização, houve o ressurgimento da sociedade civil, que se fortalece com a articulação, mobilização e socialização dos grupos e classes que lutaram e lutam contra as mais diversas formas de exploração e opressão política, econômica, social e cultural, com vistas à redefinição das relações entre sociedade e Estado.

Neste passo, estes novos atores, com destaque para os movimentos sociais, também vislumbraram o Poder Judiciário como o *locus* democrático para reafirmação e reivindicação dos direitos constitucionais das maiorias marginalizadas,[99] mormente quando não entoados por meio dos métodos tradicionais da democracia representativa e diante dos limitados e dificultosos canais de participação política da sociedade no Poder Executivo e no Poder Legislativo. Desta forma, os embates sociais

---

[99] CAMPILONGO, Celso Fernandes. "Os desafios do judiciário: um enquadramento Teórico". *In:* FARIA, José Eduardo (org.). *Direitos humanos, direitos sociais e justiça*. São Paulo: Malheiros, 2010, p. 32.

e políticos que não foram solucionados pelos demais Poderes, passaram a desaguar no Judiciário, concorrendo para a legitimação do modelo procedimental do *checks and balances*, como uma das importantes características do Estado Democrático de Direito.

A explosão da conflituosidade social no Brasil desafiou a esfera jurisdicional a intervir na análise dos atos de governo, requisitando uma atuação diferenciada dos conflitos clássicos, por meio de uma perspectiva também sociológica e não puramente normativa. Aos poucos, Política e Direito entrelaçam-se numa relação de interdependência e circularidade, ilidindo o prisma do modelo dogmático que vigorou no Estado Liberal de isolamento e pureza dos sistemas, com rígida separação entre Direito, Política e Economia.[100]

Estes novos conflitos de interesses que culminam no Poder Judiciário apresentam uma estrutura diferenciada dos demais conflitos clássicos. No âmbito subjetivo, tornam-se conflitos coletivos e, como tal, aproximam-se de uma decisão política emanada dos demais Poderes constituídos, seja pela dispersão de seus efeitos vinculantes, aproximando-se de um preceito normativo abstrato, seja pela necessidade do contingenciamento coletivo para a distribuição equitativa de bens comuns, ou seja, para a realização da macro-justiça.[101]

---

[100] CAMPILONGO, Celso Fernandes. "O trabalhador e o direito à saúde: a eficácia dos direitos sociais e o discurso neoliberal". *In*: DI GIORGI, Beatriz; CAMPILONGO, Celso Fernandes; PIOVESAN, Flávia (coords.). *Direito, cidadania e justiça:* ensaio sobre lógica, interpretação, teoria sociológica e filosofia jurídicas. São Paulo: RT, 1995, p. 129. Vale citar a doutrina de Dalmo de Abreu Dallari: "Na verdade, o critério tradicional que isolava o Estado numa ordem política, e com isso facilitava o seu conhecimento, não pode ser aplicado à situação atual. Em primeiro lugar, porque a própria noção de "político" se tornou imprecisa, podendo ser considerado político um ato de natureza aparentemente jurídica, econômica, ou de qualquer outra". (*O futuro do estado*. São Paulo: Saraiva, 2007, p. 65).

[101] Neste contexto, o conceito de macro-justiça compreende o resultado da decisão em que beneficia a todos aqueles que estão em uma mesma situação fática, observando-se a isonomia. Assim, contrapõe-se ao conceito de micro-justiça, quando a decisão jurisdicional limita-se à justiça do caso concreto. (AMARAL, Gustavo. *Direito, escassez & escolhas:* em busca de critérios jurídicos para lidar com a escassez de recursos e as decisões trágicas. Rio de Janeiro: Renovar, 2001, pp. 38/39).

PROCESSOS COLETIVOS E POLÍTICAS PÚBLICAS

O Poder Judiciário transcende o modelo de justiça retributiva para adentrar a esfera da justiça distributiva, que tem como função a justa distribuição dos recursos comuns,[102] e, em última análise, a consecução do bem comum. A pauta do processo jurisdicional passa a ser os direitos que perfazem a cidadania, ou seja, a repartição dos benefícios sociais a cada indivíduo, que, na maioria das vezes, são inscritos na Carta Constitucional como modalidade normativa de princípios.[103]

Diante desta natureza, não há resposta pronta no ordenamento jurídico que venha a dirimir a lide pela mera subsunção normativa. A resposta é construída por intermédio de um procedimento discursivo, participativo e multilateral, a fim de extrair uma solução que revele a justeza do sistema constitucional normativo, sem descurar dos reflexos sentidos no âmbito econômico, político e social. Os princípios não figuram como mandamento definitivo, mas apenas *prima facie*, ou seja, princípios representam razões que podem ser afastadas por outras razões antagônicas, decorrendo daí a carga argumentativa para se definir as condições de precedência.[104]

A desconstrução da justiça estática, que significa a mera aplicação das regras já criadas, marca o início do reconhecimento da nova função a ser desempenhada pelo Poder Judiciário. A dimensão política do poder

---

[102] O conceito de justiça retributiva é empregado como sinônimo de realização do fenômeno de adjudicação individual de um Direito subjetivo, como comumente ocorre no Poder Judiciário por meio das ações individuais. Ele se contrapõe ao conceito de justiça distributiva, em que se busca a efetivação de uma política pública. (LOPES, José Reinaldo de Lima. *Direitos sociais*: teoria e prática. São Paulo: Método, 2006, pp. 121/122).

[103] Para Robert Alexy, princípios e regras enquadram-se no conceito de norma jurídica, pois ambos podem ser formulados por meio de expressões deônticas do dever ser. Para o autor, a distinção encontra-se no grau de generalidade e determinação. As regras têm um grau de generalidade mais baixo e um grau de determinação mais elevado. Já os princípios têm um grau de generalidade mais alto e de determinação menos elevado, sendo esta a razão pela qual os princípios caracterizam-se por serem satisfeitos em graus variados, *Teoria dos direitos fundamentais*. Traduzido por Virgílio Afonso da Silva. São Paulo: Malheiros, 2008, pp. 87-91).

[104] ALEXY, Robert. *Teoria dos direitos fundamentais*. Traduzido por Virgílio Afonso da Silva. São Paulo: Malheiros, 2008, pp. 103-105.

jurisdicional encontra-se no potencial de alteração e construção de novas regras, com fulcro e vetor limitador e informativo na Carta Constitucional. Em síntese, o Poder Judiciário afasta-se da justiça estática, proposta pelo dogmatismo legalista para revisitar sua atuação por intermédio da justiça dinâmica, executada através da discussão da constitucionalidade das leis, atos e programas, com a criação de novas regras, a partir do modelo constitucional.[105]

Este novo compromisso do Poder Judiciário com a cidadania mostra-se como tarefa necessária, mas tortuosa. A conflituosidade ínsita às decisões políticas descortina-se como obstáculo a ser superado e que não pode jamais ensejar o descarrilamento dos trilhos traçados pelos valores emanados das normas constitucionais.

Interesses particularísticos e meramente populistas não podem ser encampados pela deliberação jurisdicional, sob pena de reproduzir, nesta esfera, as distorções dos demais sistemas políticos. Caso assim ocorra, a legitimidade do Poder Judiciário em corroborar os objetivos do Estado Democrático de Direito será questionada, infirmando a sua competência em cumprir o desiderato proposto pelo sistema de freios e contrapesos.[106]

Malgrado os obstáculos e as dificuldades, não há dúvidas sobre a pretensão ínsita às cláusulas que regulamentam o Estado Democrático

---

[105] LOPES, José Reinaldo de Lima. *Direitos sociais*: teoria e prática. São Paulo: Método, 2006, p. 125.

[106] "Segundo esta teoria os atos que o Estado pratica podem ser de duas espécies: ou são atos gerais ou especiais. Os atos gerais, que só podem ser praticados pelo poder legislativo, consistem na emissão de regras gerais e abstratas, não se sabendo, no momento de serem emitidas, a quem irão atingir. Dessa forma, o poder legislativo, que só pratica atos gerais, não atua concretamente na vida social, não tendo meios para cometer abusos de poder nem para beneficiar ou prejudicar uma pessoa ou um grupo em particular. Só depois de emitida a norma geral é que se abre a possibilidade de atuação do poder executivo, por meio de atos especiais. O executivo dispõe de meios concretos para agir, mas está igualmente impossibilitado de atuar discricionariamente, porque todos os seus atos estão limitados pelo atos gerais praticados pelo legislativo. E se houver exorbitância de qualquer dos poderes surge a ação fiscalizadora do poder judiciário, obrigando cada um a permanecer nos limites de sua respectiva esfera de competências". (DALLARI, Dalmo de Abreu. *Elementos de teoria geral do estado*. São Paulo: Saraiva, 1999, p. 218).

de Direito em franquear potencial transformador à esfera jurisdicional. O novo paradigma, instaurado após a promulgação da Constituição Federal de 1988, qualifica-se pela inserção do Poder Judiciário nos embates de largo espectro político e social, colocando-o em igualdade de importância com os demais Poderes na construção da democracia e da cidadania.

2.2 POLÍTICAS PÚBLICAS: ORIGEM, EVOLUÇÃO E CONCEITO

Como abordado anteriormente, no final do século XIX e início do século XX, as premissas subjacentes ao Estado Liberal que primavam pela liberdade burguesa, preconizada na proteção dos cidadãos contra a intervenção do Estado, desvelaram-se inoperantes e insuficientes aos anseios dos cidadãos, deixando-os à mercê da autorregulação do mercado. O modelo estruturante do Estado burguês frustrou as expectativas de alcance da paz social e do bem-estar dos cidadãos, incitando à reorganização das forças estatais para a sua intervenção nos assuntos políticos e sociais, em substituição às forças econômicas dominantes que, à época, exerciam o poder em prol de seus interesses particulares.

O amadurecimento do exercício do poder democrático forçou a abertura da participação social nas deliberações políticas, incorporando à atuação estatal ações pertinentes com vistas à diminuição das desigualdades sociais. Neste passo, o Estado assume a responsabilidade de atuação positiva e proativa na busca da satisfação e efetivação dos direitos sociais.

As Constituições modernas serviram de embasamento ao delineamento das novas funções do Estado intervencionista. Sua normatividade não mais se restringiu à esfera dos direitos de liberdade do indivíduo, como ocorria nos moldes do Estado Liberal clássico, mas, ao lado dos direitos de primeira geração, passaram a prescrever direitos sociais, outorgando-lhes o mesmo *status* de fundamentalidade.

No contexto brasileiro, o catálogo de direitos fundamentais, previstos expressa e implicitamente na Constituição de 1988, vai exigir do Estado, enquanto organização político-institucional, um modo de atuação diferenciado, por intermédio da governabilidade pautada em critérios políticos, acrescidos também dos métodos técnicos, a fim de colimar a eficiência necessária ao atingimento do desenvolvimento econômico-social, estreitamente vinculado à satisfação dos preceitos éticos que perfazem a dignidade humana.

Alicerçado nessa premissa, o *modus operandi* da atuação estatal deve ajustar-se aos imperativos constitucionais, franqueando a promoção dos valores arraigados na Carta Política, que, se por um lado se expressam por meio do modelo econômico desenvolvimentista, por outro, desautorizam o perfilhamento deste fim por intermédio do distanciamento dos direitos essenciais de cidadania. Consoante à Constituição Federal de 1988, a ordem econômica deve estar estreitamente vinculada ao equilíbrio e bem-estar de uma dada sociedade para o alcance de uma vida digna.[107]

A qualidade do processo de escolhas das prioridades e das formas de consecução dos objetivos inscritos no artigo 3º da Constituição Federal passa a ser compreendida também como matéria afeta aos interesses de toda a sociedade, e não mais se aprisiona a burocracia irrevelável dos assuntos político-administrativos. Sob o amparo destes novos preceitos constitucionais não há mais dúvidas de que o conceito de democracia abrange também a intervenção e a participação da sociedade civil na construção pluralista dos programas e planos estatais, traçados para o alcance do bem-estar social.

Inserido neste contexto, o poder discricionário recebe uma nova leitura no Estado Democrático de Direito, extirpando qualquer resquício de arbitrariedade ou abuso de poder pelo Poder Executivo. O poder de escolha, autorizado pela lei e pelas normas constitucionais, deve estar imediatamente relacionado com os objetivos anteriormente deliberados

---

[107] Esta é a leitura de Eros Roberto Grau do artigo 170, *caput*, da Constituição Federal: "(...) significa que a ordem econômica mencionada no artigo 170, *caput* do texto constitucional – isto é, mundo do ser, relações econômicas ou atividade econômica (sem sentido amplo) – deve ser dinamizada tendo em vista a promoção da existência digna de que todos devem gozar". (*A ordem econômica na Constituição de 1988*. São Paulo: Malheiros, 2010, p. 198).

pela Carta Constitucional, sob pena de o Poder Judiciário declarar nula a opção política realizada. Daí a necessária motivação de todo o ato administrativo, a fim de possibilitar o seu controle externo.[108]

Não é novidade que as metas traçadas pelas normas constitucionais muito se distanciam da realidade atual. Os direitos de liberdade, os direitos sociais e os direitos ditos de terceira geração têm expressiva parte de seu espectro inserto na dimensão meramente retórico-normativa, estando os países em desenvolvimento, dentre eles o Brasil, ainda na expectativa de solucionar, de forma definitiva, o mais grave problema social da humanidade: a fome.[109]

Por outro lado, a ousadia dos objetivos constitucionais não infirma o seu *status* de finalidades vinculantes aos comportamentos sociais e também estatais. A força propulsora de transformação da sociedade e de efetivação dos direitos sociais encontra-se na implementação de metodologia e técnica aos programas governamentais,[110] combinados com a eticidade ínsita ao Estado Democrático de Direito, para fazer valer os direitos de primeira ordem inscritos na Carta constitucional, isto é, para traçar as prioridades desveladas nos valores e afirmações sociais de uma dada nação.

---

[108] Por esta razão, no contexto constitucional atual não mais se justifica a Teoria dos Motivos Determinantes, que outorga a possibilidade e não ao dever do administrador público de motivar os seus atos. Segundo a teoria, caso o faça, a razões de fato e de direito passam a condicionar a validade do pronunciamento administrativo.

[109] "A cada dia morrem cem mil pessoas de fome ou de suas consequências imediatas. Em 2005 morreram mais de 36 milhões. A cada sete segundos morre de fome uma criança menor de dez anos. De quatro em quatro minutos morre uma pessoa por carência de vitamina A. Somam-se 852 milhões os seres de serem humanos subalimentados, mutilados por fome crônica". ZIEGLER, Jean. Prefácio. *In*: PIOVESAN, Flávia (coord.). *Direito humano à alimentação adequada*. Rio de Janeiro: Lumen Juris, 2007).

[110] Neste sentido: "O próprio fundamento de políticas públicas é a necessidade de concretização de direitos por meio de prestações positivas do Estado, sendo o desenvolvimento nacional a principal política, conformando e harmonizando todas as demais". (BERCOVICI, Gilberto. "Planejamento e Políticas Públicas: Nova Compreensão do Papel do Estado". *In*: BUCCI, Maria Paula Dallari (org.). *Políticas públicas*: Reflexos sobre o conceito jurídico. São Paulo: Saraiva, 2006, p. 144).

Neste sentido, o planejamento estatal passou a ser visto como indispensável à conquista do desenvolvimento e à consecução do bem comum.[111] O espírito desta ação planejada é racionalizar a intervenção do Estado,[112] de modo a combinar o progresso da ordem econômica com a valorização do trabalho humano, a livre iniciativa e todos os requisitos que perfazem a existência digna, conforme os ditames da justiça social inscritos na Constituição Federal.[113]

Além da ordenação do agir governamental para a busca de melhores resultados, a fixação de metas é necessária para a preservação da harmonia do sistema democrático e republicano, com o objetivo de que a alternância do poder não frustre os fins previstos nos programas estatais.[114]

É com base nestas premissas que subjaz o conceito de políticas públicas.

Para Maria Paula Dallarri Bucci, pode-se definir política pública como:

> um programa ou quadro *de ação* governamental, porque consiste num conjunto de medidas articuladas (coordenadas), cujo escopo é dar impulso, isto é, movimentar a máquina do governo, no sentido de realizar algum objetivo de ordem pública ou, na ótica dos juristas, concretizar um direito.[115]

A discussão sobre as problemáticas que envolvem as políticas públicas insere-se em um contexto multidisciplinar, advindo daí a dificuldade

---

[111] O planejamento estatal foi previsto no artigo 174 da Constituição Federal: "Como agente normativo e regulador da atividade econômica, o Estado exercerá, na forma da lei, as funções de fiscalização, incentivo e planejamento, sendo este determinante para o setor público e indicativo para o setor privado".

[112] SILVA, Guilherme Amorim Campos da. *Direito ao desenvolvimento*. São Paulo: Método, 1999, p. 136.

[113] Artigo 170 da Constituição Federal.

[114] BUCCI, Maria Paula Dallari. "As políticas públicas e o direito administrativo". *Revista Trimestral de Direito Público*, vol. 13, p. 135, São Paulo, Malheiros, 1996.

[115] BUCCI, Maria Paula Dallari. "O conceito de política pública em direito". *In*: BUCCI, Maria Paula Dallari (org.). *Políticas públicas*: reflexos sobre o conceito jurídico. São Paulo: Saraiva, 2006, p. 14.

para o jurista de enquadrar o conceito de políticas públicas em uma categoria normativa bem definida, mensurando-se assim os seus reflexos perante o sistema jurídico, como ocorre com os demais institutos do Direito. Mesmo diante das dificuldades, compreender o seu espectro é necessário, seja para possibilitar a inter-relação e o estreito diálogo entre o olhar do jurista e as diferentes ciências que contribuem para a completa compreensão do tema, a fim de que convirjam à adequada redistribuição de bens e posições, seja para descortinar a regularidade da planificação estatal e de seu processo de formação, que consubstanciam as decisões estatais, aferindo se estão de acordo com as normas constitucionais e legais preestabelecidas.

A despeito de a conceituação de políticas públicas ensejar controvérsias na doutrina, todos concordam que elas envolvem a previsão de um conjunto ordenado de meios e instrumentos para o alcance de metas e resultados almejados, lançando-se em uma visão prospectiva e racional de atuação estatal. Nota-se que as políticas públicas são um misto de racionalidade, inerente à técnica, e de consenso, diálogo e correlação de forças entre os agentes políticos e a sociedade. E, sendo assim, o foco não somente centra-se na busca dos fins e metas, pois, se assim fosse, bastaria reduzir a questão à mera aplicação de técnicas eficientes e racionais para obter resultados positivos, primando-se pela eficácia econômica e descurando-se do processo constitutivo de decisão, ou seja, da questão política, em que a dimensão participativa e democrática tem importância fulcral no modelo constitucional atual.[116]

Partindo destas premissas, não há como identificar o planejamento estratégico com o seu fim almejado. As políticas públicas são formas de agir estatal, modo de atuação da gestão pública, direcionadas aos objetivos elencados pela Constituição Federal e pelas leis. Portanto, os

---

[116] A vantagem de valorizar o aspecto procedimental da política pública é defendida por Alcindo Gonçalves: "Ao abordar o tema sob a ótica do processo, privilegia-se ainda a dimensão participativa na produção das políticas. Resgata-se a noção do contraditório na sociedade, evitando-se assim as definições simplistas de "boas" ou "más" políticas. Ao contrário, nesta perspectiva resultam complexas as tomadas de decisão". ("Políticas públicas e ciência política". *In*: BUCCI, Maria Paula Dallari (org.). *Políticas públicas*: reflexos sobre o conceito jurídico. São Paulo: Saraiva, 2006, pp. 93/94).

fins objetivados pelas políticas públicas coincidem, ou deveriam coincidir, com as escolhas ideológicas plasmadas na Constituição ou, em outras palavras, com as escolhas políticas declaradas nas normas constitucionais.

Em conclusão, tem-se que o conceito de políticas públicas não se traduz e nem se identifica com o conceito de direito, mas a concretização dos direitos representa o fim almejado por estas atuações estatais coordenadas, ou seja, representam os objetivos perseguidos pelas políticas públicas.[117]

Destarte, os caminhos traçados pelas políticas públicas são conformados pela política constitucional, que define os direitos e garantias fundamentais a serem respeitados para a institucionalização da democracia social. Em conclusão, o agir *governamental* pauta-se em escolhas políticas feitas pelos governantes escolhidos pelo voto popular, mas deve estar sempre comprometido com os compromissos constitucionais assumidos na Carta Política. Daí o traço de juridicidade que enseja a consequente abertura para o seu questionamento perante o Poder Judiciário.

Este conjunto dos atos que consubstanciam as políticas públicas pode ser exteriorizado por intermédio de normas constitucionais, normas legais e pelas modalidades de atos administrativos, ou a coordenação destes atos, por meio do procedimento administrativo.[118] Os diversos instrumentos normativos que dão roupagem às políticas públicas revelam que não há um padrão certo e determinado para a exteriorização de sua dimensão. Esta exteriorização, no entanto, ainda que não uniformizada, é a maneira pela qual se pode identificar os meios e os fins pretendidos

---

[117] "Políticas públicas não se confundem com os direitos fundamentais, designadamente como direitos subjetivos (individuais e/ou coletivos) que são veiculados por meio de políticas públicas, o que não afasta a possibilidade de um direito a que o Estado atue mediante políticas públicas, precisamente como forma de assegurar a efetividade de direitos fundamentais". (SARLET, Ingo Wolfgang. *A eficácia dos direitos fundamentais*: uma teoria geral dos direitos fundamentais na perspectiva constitucional. Porto Alegre: Livraria do Advogado, 2012, p. 219).

[118] BUCCI, Maria Paula Dallari. *Direito administrativo e políticas públicas*. São Paulo: Saraiva, 2002, p. 257.

pelo poder governamental, permitindo a aferição da racionalidade, do agir estratégico, dos resultados pretendidos, retirando estas opções políticas de um campo obscuro de escolhas isoladas, pessoais e arbitrárias dos políticos eleitos.

Como outrora posto, estes atos coordenados, que constituem as políticas públicas, são fruto de atuações decorrentes da função governamental, os denominados programas de governo. A dimensão política que caracteriza este planejamento estratégico enseja divergências na doutrina quanto à sua natureza e à possibilidade de revisão judicial.

Assim sendo, mostra-se imprescindível a abordagem sobre a natureza jurídica dos atos emanados da denominada função de governo.

2.3 ATOS POLÍTICOS X ATOS ADMINISTRATIVOS

De acordo com os argumentos acima expostos, foi possível concluir que os direitos são os objetivos, os fins últimos que as políticas públicas visam a dar real concretude. Ocorre que, salvo determinadas exceções, o texto constitucional não faz uma abordagem descritiva sobre os meios para se atingir os fins normativos, como ocorrem com as normas de direitos fundamentais, inscritas de forma vaga e fluida, caracterizadas, portanto, pela baixa densidade normativa.

Colhe-se na doutrina o entendimento de que esta ausência de precisão do conteúdo dos direitos constitucionais acaba por franquear uma ampla margem de liberdade ao administrador,[119] autorizando-o a editar os atos governamentais, também denominados de atos políticos, os quais estariam plenamente mergulhados no espectro da liberdade deliberativa outorgada pela discricionariedade política, pois decorrem de deveres genéricos insertos na Constituição. Ainda na linha deste entendimento, a escolha do momento e da forma por meio dos quais os deveres genéricos impostos na Constituição serão atendidos reveste-se de

---

[119] APPIO, Eduardo. *Controle jurisdicional de políticas públicas no Brasil*. Curitiba: Juruá, 2009, pp. 104-112.

caráter meramente político, esfera em que o poder jurisdicional não pode imiscuir-se,[120] diante dos limites conceituais que diferenciam os princípios e a política.[121] Assim, a ampla margem de liberdade de escolha do governante representaria um limite intransponível à intervenção jurisdicional.

Ainda na linha deste entendimento, de outro lado, estaria a categoria dos atos administrativos, que se diferenciam dos atos políticos pois caracterizam-se por terem natureza instrumental e executiva, ou seja, sua finalidade consiste em concretizar, por em prática as pautas elaboradas e ditadas pelos governantes eleitos. Deste modo, segundo esta corrente, no exercício da discricionariedade administrativa, o Poder Executivo está vinculado aos limites da legalidade e aos demais princípios que regem os atos administrativos,[122] sendo que tais limites não podem ser opostos aos atos políticos.[123]

---

[120] "As decisões de cunho político devem ser distinguidas das decisões de cunho administrativo, na medida em que aquelas não permitem revisão judicial. As primeiras consistem em atividade de Governo, ou seja, ancoradas em manifestações de natureza política, em estrita observância do projeto de governo, enquanto as segundas representam o instrumental técnico necessário à execução deste projeto". (APPIO, Eduardo. *Discricionariedade política do poder judiciário*. Curitiba: Juruá, 2008, p. 129).

[121] A divisão entre "política" e "princípio" é feita por Ronald Dworkin: "Denomino "política" aquele tipo de padrão que estabelece um objetivo a ser alcançado, em geral uma melhoria em algum aspecto econômico, político ou social da comunidade (...). Denomino "princípio" um padrão que deve ser observado, não porque vá promover ou assegurar uma situação econômica, política ou social considerada desejável, mas porque é uma exigência de justiça ou equidade ou alguma outra dimensão da moralidade". (DWORKIN, Ronald. *Levando os direitos a sério*. Traduzido por Nelson Boeira. São Paulo: WMF Martins Fontes, 2010, p. 36).

[122] "Os atos administrativos estão vinculados diretamente à lei, mas sofrem influxo direto dos princípios constitucionais, razão pela qual se abre uma ampla margem de controle judicial, especialmente quando se considera a textura aberta de conceitos indeterminados como moralidade e eficiência administrativa (CF/88, art. 37, *caput*)". (APPIO, Eduardo. *Controle jurisdicional de políticas públicas no Brasil*. Curitiba: Juruá, 2009, p. 105).

[123] "Já os atos políticos decorrem diretamente do conteúdo de prerrogativas de natureza política, razão pela qual somente o constituinte pode estabelecer uma vinculação direta do Poder Executivo a uma determinada prestação material ou normativa. Aos atos políticos não se aplicam as teorias forjadas pelo Direito Administrativo – inclusive os postulados relacionados à revisão judicial dos atos administrativos discricionários –

PROCESSOS COLETIVOS E POLÍTICAS PÚBLICAS

Em conclusão, esta doutrina compartilha do entendimento de que a formulação das políticas públicas integra a função de governo e de que tais atos emanados do Poder Executivo revestem-se de conteúdo eminentemente político, obstáculo insuperável à análise jurisdicional. De outro lado, é possível o controle jurisdicional da execução dos programas governamentais, em razão da natureza administrativa dos atos executórios, que devem estar em consonância com todos os princípios do Direito Administrativo.

Inicialmente, acerca da dicotomia entre atos políticos e atos administrativos, deve-se ponderar que, com a garantia da inafastabilidade do poder jurisdicional inscrita na Constituição Federal, torna frágil a defesa de retirar, *a priori*, determinados atos, derivados da função governamental, do controle jurisdicional, quando se está diante da ameaça ou lesão a direito individual ou coletivo. Neste sentido, tem-se que a concepção dos atos governamentais como uma categoria autônoma e não limitados pelos princípios administrativos parece retroceder a momento anterior da história, em que a garantia acima citada não era prevista constitucionalmente.[124]

No Brasil, as Constituições de 1934 e de 1937, respectivamente, excluíam do Poder Judiciário a apreciação dos atos de governo. Com o advento da Constituição de 1946, passou a vigorar o princípio da inafastabilidade do Poder Judiciário. A partir deste momento até mesmo os atos de governo poderiam ser alvo do controle jurisdicional quando

---

pois a própria Constituição pode impor limites à extensão do poder jurisdicional dos juízes, de molde a assegurar a integridade do núcleo essencial de cada Poder". (APPIO, Eduardo. *Controle jurisdicional de políticas públicas no Brasil*. Curitiba: Juruá, 2009, p. 105).

[124] A gênese da teoria do ato político data do ano de 1.815, fim da ditadura de Napoleão, quando a Administração Pública voltou a perder seu poder político na França, assim como o Conselho de Estado, órgão com atribuição para decidir sobre conflitos em matéria administrativa. A fim de evitar confrontos com o novo Poder Executivo, neste momento com o monarca Luis XVIII no poder, o Conselho de Estado começou a limitar a própria competência, estabelecendo que as questões de governo estariam fora do controle do Poder Judiciário. Da França, a teoria do ato político irradiou-se para outros países, recebendo reestruturações de acordo com as necessidades jurídico-sociais peculiares a cada sistema.

violassem direitos.[125] Por derradeiro, a Constituição de 1988 não trouxe em seu corpo a categoria de atos de governo e ainda previu em suas normas, como direito fundamental, o controle pelo Poder Judiciário de toda a lesão ou ameaça de lesão a direito, estampado no artigo 5º, XXXV, sem mencionar expressamente qualquer restrição. Portanto, pelo contexto normativo contemporâneo, não se admite a exclusão, previamente, de determinados atos praticados pelo Poder Executivo.

Reconhecer a possibilidade de controle jurisdicional não significa desconsiderar que determinados atos emanados do Poder Executivo são dotados de maior liberdade de conformação pelos governantes, sendo defeso ao Poder Judiciário tolher esta liberdade com supedâneo na cláusula da inafastabilidade da jurisdição. Os limites de atuação jurisdicional estão condicionados à revelação do espectro desta liberdade política, razão pela qual se faz necessário investigá-la.

A questão nos remete à discussão sobre a natureza da atividade governamental e seus contrastes com a atividade administrativa. Como não há uma caracterização constitucional-material da função política ou de governo,[126] incumbe à doutrina traçar o perfil desta função.

Segundo os parâmetros doutrinários, a atividade governamental e administrativa, que integram a função do Poder Executivo,[127] compreendem planos de atuações diversos, sendo à primeira outorgada as funções políticas de comando, de iniciativa e de fixação de objetivos do Estado, e, à segunda, por sua vez, os atos de execução referentes às necessidades coletivas.[128]

---

[125] MEDAUAR, Odete. *Controle da administração pública*. São Paulo: RT, 1993, p. 176.

[126] CANOTILHO, José Joaquim Gomes. *Direito constitucional e Teoria da Constituição*. Coimbra: Almedina, 2003, p. 602.

[127] Segundo Elival Da Silva Ramos, cabe ao Poder Executivo: i) a função de chefia do Estado (artigo 84, VI e VII, da CF); ii) função de governo (artigo 84, XI e XXIII, da CF); iii) o comando da Administração (artigo 84, II e XXV, da CF); iv) participação na função legislativa (artigo 84, III, IV e V, da CF). (*Ativismo judicial*: parâmetros dogmáticos. São Paulo: Saraiva, 2010, p. 153).

[128] MEIRELLES, Hely Lopes; ALEIXO, Délcio Balestero; BURLE FILHO, José Emmanuel. *Direito administrativo brasileiro*. São Paulo: Malheiros, 2011, p. 65.

Com base nesta divisão de funções, parte da doutrina, como já citado, conclui ser o ato oriundo da atividade governamental dotado de maior liberdade para expressar um conteúdo político, que contrasta com a neutralidade do ato administrativo, o qual, por sua vez, detém natureza meramente executória. Aqueles que insistem nesta dicotomia, como já adiantado, imputam ao ato político e ao ato administrativo naturezas jurídicas diversas e reflexos também diversos perante o controle jurisdicional. Traduzindo estas concepções para o âmbito das políticas públicas, tem-se que a fase de formulação dos programas governamentais enquadra-se no espectro de atos governamentais ou políticos e a sua execução compreende os atos administrativos.

No plano teórico, a divisão entre atividade administrativa e atividade governamental cumpre a sua função metodológica.[129] Na prática, no entanto, esta divisão entre funções torna-se tênue, tornando difícil a tarefa de traçar limites entre uma fase e outra,[130] o que põe em xeque a conclusão de que o momento de elaboração de uma política pública exterioriza-se por um ato meramente político, sem as amarras dos princípios e regras que regem o direito administrativo.

Em primeiro lugar, a fase de elaboração de um programa governamental que veicule uma política pública deve respeitar regras pré-determinadas, as quais funcionam como verdadeiro limite à liberdade da deliberação política do governante.

---

[129] "La diferencia entre actos de gobierno y actos administrativos es solo de efectos didáticos, pero ambos se rigem por los mismos princípios esenciales y generem idénticas consecuencias. El régimen jurídico de estas categorias de actos en lo fundamental obedece a princípios similares; se trata de una diferencia de hecho, de grado, meramente conceptual, no una diferencia de derecho, de interés jurídico. Tanto el acto administrativo como ele acto de gobierno son revisibles judicialmente de acuerdo com la formulación de la teoria del acto institucional". (DROMI, José Roberto. *Instituciones de derecho administrativo*. Buenos Aires: Editorial Astrea, 1973, p. 121).

[130] Marçal Justen Filho adota o entendimento de que a função de governo não detém natureza administrativa, mas reconhece as dificuldades de se estabelecer um limite preciso entre a função administrativa e política, sendo que em muitos casos estas duas funções se conjugam, não sendo possível invocar a natureza política para escapar do controle administrativo. (*Curso de direito administrativo*. Belo Horizonte: Fórum, 2011, p. 99).

No processo de construção de um programa governamental, não se pode olvidar os princípios e as regras jurídicas do direito administrativo, a exemplo daqueles que permeiam os serviços públicos, os procedimentos administrativos, a contratação dos funcionários ou serviços, formas de organização da administração indireta, dos contratos administrativos, licitações, entre outros.[131] Ou seja, há um regramento pré-determinado que decorre do Direito Administrativo e que serve de limite ao âmbito das decisões políticas e sobre o qual a esfera volitiva do governante não pode se sobrepor e jamais desconsiderar.

De outro lado, o processo de execução das políticas públicas não exclui a possibilidade de também ser permeado por decisões políticas. Isso pode ocorrer em razão da possibilidade de o programa governamental conter lacunas a serem preenchidas quando de sua execução, ou ser inscrito por meio de conceitos jurídicos indeterminados que ensejam diversas interpretações a depender do caso concreto, ou mesmo quando o governante decide postergar parcela deliberativa para a fase executiva.

Em todos estes casos, há efetivamente uma decisão política e não meramente executória da Administração Pública.[132] Segundo a perspectiva de Maria Paula Dallari Bucci, as políticas públicas são um "quadro normativo de ação", integrados por elementos políticos e elementos técnicos, razão pela qual se torna tênue a divisão entre planejamento e execução, mas, ao contrário, o entrelaçamento entre estas funções é que franqueia maior eficácia à política pública.[133]

---

[131] BUCCI, Maria Paula Dallari. *Direito administrativo e políticas públicas*. São Paulo: Saraiva, 2002, p. 255.

[132] Novamente nos recorremos à doutrina de Maria Paula Dallari Bucci: "Entretanto, o fato de ser a política pública um "quadro normativo de ação" informado por "elementos de poder público, elementos de *expertise* e elementos que tendem a constituir uma ordem legal" – todos da órbita do aparelhamento burocrático –, faz com que a Administração desempenhe um papel relevante na análise e na elaboração dos pressupostos que dão base à política pública". (*Direito administrativo e políticas públicas*. São Paulo: Saraiva, 2002, p. 249).

[133] BUCCI, Maria Paula Dallari. *Direito administrativo e políticas públicas*. São Paulo: Saraiva, 2002, p. 249. A dificuldade de se estabelecer a divisão rígida entre a função política e administrativa é também retratada por Marçal Justen Filho: "O primeiro se

Ademais, vale insistir na afirmação de que o conceito de política pública inclui o emprego dos meios racionais e estratégicos para a efetivação de um Direito. Com isso quer-se dizer que atualmente não mais se concebe que os programas governamentais sejam constituídos de atos eminentemente volitivos dos governantes, mas a efetivação de direitos exige também a observância aos critérios técnicos, evitando-se o retorno da irracionalidade das decisões políticas.

O requisito da racionalidade traduz-se como o conceito de eficiência, um dos vetores constitucionais que regem os atos administrativos (artigo 37, *caput*, CF), passando ademais a integrar o conceito de validade dos atos perpetrados pela função administrativa e também pela função governamental.

Deste modo, conclui-se haver a possibilidade de o Poder Judiciário fazer o controle de eficiência das políticas públicas, aplicando-se, portanto, o regime do Direito Administrativo à atividade governamental.[134] Pode-se dizer o mesmo sobre os demais princípios administrativos: moralidade, impessoalidade e publicidade.

Postas estas premissas, é forçoso reconhecer a insuficiência da rígida divisão entre os atos de direção, estes constituídos de uma ampla margem de liberdade para a conformação das deliberações meramente políticas, e os atos executórios, estes compreendidos com limites meramente

---

relaciona com a dificuldade de estabelecer um limite preciso e exato entre função administrativa e função política. Não é possível invocar, sem mais, a natureza política de certa competência para tentar escapar ao regime jurídico da função administrativa, até porque em inúmeros casos se conjugam funções administrativas e políticas." (*Curso de direito administrativo*. Belo Horizonte: Fórum, 2011, p. 99).

[134] "No atual estágio de prospecção doutrinária e jurisprudencial sobre o tema, pensamos que a política pública pode ser considerada como a conduta comissiva ou omissiva da Administração Pública, em sentido largo, voltada à consecução de programa ou meta previstos e norma constitucional ou legal, sujeitando-se a controle jurisdicional amplo e exauriente, especialmente no tocante à eficiência dos meios empregados e à avaliação dos resultados alcançados." (MANCUSO, Rodolfo de Camargo. "A ação civil pública como instrumento de controle das chamadas políticas públicas". *In*: MILARÉ, Édis (coord.). *Ação civil pública*: lei n. 7.347/1985 – 15 anos. São Paulo: RT, 2002, pp. 776/777).

técnicos, despidos de natureza decisória. O que ocorre, na prática, é a imbricação entre a função política e a função administrativa, tanto na fase de formulação, como na fase de execução das políticas públicas.

Coerente com as afirmações acima tecidas, torna-se frágil a defesa da existência de uma categoria autônoma de ato político ou governamental, de natureza diversa dos atos administrativos e ainda dotado de regime jurídico diferenciado. Como bem explicita Hely Lopes Meirelles, o que existe é o ato administrativo, ato legislativo ou ato judiciário informado pelo fundamento político, não havendo que se falar em ato político como entidade autônoma.[135] Aceitar a existência de um ato político é negar que as três funções do Estado sejam orientadas por valores políticos, o que certamente não pode ser aceito diante da moldura constitucional atual.[136]

Não obstante, parece não coadunar com os valores democráticos traçados pela Constituição Federal a concepção de atos políticos dotados de imunidade jurisdicional,[137] sob a justificativa de tratar-se de natureza

---

[135] "Coerentemente com esse entender, negamos a existência do ato político como entidade autônoma. O que existe, a nosso ver, é sempre *ato administrativo, ato legislativo ou ato judiciário* informado de *fundamento* político. O impropriamente chamado *ato político* não passa de um ato de governo, praticado discricionariamente por qualquer dos agentes que compõem os Poderes do Estado". (MEIRELLES, Hely Lopes; ALEIXO, Délcio Balestero; BURLE FILHO, José Emmanuel. *Direito administrativo brasileiro*. São Paulo: Malheiros, 2011, pp. 45/46).

[136] Comungamos do mesmo entendimento de Alexandre Santos de Aragão de que o caráter político reveste todas as funções do Estado, o que inviabilizaria uma categoria autônoma denominada de ato político: "Para os que, como nós, consideram o caráter político um aspecto que reveste, com maior ou menor intensidade, todas as funções e atos do Estado, e que ele não importa exceção absoluta ao controle jurisdicional, os atos políticos praticados pela Administração Pública também teriam a natureza de atos administrativos ainda que dotados de elevadíssima discricionariedade". ("Teoria geral dos atos administrativos: uma releitura à luz dos novos paradigmas do direito administrativo". *In*: MEDAUAR, Odete; SCHIRATO, Vitor Rhein (coords.). *Os caminhos do ato administrativo*. São Paulo: RT, 2011, p. 41).

[137] "Proclamar a imunidade jurisdicional da Administração sobre os atos de governo, implica, nem mais nem menos, consagrar que Administração pode agir nesse campo sem limite algum, inclusive atropelando direitos mais elementares e óbvios dos cidadãos (...)". (PALU, Oswaldo Luiz. *Controle dos atos de governo pela jurisdição*. São Paulo: RT, 2004, p. 180).

eminentemente política, como se política e Direito funcionassem como sistemas heterogêneos, que se repelem.

Ao contrário, a Constituição Federal representa um verdadeiro entrelaçamento entre a política e o Direito, funcionando como um mecanismo de interpenetração entre estes dois sistemas.[138] Portanto, a discussão sobre a forma de efetivação de um Direito Constitucional pode proporcionar reflexos tanto no sistema político, como no sistema jurídico, este último funcionando como um sistema limitador daquele.[139] Esta conclusão infirma a assertiva de que as deliberações governamentais, que se apoiam sobre os deveres constitucionais sejam sempre classificadas como decisões meramente políticas, sem esbarrar no sistema jurídico.

A toda evidência o que está vedada é a sobreposição do sistema jurídico sobre o sistema político, sendo esta a razão pela qual o magistrado, sob a intenção de proteger o sistema jurídico, não pode decidir baseado estritamente em interesses políticos.[140] O reconhecimento da imprescindibilidade de diálogo entre o político e o jurídico exige, em contrapartida, a delimitação da esfera de abrangência de cada sistema, evitando interferências ilegítimas e antidemocráticas.

No contexto atual, não se pode desconsiderar que valores políticos insertos na Carta Constitucional também permeiam os princípios jurídicos, sejam eles explícitos ou implícitos, e, estes, por sua vez, irão conformar a interpretação das regras constitucionais.[141] No texto cons-

---

[138] "Nesse sentido, a Constituição apresenta-se como mecanismos de interpenetração (ou mesmo de interferência) entre dois sistemas sociais autônomos, a política e o direito, na medida em que ela possibilita uma solução jurídica do problema de auto-referência do sistema político e, ao mesmo tempo, uma solução política do problema de auto-referência do sistema jurídico". (NOJIRI, Sérgio. *A interpretação judicial do direito*. São Paulo: RT, 2005, pp. 191/192).

[139] "Embora exista um largo espaço reservado à atividade política, não se pode olvidar que as normas jurídicas (constitucionais ou legais) também exercem um papel de realce, impondo limites à atividade política na definição e execução de políticas públicas." (BARROS, Marcus Aurélio de Freitas. *Controle jurisdicional de políticas públicas*: parâmetros objetivos e tutela coletiva. Porto Alegre: Sergio Antonio Fabris, 2008, p. 68).

[140] NOJIRI, Sérgio. *A interpretação judicial do direito*. São Paulo: RT, 2005, pp. 193/194.

[141] GRAU, Eros Roberto. *A ordem econômica na Constituição de 1988*. São Paulo: Malheiros, 2010, pp. 161/162.

titucional é possível verificar a convivência complementar entre as políticas (*policies*), enquanto metas governamentais, com os princípios jurídicos (*principles*), os quais funcionam como influxos ético-jurídicos e proporcionam a vinculação dos órgãos dos Poderes Públicos à observância das metas e objetivos.[142]

A ética, que é parte integrante dos valores democráticos, permeia a ação política e também se exterioriza por meio de um quadro de prescrições normativas:

> A ação democrática pressupõe o outro, reconhecer o outro, compreender o outro, trabalhar com o outro. Ética de convivência social, reconhecimento em oposição à neutralização, implica a arte da convivência dos confrontos e contraposição. Desta relação social são colhidos valores que deverão ser publicizados, generalizados, universalizados. Eles comporão a política e se tornarão impositivos, por se evidenciarem na forma jurídica como princípios normativos. Aqui se constrói uma ética social e de ação estatal de onde emanam direitos, deveres e garantias. No texto normativo do Estado Social a ética se explicita juridicamente como vetor de condutas públicas. Está no direito, não obstante seja construída a partir do reconhecimento dos elementos do concreto.[143]

Política e Direito são, reconhecidamente, fenômenos distintos. Contudo, isto não quer dizer que um não possa produzir repercussões na esfera do outro. O Direito, como um sistema de regramento social, é essencial para delimitar os contornos da função política e, uma vez delimitado o espaço político, a função jurisdicional não pode atropelar esta liberdade outorgada pelo sistema jurídico ao exercício político, desde que a atividade política obedeça e se restrinja ao seu espaço de deliberação.

---

[142] MASSA-ARZABE, Patrícia Helena. "Dimensão jurídica das políticas públicas". *In*: BUCCI, Maria Paula Dallari (org.). *Políticas públicas*: reflexos sobre o conceito jurídico. São Paulo: Saraiva, 2006, p. 66.

[143] DERANI, Cristiane. "Política pública e a norma política". *In*: BUCCI, Maria Paula Dallari (org.). *Políticas públicas*: reflexos sobre o conceito jurídico. São Paulo: Saraiva, 2006, pp. 134/135.

Este espaço de deliberação denomina-se discricionariedade, fenômeno que se enquadra no regramento inerente ao Direito Administrativo. Esta maior liberdade outorgada à Administração Pública, que permite a abertura para a governabilidade, encontra-se na esfera da discricionariedade, que caracteriza os atos administrativos. Portanto, o diferencial que permite o maior controle jurisdicional dos atos provenientes da Administração Pública ou de Governo não está na diferença entre a natureza dos atos, mas no grau de discricionariedade que os caracteriza.[144] Melhor explicando, os atos que advêm do Poder Executivo enquadram-se no conceito de ato administrativo e pelo Direito Administrativo são regidos. Ressalve-se que determinados atos, diante da permissão do exercício de um ato volitivo pelo ordenamento jurídico a ser perpetrado pelo administrador, são dotados de maior liberdade, desde que respeitem os limites estabelecidos pelos princípios do Direito Administrativo.

Pertinente destacar ainda os perigos de se justificar a existência da categoria dos atos políticos e a defesa de que as teorias do Direito Administrativo não os alcançam, sob a justificativa de que somente o Poder constituinte pode estabelecer uma vinculação direta ao Poder Executivo. Se esta liberdade de atuação política é conformada pela densidade normativa difusa e aberta das normas constitucionais, o que se conclui é que não há critérios exatos de limitação desta atuação política do governante. Como também estes atos não estariam subordinados aos princípios do Direito Administrativo, nem mesmo aos limites inscritos no artigo 37 da Constituição Federal poderiam representar parâmetros de observância ao governante. Eficiência e moralidade não poderiam ser

---

[144] Este também parece ser o entendimento de Maria Paula Dallari Bucci: "(...) o entendimento da política pública como atividade administrativa redunda, no que diz respeito à sua sindicabilidade judicial, no conhecido tema de controle da discricionariedade administrativa, com seus também conhecidos problemas e limites. Daí, por esse prisma, não se reconhecer à noção de política pública o sentido de uma categoria nova no direito." ("O conceito de política pública em direito". *In*: BUCCI, Maria Paula Dallari (org.). *Políticas públicas*: Reflexos sobre o conceito jurídico. São Paulo: Saraiva, 2006, p. 25). No mesmo sentido, a doutrina de Luiz Henrique Urquhart Cademartori. (*Discricionariedade administrativa no estado constitucional de direito*. Curitiba: Juruá, 2007, p. 54).

critérios que autorizassem a intervenção da esfera jurisdicional para a análise da validade dos atos que constituem o programa governamental.

Posto isto, é forçoso concluir que a prerrogativa de deliberação política outorgada ao Poder Executivo pela Constituição Federal não se torna poder absoluto, mas, ao contrário, é limitada pelos objetivos e conteúdos sociais subjacentes às normas constitucionais que, ainda que expressos de forma genérica, os quais nada mais são do que princípios políticos pré-determinados, consubstanciados em um consenso mínimo oponível a qualquer governante que ocupe o poder. Deste modo, a contrariedade a estes elementos que caracterizam o Estado Democrático de Direito torna, até mesmo os atos advindos da função política, alvo de revisão judicial.

2.4 LEGITIMIDADE DO CONTROLE JURISDICIONAL DE POLÍTICAS PÚBLICAS

2.4.1 Parâmetros para o controle jurisdicional de políticas públicas pelo Poder Judiciário

Equilíbrio entre as funções estatais.

Esta é a expressão chave na qual devem se apoiar os argumentos que visam a embasar os parâmetros estabelecidos para o controle jurisdicional de políticas públicas.

Sob a égide desta relação de equilíbrio, deve-se partir sempre da premissa de que a intervenção jurisdicional no âmbito dos programas governamentais não se presta a servir de autorização para a sobreposição do Poder Judiciário frente aos demais Poderes, muito menos visa a diminuir a importância e a capacidade do Poder Executivo e do Poder Legislativo em deliberar quanto ao modo de atuação para o alcance dos objetivos constitucionais. Defender a legitimidade democrática do Poder Judiciário para intervir nos assuntos de interesse social não significa infirmar a harmonia e o equilíbrio entre os Poderes, pois cada um deve estar alinhavado na sua esfera predominante de atuação, sem hierarquia ou grau de importância, mas engendrando todos os esforços para convergir ao compromisso com a efetividade dos direitos fundamentais.

Para que não haja inversão de valores e de papéis institucionais, devem ser apontados os reais limites para a intervenção do Poder Judiciário no controle jurisdicional de políticas públicas.

Reconheceu-se ao longo deste trabalho que a discricionariedade faz parte da genética dos atos resultantes da função governamental, permitindo ao administrador eleger os meios para a formulação dos programas governamentais destinados à efetivação dos direitos sociais. Esta constatação restringe a possibilidade de o Poder Judiciário, aleatoriamente, vir a substituir as atividades de gestão pública, desautorizando a anulação das decisões administrativas, a fim de incorporar, em seu lugar, a discricionariedade jurisdicional.

Está traçado, assim, o primeiro parâmetro para o controle jurisdicional de políticas públicas: deve-se reconhecer a competência constitucional do Poder Legislativo e do Poder Executivo em formular programas estratégicos para a efetivação dos direitos fundamentais, sendo o primeiro pela via legislativa, determinando-se os critérios de forma genérica e abstrata, e, o segundo, por intermédio de atos e procedimentos administrativos, atuando com metas e resultados de uma situação concreta.

Tais Poderes são devidamente estruturados para o desempenho destas funções e contêm informações e recursos necessários para dar início à projeção e à execução de programas governamentais, que servem de canais facilitadores para a melhor distribuição e alocação dos bens comuns. Não obstante, os agentes políticos que os compõem devem ser eleitos democraticamente pelo voto popular, com mandato para representar os interesses dos cidadãos nas escolhas das estratégias e das prioridades quanto à consecução dos valores sociais perseguidos.

Com isso, quer-se afirmar que a intervenção jurisdicional nos assuntos que se correlacionam às políticas públicas tem caráter excepcional. Noutros termos, o Poder Judiciário desempenha uma atividade apenas corretiva em caso de constatação de que as funções estatais desvirtuaram-se do interesse público na elaboração ou execução de políticas públicas ou, até mesmo, em caso da constatação de omissão dos governantes eleitos, quando lhes é dever agir para salvaguardar direitos albergados pelo ordenamento jurídico. Portanto, é a ação ou omissão injustificada dos demais Poderes, no desempenho de suas funções típicas, que, por se tornarem ameaças ou violações a direitos, tornam-se alvo de escrutínio judicial.

Para o desempenho desta autorização extraordinária de intervenção do poder jurisdicional é preciso constatar, no caso concreto, que a ação ou a omissão do gestor público na elaboração dos programas para efetivação dos direitos desvirtua-se das finalidades sociais e éticas insertas nos vetores legais e constitucionais. A tarefa não parece simples, pois requer o justo equilíbrio entre o exercício técnico e político desempenhado pela Administração Pública e o resguardo do sentido social e político da norma, extraído por meio da interpretação a ser desempenhada pelo Poder Judiciário. A linha que separa estas funções é tênue, mas ainda assim o campo de atuação de cada uma delas deve ser necessariamente observado, sob pena de comprometimento dos valores democráticos, como anteriormente advertido.

Passo seguinte, deve-se investigar o conteúdo da norma jurídica supostamente violada pelo Poder Público. Faz-se necessário ponderar que nem sempre as normas se perfazem por meio de um conteúdo aberto e poroso. Em determinados casos, elas são constituídas por termos precisos e objetivos, culminando na extração de um conteúdo certo e determinado. Cuida-se dos atos administrativos vinculados, em que o espectro de liberdade para a deliberação política pelo administrador é impossibilitado, uma vez que a lei determina, de antemão, o único comportamento que deve ser adotado pelo administrador; e, em contrapartida, a margem de atuação jurisdicional é elevada.

Neste caso, pode haver uma política pública formulada pela Administração Pública, que passa a ser viciada pela inobservância de aspectos formais e materiais, inscritos na legislação infraconstitucional ou por meio de regras constitucionais, ambas vinculativas, aptas a gerar ao jurisdicionado um direito subjetivo imediatamente exigível.[145]

---

[145] O exemplo de ato vinculado previamente definido na Constituição Federal refere-se ao acesso à educação básica, *ex vi* do artigo 208 da Constituição Federal: "O dever

PROCESSOS COLETIVOS E POLÍTICAS PÚBLICAS

Nesta hipótese há vinculação do modo de atuação, por meio de regras pré-determinadas, condicionando a atividade administrativa a determinado modo de atuação, sendo defeso ao administrador público fazer escolhas que contrariem a determinação legal ou constitucional. Desta maneira, a legitimidade do controle jurisdicional de políticas públicas torna-se mais clara quando a política pública delineada pelo Poder Executivo afronta determinação legal ou mandamento constitucional, descritos por intermédio de um conteúdo definido, sem margem para escolhas de realização ou não daquele direito subjetivo outorgado pela lei ou pela Constituição Federal.

Neste mesmo contexto, o vício identificado pela revisão jurisdicional pode ocorrer também em decorrência da omissão do administrador público, contrariando as normas legais ou constitucionais, que contêm prescrições impositivas a este poder, sem qualquer margem de indeterminação, vinculando-o a agir com o fim de regulamentar e de proporcionar o gozo de um benefício ou de um direito social. Nesta hipótese, a inércia do Poder Executivo enseja a possibilidade de intervenção jurisdicional, autorizando o magistrado a regulamentar o cumprimento de programa específico em substituição ao administrador público, e garantir, por fim, a efetividade do direito social. Reitera-se, portanto, que o magistrado tem o poder-dever de adotar uma atuação positiva, e, indubitavelmente, mantém-se vinculado ao conteúdo contido nas normas.

Além dos direitos subjetivos constitucionais há regras orçamentárias que se encontram objetivamente dispostas na Constituição Federal, determinando a vinculação de percentual mínimo de recursos públicos destinados às áreas de interesse social, como saúde e educação.[146] Essas rubricas orçamentárias devem estar efetivamente comprometidas com

---

do Estado com a educação será efetivado mediante a garantia de: I – Educação básica obrigatória e gratuita dos 4 (quatro) aos 17 (dezessete) anos de idade, assegurada inclusive sua oferta gratuita para todos os que a ela não tiveram acesso na idade própria; (...) § 1º: O acesso ao ensino obrigatório e gratuito é direito público subjetivo".

[146] Os percentuais referentes à saúde estão definidos no artigo 198, § 2º e, à educação, no artigo 212, todos da Constituição Federal.

tais fins sociais, pois, em caso de desvio destas verbas, é legítimo o controle pela instância judicial.[147]

A despeito de tratar-se de critério objetivo, há evidentes dificuldades para se aferir os reais valores que correspondem aos percentuais constitucionais, bem como há claros empecilhos para a realização da investigação de que tais recursos foram efetivamente investidos segundo os ditames constitucionais, sendo que, em muitos casos, o déficit informacional torna-se o verdadeiro obstáculo para o controle orçamentário.[148] Contra essa barreira, a introdução em nosso ordenamento jurídico da Lei n. 12.527/2011, denominada de Lei de Acesso à Informação, tem a pretensão de trazer novos auspícios pautados na transformação do paradigma da transparência no âmbito do interesse público, reforçando o imperativo do dever de informação.

Superadas as dificuldades de informação e demonstrada, no caso concreto, a inobservância dos parâmetros orçamentários mínimos, pode-se afirmar que o controle das políticas públicas encontra respaldo também na dimensão ética das regras orçamentárias.[149] Deve-se apenas sublinhar que tais critérios objetivos não afastam definitivamente todas as dúvidas quanto ao conteúdo dos direitos constitucionais à educação e à saúde, que, na falta de parâmetros objetivos, torna a matéria bem mais complexa.

A polêmica e os pontos tormentosos sobre a legitimidade do controle jurisdicional de políticas públicas revelam-se quando o direito

---

[147] BARROS, Marcus Aurélio de Freitas. *Controle jurisdicional de políticas públicas*: parâmetros objetivos e tutela coletiva. Porto Alegre: Sergio Antonio Fabris, 2008, p. 182.

[148] As dificuldades para o controle judicial estão no acesso à informação, como bem ressalta Ana Paula de Barcellos: "Em suma: a sonegação dos dados sobre receitas e despesas públicas inviabiliza os controles jurídico e político e nessa medida poderá exigir soluções jurídicas que assegurem, coativamente se necessário, o acesso à informação". ("Neoconstitucionalismo, direitos fundamentais e controle das políticas públicas". *In*: NOVELINO, Marcelo (org.). *Leituras complementares de direito constitucional*: direitos humanos e direitos fundamentais. Salvador: JusPodivm, 2008, p. 150).

[149] Ricardo Lobo Torres afirma que o orçamento possui uma dimensão ética e deve ser eticamente justo. (*Tratado de direito constitucional, financeiro e tributário*. vol V: O orçamento na constituição. Rio de Janeiro: Renovar, 2008, pp. 42-44).

questionado não encontra, na lei ou na Constituição Federal, a moldura exata sobre o seu conteúdo e sobre as diretrizes para a efetivação dos direitos fundamentais,[150] havendo espaço para o exercício de ampla discricionariedade exercida pela Administração Pública. Neste caso, o substrato jurídico para análise da dimensão do conteúdo do direito perseguido restringe-se à previsão genérica dos direitos e garantias fundamentais, respaldados pela cláusula de aplicabilidade imediata, inscrita no § 1º do artigo 5º da Constituição Federal.

Quais os limites do direito à prestação da saúde pelo Poder Público? O que pode ser entendido por direito à moradia? O que deve abranger o plano governamental a fim de observar a meta constitucional de acesso aos níveis mais elevados do ensino? Qual o papel do Poder Executivo perante o direito ao lazer?

Os objetos das indagações acima cuidam de hipóteses em que é possível identificar um alto grau de discricionariedade de atuação do Poder Executivo, havendo margem para deliberação política sobre o modo de proteção dos direitos fundamentais. Os limites deste dever político, repisa-se, não são absolutos, e autorizam, em certa medida, o controle jurisdicional.

Um dos destacados princípios constitucionais que deve nortear a atuação do gestor público na elaboração das políticas públicas é a isonomia material. O princípio é destinado ao legislador e ao aplicador da norma, exigindo o tratamento isonômico entre os cidadãos, ressalvados os legítimos fatores de discriminação.[151] Pode-se verificar o desrespeito

---

[150] Deve-se ponderar que a fluidez dos conceitos imprecisos sempre abarca um conteúdo mínimo incontestável. Fala-se na zona de certeza positiva, dentro na qual ninguém duvida do cabimento da aplicação da palavra e da zona de certeza negativa, que elide qualquer dúvida que pelo conceito não é abarcado. Deste conteúdo mínimo o administrador jamais pode se afastar. (BANDEIRA DE MELLO, Celso Antônio. *Discricionariedade e controle jurisdicional*. São Paulo: Malheiros, 2010, p. 29).
[151] Sobre os critérios discriminatórios: "(...) tem-se que investigar, de um lado, aquilo que é adotado como critério discriminatório; de outro lado, cumpre verificar se há justificativa racional, isto é, fundamento lógico, para, à vista do traço desigualador acolhido, atribuir o específico tratamento jurídico construído em função da desigualdade

a este princípio no caso de atuação comissiva insuficiente do Poder Público,[152] ou seja, quando as políticas públicas formuladas e implementadas não alcançam, injustificadamente, todos os cidadãos que se encontram na mesma situação fática ou jurídica. Portanto, caso haja a previsão de uma cláusula na política social que enseje afronta à isonomia material entre os cidadãos, portanto, que não esteja devidamente embasada em justificativas autorizadoras para tratamento distinto, há possibilidades de alteração da opção política dos representantes eleitos pela sociedade pelas vias jurisdicionais, pois o Estado não observou a fruição igualitária dos direitos sociais, o que os tornam violados.

Para o êxito na revisão judicial, deve-se demonstrar, por intermédio do procedimento argumentativo, uma relação lógica de causa e efeito, ou seja, que a conduta do Estado, por meio da disponibilização de veículo social deficiente, gera desigualdade social.[153] Nesta senda, o magistrado está autorizado a estender os efeitos das políticas públicas a todos aqueles que estavam privados de forma injustificável dos benefícios sociais advindos da política pública deficitária.[154]

---

proclamada. Finalmente, impende analisar se a correlação ou fundamento racional abstratamente existente é, *in concreto*, afinado com os valores prestigiados no sistema normativo constitucional". (BANDEIRA DE MELLO, Celso Antônio. *O conteúdo jurídico do princípio da igualdade*. São Paulo: Malheiros, 2011, pp. 21/22).

[152] Américo Bedê Freire Jr. afirma que a omissão parcial está ligada umbilicalmente ao princípio da igualdade. Acrescenta ainda que não pode o Estado escolher quem serão os destinatários de políticas públicas, uma vez que elas devem ter necessariamente uma abrangência global. (*O controle judicial das políticas públicas*. São Paulo: RT, 2005, p. 82/83).

[153] Osvaldo Canela Jr. defende a possibilidade de controlar as políticas públicas via jurisdicional quando, por comportamento comissivo ou omissivo do Estado, decorra a desigualdade social na fruição de serviços criados para a satisfação espontânea dos bens da vida referidos no artigo 6º da Constituição Federal. (*Controle judicial de políticas públicas*. São Paulo: Saraiva, 2011, p. 155).

[154] Na mesma linha, Eduardo Appio defende a intervenção jurisdicional quando exista um programa social implementado pelo Governo, a partir de um dever genérico previsto no texto constitucional ou com base em lei, para resguardar a proteção da isonomia material. Segundo Appio, a implementação das políticas públicas de natureza social é um ato de grande responsabilidade política, razão pela qual não se admite a outorga ilusória de direitos sociais condicionados à disponibilidade do orçamento público,

PROCESSOS COLETIVOS E POLÍTICAS PÚBLICAS

Outro parâmetro importante para tornar legítimo o controle jurisdicional verifica-se quando se apurar, no caso concreto, que a política pública delineada não concorre para a consecução dos objetivos constitucionais dispostos no artigo 3º da Constituição Federal. Ou ainda, abre-se a oportunidade para o controle de constitucionalidade ou de conformidade pelo Poder Judiciário quando,[155] pelo cotejo dos atos do Poder Público, verificar-se afronta aos fins do Estado.[156]

Um exemplo é a previsão de uma política pública consubstanciada em uma determinada ação afirmativa que, notória e comprovadamente, não corrobore para a inclusão social, mas, ao contrário, reforce a exclusão social de determinado cidadão. Devidamente demonstrada a violação aos fins sociais, torna-se legítima a intervenção do Poder Judiciário para o controle constitucional desta política pública, pautada na dissonância da atuação estatal com os objetivos constitucionais traçados.

Para o controle judicial tornar-se legítimo, faz-se necessária uma demonstração inequívoca de que a política pública em curso não concorre com os objetivos constitucionais, e, portanto, é ineficaz;[157] ou ainda

---

exigindo a apresentação de uma emenda à lei orçamentária anual, com o objetivo de atender a uma situação contingencial. Por fim, conclui pela possibilidade de extensão do programa social, independente de previsão legal ou de verbas orçamentárias específicas. (*Controle jurisdicional de políticas públicas no Brasil*. Curitiba: Juruá, 2009, pp. 174-178).

[155] Na lição de Oswaldo Luiz Palu, controle de conformidade refere-se à análise de conformidade de todos os atos estatais à Constituição. (*Controle dos atos de governo pela jurisdição*. São Paulo: RT, 2004, pp.150-164).

[156] "Há uma tendência indisfarçável de vinculação de todos os atos das formas de expressão do poder estatal às finalidades do Estado. Quaisquer condutas praticadas por agentes da administração, que se desviem dos objetivos estatais, estarão sujeitas ao controle de constitucionalidade pelo Poder Judiciário". (CANELA Jr., Osvaldo. *Controle judicial de políticas públicas*. São Paulo: Saraiva, 2011, p. 81). Esta posição é reafirmada por GRINOVER, Ada Pellegrini. "O controle de políticas públicas pelo poder judiciário". In: *As grandes transformações do processo civil brasileiro*: Homenagem ao Professor Kazuo Watababe. São Paulo: Quartier Latin, 2009.

[157] "As políticas públicas têm de contribuir com uma eficiência mínima para a realização das metas estabelecidas na Constituição; caso contrário, não apenas se estará fraudando as disposições constitucionais, como também desperdiçando recursos públicos que,

que ela reforça os vícios e mazelas sociais, por se embasar em premissas equivocadas. Neste último caso, ainda com mais razão, o controle jurisdicional deve incidir.

A identificação de falhas na elaboração e execução das políticas públicas, analisadas sob o prisma de direitos fundamentais abstratamente previstos na Carta Constitucional, capazes de macular a sua validade, representa um desafio ao Poder Judiciário de cumprir este mister sem neutralizar a importância das escolhas democráticas do Poder Executivo e do Poder Legislativo. A análise de contrariedade de uma política pública aos objetivos traçados pelas normas constitucionais deve ser feita com expressivo apuro técnico, baseado em uma fundamentação jurídica e social sólida, com a demonstração, *in concreto*, dos equívocos contidos no programa governamental e o modo pelo qual violam os fins do Estado Democrático de Direito.

Os exemplos acima citados se aplicam ao controle de uma atuação comissiva do Poder Público, ou seja, quando já foi traçado um programa de ação específica para determinada área, visando à proteção dos direitos fundamentais. Neste caso, o Poder Judiciário parte da análise de uma política pública já consolidada, cabendo-lhe aferir se a deliberação e a execução de seus atos enquadram-se no contexto razoável da interpretação legal da norma, ou, de outro vértice, se o dever discricionário desbordou a fronteira do consenso lógico das normas constitucionais extraído pelas técnicas de interpretação.

Os obstáculos mais dificultosos que se põem no curso da atuação jurisdicional de interesse público referem-se aos atos omissivos do Poder Executivo, contrastados com a previsão genérica dos direitos fundamentais descritos na Constituição Federal. Neste caso, o Poder Judiciário não parte da análise de uma política pública já delineada pela Administração Pública, com o cotejamento dos atos administrativos que a conformam

---

como já sublinhou, são sempre escassos em face das necessidades existentes". (BARCELLOS, Ana Paula de. "Neoconstitucionalismo, direitos fundamentais e controle das políticas públicas". In: NOVELINO, Marcelo (org.). *Leituras complementares de direito constitucional:* direitos humanos e direitos fundamentais. Salvador: JusPodivm, 2008, p. 147).

e de seu potencial para o alcance dos fins colimados pelo Estado. Ao contrário, o que passa a ser objeto de revisão jurisdicional é a omissão, a inércia do Poder Executivo, que contrasta com a força imperativa das normas constitucionais de observância e de respeito aos direitos fundamentais.

E, diante da omissão, a atividade do juiz não se consubstancia na declaração de invalidade da política pública, mas exigirá um provimento jurisdicional que condicione o gozo destes direitos sociais por meio de uma política social a ser desenhada e construída durante o processo judicial.

Esta hipótese exige a aferição pelo magistrado de determinados requisitos a serem demonstrados no caso concreto, os quais devem servir de substrato fático e jurídico para embasar a necessária intervenção jurisdicional, descortinando, por fim, uma injustificável inércia por parte do Poder Executivo. Ainda, a fundamentação do magistrado deve ser densa, de modo a escorar-se no convencimento por meio da argumentação racional de que a omissão do governante, eleito democraticamente, afronta diametralmente os direitos fundamentais, que constituem base sólida da democracia, fazendo-se necessário o prevalecimento da decisão jurisdicional.[158]

O primeiro requisito a ser analisado pelo magistrado, constantemente suscitado pela doutrina e jurisprudência, é o denominado "mínimo existencial", compreendido como o núcleo essencial dos direitos fundamentais.

A divergência gira em torno do que materialmente compreenderia esse conteúdo essencial, sem o qual se torna esvazio o sentido do

---

[158] Deve-se reconhecer que a omissão governamental também pode constituir uma política pública, seja quando intencional, seja quando decorre de um impasse político ou se faz consequência da não execução das decisões tomadas (BUCCI, Maria Paula Dallari. *Direito administrativo e políticas públicas*. São Paulo: Saraiva, 2002, p. 251). Daí a necessidade do exame apurado pelo Poder Judiciário para aferir se a inércia estatal realmente encontra-se na zona inaceitável de inefetividade de norma, ou se encaixa no âmbito razoável esperado do conteúdo da norma, diante do contexto fático e jurídico em que está inserida.

direito fundamental. Trata-se de instituto de difícil definição, principalmente porque o seu conteúdo parece moldar-se de acordo com contexto histórico, geográfico e social em que está inserido.[159] Nesta linha de intelecção, pode-se dizer que os fatores externos passam a conformar o conteúdo do "mínimo existencial".

Desta assertiva extrai-se que não é possível desvelar um conceito abstrato do conteúdo mínimo destes direitos, nem mesmo formular um modelo genérico para servir de paradigma a todos os casos indistintamente. Mesmo porque a análise de seu conceito não se direciona somente ao seu objeto, ou seja, à dimensão mínima do direito fundamental, mas abrange também características relacionadas ao perfil de seu titular. Portanto, educação, saúde e moradia, *a priori*, parecem integrar ao conceito de "mínimo existencial".[160] Contudo, nas hipóteses em que o seu titular tiver recursos financeiros para arcar com tais custos, a judicialização deste direito social não se torna mais legítima, pois deixa de ter o caráter de essencialidade para o resguardo da dignidade da pessoa humana, em outras palavras, deixa de integrar o "mínimo existencial".[161]

---

[159] Uma das conclusões postas por Kazuo Watanabe na obra "Controle jurisdicional de políticas públicas". "Mínimo existencial" e demais direitos fundamentais imediatamente judicializáveis em O controle jurisdicional de políticas públicas é a de que o conceito de "mínimo existencial" é dinâmico e evolutivo e varia histórica e geograficamente. No entanto, diversamente do entendimento deste trabalho, Watanabe entende ser possível discriminar previamente o rol de direitos fundamentais que integram o "mínimo existencial", como educação fundamental, saúde básica, assistência social, acesso à justiça, à moradia, ao trabalho, ao salário mínimo, à proteção à maternidade e à infância. (*O controle jurisdicional de políticas públicas*. Rio de Janeiro: Forense, 2011, p. 219).

[160] Estes três direitos básicos são arrolados por Marcelo Novelino Camargo no artigo "O conteúdo jurídico da dignidade da pessoa humana". In: NOVELINO, Marcelo (coord.). *Leituras complementares de direito constitucional:* direitos humanos e direitos fundamentais. Salvador: Jus Podivm, 2008, p. 164/165. Ana Paula de Barcellos arrola outros quatro direitos que integram o "mínimo existencial": educação fundamental, saúde básica, assistência social e acesso à justiça (*A eficácia dos princípios constitucionais*: o princípio da dignidade da pessoa humana. Rio de Janeiro: Renovar, 2002, p. 258).

[161] Na STA 175-AgR/CE – Ceará, o Ministro Gilmar Mendes negou o pedido de Suspensão de Tutela Antecipada feito pela União Federal que tinha o intuito de suspender o fornecimento de medicamento de alto custo, e, entre os fundamentos, destacou que a requerente não dispunha de recursos financeiros para adquiri-los, corroborando para

PROCESSOS COLETIVOS E POLÍTICAS PÚBLICAS

Tem-se, então, que o conceito do "mínimo existencial" relaciona-se à dimensão inalienável e essencial dos direitos fundamentais, ou seja, consubstancia em condições necessárias a proporcionar a autonomia do indivíduo e a franquear a possibilidade de participar do processo de formação da vontade coletiva,[162] sem descurar da análise do contexto de vulnerabilidade social e financeira em que seu titular está inserido. Quando analisado sob a perspectiva do caso concreto, o desafio está em identificar o que seria este núcleo duro, que não admite flexibilizações e sopesamentos e, em decorrência disso, está excluído da dimensão das discricionariedades administrativa e legislativa.

O escopo da construção jurídica do mínimo existencial relaciona-se diretamente às dificuldades advindas da necessidade de se mensurar a dimensão da judicialização dos direitos sociais.[163] Identificar o mínimo existencial é assentir com a afirmação de que nem todos os direitos fundamentais podem ser plenamente protegidos pelo Poder Público, mas que, por outro lado, destes direitos deve-se extrair uma garantia mínima, sem a qual o homem despe-se de sua dignidade e cidadania.

O "mínimo existencial" se perfaz como núcleo irredutível dos direitos fundamentais,[164] e, diante de seu espectro inviolável, torna frágeis

---

a conclusão de que a investigação sobre as características pessoais do requerente são pertinentes para a outorga ou não do direito social em voga.

[162] Concordamos com a posição de Cládio de Souza Pereira Neto: o mínimo existencial não pode ser tido como meios mínimos de sobrevivência, mas condições mínimas para proporcionar um projeto razoável de vida ao indivíduo e autonomia política, a fim de que possa participar das deliberações de interesse público, com igualdades de meio para agir. ("A justiciabilidade dos direitos sociais: críticas e parâmetros". *In*: SOUZA NETO, Cláudio Pereira de; SARMENTO, Daniel (coords.). *Direitos sociais*: fundamentos, judicialização e direitos sociais em espécie. Rio de Janeiro: Lumen Juris, 2008, p. 537).

[163] BARCELOS, Ana Paula. "O mínimo existencial e algumas fundamentações: John Rawls, Michael Walzer e Robert Alexy". *In*: TORRES, Ricardo Lobo (org.). *Legitimação dos direitos humanos*. São Paulo: Renovar, 2007, p. 101.

[164] Para Ricardo Lobo Torres o "mínimo existencial" não se trata de um valor ou de um princípio jurídico, mas o conteúdo essencial dos direitos fundamentais, sendo esta a razão pela qual não pode ser ponderado ou sopesado. ("O mínimo existencial como conteúdo essencial dos direitos fundamentais". *In*: *Direitos sociais*: fundamentos, judicialização e direitos sociais em espécie. Rio de Janeiro: Lumen Juris, 2008, p. 316).

e infundados os argumentos lançados pelo Poder Público, fazendo da insuficiência de sua proteção um canal aberto à intervenção jurisdicional.

Impende-se ressalvar que o "mínimo existencial" não se presta a servir de limite ao controle jurisdicional de políticas públicas. Melhor explicando, o espectro de abertura do Poder Judiciário na revisão de uma política pública não está limitado à violação do mínimo existencial, mas o seu conteúdo deve servir de parâmetro para a análise da ponderação e aferição da proporcionalidade do ato praticado pelos demais poderes na restrição dos direitos fundamentais. Assim, o mais coerente seria afirmar que o mínimo existencial representa a redução máxima autorizada pelo ordenamento jurídico da proteção dos direitos fundamentais em detrimento de outros princípios invocados pelo Poder Público.[165]

Em termos práticos, na omissão dos demais Poderes em proteger o "mínimo existencial", a sindicabilidade jurisdicional torna-se indene de dúvidas,[166] inclusive dispensando a atuação legislativa e administrativa prévia.[167] Entretanto, isso não quer significar que, no caso concreto, a atuação do Poder Judiciário deva se restringir-se à efetivação do mínimo existencial, podendo suplantar esta proteção mínima. Neste último caso,

---

[165] BARCELLOS, Ana Paula de. "O mínimo existencial e algumas fundamentações: John Rawls, Michael Walzer e Robert Alexy". In: TORRES, Ricardo Lobo (org.). *Legitimação dos direitos humanos*. São Paulo: Renovar, 2007, p. 131. Na ADPF/DF 45, de lavra do Ministro do Supremo Tribunal Federal, Celso de Mello, o "mínimo existencial" é elencado como um dos requisitos permissivos para que o Judiciário intervenha no controle de Políticas Públicas, sendo argumento forte o suficiente para tornar frágil a defesa do Poder Público acerca da "reserva do possível".

[166] Em sentido contrário, Daniel Sarmento obtempera que o mínimo existencial não pode ser compreendido como princípio absoluto, podendo, portanto, se sujeitar à reserva do possível no caso específico. (SARMENTO, Daniel. "A proteção judicial dos direitos sociais: Alguns parâmetros ético-jurídicos". In: SOUZA NETO, Cláudio Pereira de; SARMENTO, Daniel (coord.). *Direitos sociais*: fundamentos, judicialização e direitos sociais em espécie. Rio de Janeiro: Lumen Juris, 2008, p. 85).

[167] Trata-se de conclusão aprovada no seminário realizado na cidade de São Paulo, nos dias 14 e 15 de abril de 2010, sobre o tema "O Controle Jurisdicional de Políticas Públicas", que teve o seguinte enunciado: "O mínimo existencial corresponde ao núcleo duro dos direitos sociais garantidos pela Constituição, e consiste no mínimo indispensável à dignidade humana, autorizando a imediata judicialização dos direitos, independentemente da existência de lei ou de atuação administrativa".

outros parâmetros deverão ser traçados para o controle jurisdicional tornar-se legítimo e não neutralizar as decisões políticas. Estes parâmetros serão ditados pela técnica interpretativa da ponderação e proporcionalidade,[168] a fim de definir, no caso concreto, o grau de proteção dos direitos sociais.

Um dos critérios utilizados para solucionar o embate a respeito do grau de justiciabilidade dos direitos sociais, quando ultrapassado o conteúdo do "mínimo existencial", relaciona-se ao princípio da proibição do retrocesso;[169] princípio implícito na ordem constitucional brasileira e com papel de destaque também nas instâncias de proteção internacional de Direitos Humanos.[170]

Entende-se por proibição do retrocesso social a impossibilidade de se retroceder quanto às prestações sociais já consagradas pela legislação,

---

[168] Sobre o tema, vale transcrever a lição de Ada Pellegrini Grinover: "Conclui-se daí, com relação à intervenção do Judiciário nas políticas públicas, que, por meio da utilização de regras de proporcionalidade e razoabilidade, o juiz analisará a situação em concreto e dirá se o legislador ou o administrador público pautou sua conduta de acordo com os interesses maiores do indivíduo ou da coletividade, estabelecidos pela Constituição e na lei. E assim estará apreciando, pelo lado do autor, *a razoabilidade da pretensão individual/social deduzida em face do Poder Público*. E, por parte do Poder Público, *a escolha do agente público deve ter sido desarrazoada.*". ("O controle jurisdicional de políticas públicas". *In*: GRINOVER, Ada Pellegrini; WATANABE, Kazuo (coord.). *O controle jurisdicional de políticas públicas*. Rio de Janeiro: Forense, 2011, p. 137).

[169] "Somente o mínimo existencial reconhece a modalidade de eficácia jurídica positiva ou simétrica, vale dizer, somente as prestações que compõem o mínimo existencial poderão ser exigidas judicialmente de forma direta, ao passo que ao restante dos efeitos pretendidos pelos princípios da dignidade da pessoa humana são reconhecidas apenas as modalidades de eficácia negativa, interpretativa e vedativa do retrocesso, como preservação do pluralismo e do debate democrático". (BARCELLOS, Ana Paula de. *A eficácia dos princípios constitucionais*: o princípio da dignidade da pessoa humana. Rio de Janeiro: Renovar, 2002, pp. 304/305).

[170] Com arrimo na doutrina de Victor Abramovich e Christian Courtis, o princípio da Proibição do Retrocesso encontra-se também implícito no sistema de proteção internacional, que determina a progressiva concretização da proteção social por parte dos Estados (ABRAMOVICH, Victor; COURTIS, Christian. *Los derechos sociales como derechos exigibles*. Madrid: Editorial Trotta, 2002, p. 92). Esta cláusula implícita por ser extraída dos artigos 5º, §§ 1º e 2º do Pacto Internacional sobre Direitos Civis e Políticos e no Pacto Internacional sobre Direitos Econômicos, Sociais e Culturais, que também se encontra nos artigos 5º e 2º, § 1º.

sem alternativas ou compensações. O escopo é evitar que conquistas relativas aos direitos fundamentais possam ser anuladas ou enfraquecidas, destruindo-se todo o avanço arduamente conquistado, em contramão ao mandamento constitucional da progressiva ampliação dos direitos fundamentais. Este princípio informativo não é somente direcionado ao legislador, mas dirige-se ao conceito amplo de Poder Público, vinculando também o administrador público.[171]

Inserindo o princípio em pauta no debate sobre o controle jurisdicional de políticas públicas, tem-se que a intervenção do Poder Judiciário está autorizada quando a política pública desenhada pela Administração Pública ou pelo Poder Legislativo represente um retrocesso injustificável a uma prestação de direito social; em outras palavras, quando se identificar que se procedeu à substituição de uma política pública anterior que ofertava um espectro de proteção jurídica mais ampla e alargada a estes direitos, com a demonstração inequívoca de que tal medida não se encontra no espectro de proporcionalidade.

Deste modo, é possível que uma política pública, elaborada em sede do Poder Legislativo ou do Poder Executivo, possa ser declarada nula pelo Poder Judiciário, caso seja identificado o desrespeito à vedação ao retrocesso injustificável de prestações sociais. Como bem ponderado pela doutrina especializada, deve-se frisar que nem todo ajuste, ainda que resulte em eventual restrição a direito fundamental, configura violação a este princípio, mas somente quando este retrocesso seja acompanhado de transposições a determinadas barreiras, ou seja, quando atingir o núcleo de determinado direito sem qualquer respaldo em justificativa razoável, tornando-se, neste caso, constitucionalmente ilegítimo.[172]

---

[171] Este parece o entendimento do Ministro Celso de Mello, no voto esposado no julgamento do ARE 639337 AgR/SP–São Paulo, que discorre sobre o princípio da proibição do retrocesso, como um parâmetro constitucional na intervenção jurisdicional em políticas públicas, definindo-o como empecilho para que sejam "(...) destituídas as conquistas já alcançadas pelo cidadão ou pela formação social em que ele vive (...)", não condicionando-o, à primeira vista, a um comando restrito direcionado apenas ao legislador.

[172] SARLET, Ingo Wolfgang. "Segurança social, dignidade da pessoa humana e proibição de retrocesso: revisitando o problema da proteção dos direitos fundamentais sociais".

A indagação de difícil elucidação gira em torno dos limites do Poder Público em realizar reformas que visam a reduzir os níveis de proteção dos benefícios sociais. Os entendimentos doutrinários convergem para compreender como inerente ao princípio da vedação ao retrocesso a revogação integral de uma política pública inscrita na disciplina infraconstitucional, sem que se estabeleça nova disciplina sobre o direito fundamental resguardado pela revogada lei.[173] Aniquilar a proteção de um direito fundamental que já se mantinha protegido trata-se de medida inconstitucional e violadora do sistema internacional de Direitos Humanos e também do direito constitucional pátrio. Por outro lado, inclinam-se os doutrinadores à relativização do princípio em pauta quando se faz efetivar, na respectiva esfera de competência, a proteção dos direitos fundamentais, ainda em que em menor grau de proteção.

Ingo Wolfgang Sarlet avalia que a dimensão do princípio da vedação ao retrocesso encontra diálogo com as garantias do mínimo existencial e da dignidade da pessoa humana. Para o autor, o Estado não está autorizado a empreender mudanças que afetem o núcleo essencial de determinado direito fundamental, sendo a dignidade da pessoa humana e o mínimo existencial vinculativos ao Poder Público contra o retrocesso.[174] E, por fim, o autor relaciona corretamente a questão com a necessidade de que toda restrição a direito fundamental deve embasar-se em uma justificativa consistente por parte do Poder Público sobre a imprescindibilidade da adoção daquela medida. Neste sentido, cabe ao Poder Judiciário fazer um juízo de proporcionalidade, ou seja, analisar a ausência de meios alternativos menos gravosos, bem como a real necessidade da

---

In: CANOTILHO, José Joaquim Gomes; CORREIA, Marcus Orione Gonçalves; CORREIA, Érica Paula Barcha (coords.). *Direitos fundamentais sociais*. São Paulo: Saraiva, 2010, p. 76.

[173] Neste sentido: Ingo Sarlet, Luís Roberto Barroso, Ana Paula de Barcellos e Patrícia Villela Martins.

[174] SARLET, Ingo Wolfgang. "Segurança social, dignidade da pessoa humana e proibição de retrocesso: revisitando o problema da proteção dos direitos fundamentais sociais". *In*: CANOTILHO, José Joaquim Gomes; CORREIA, Marcus Orione Gonçalves; CORREIA, Érica Paula Barcha (coords.). *Direitos fundamentais sociais*. São Paulo: Saraiva, 2010, p. 97.

restrição daquele direito.[175] Acrescente-se, tão somente, que o ônus desta demonstração é do Poder Público, diante da presunção de inconstitucionalidade da restrição a direitos fundamentais.

Outro parâmetro que funciona como vetor que direciona o intérprete na ponderação de princípios paira sobre a análise da possibilidade ou impossibilidade de universalização da medida como limitadora da intervenção jurisdicional. Noutros termos, a efetivação de determinado direito social deve estar condicionada à possibilidade de extensão da medida a todos aqueles que se encontram em igual situação fática e jurídica.[176] Trata-se de alerta aos pleitos individuais que visam à adjudicação de determinado direito social ao jurisdicionado e, em decorrência disso, reforçam a distribuição desigual dos recursos comuns entre os cidadãos. Assim, uma das premissas iniciais para a efetivação do direito social pelo Poder Judiciário encontra-se na qualificação de universalização da medida, devendo-se, portanto, mensurar as consequências macroeconômicas das decisões judiciais. Daí, portanto, a preferência das ações coletivas para veicular o controle jurisdicional de direitos prestacionais, assunto que será abordado no próximo capítulo.

Uma premissa devidamente explanada e reconhecida neste trabalho é a de que o Poder Público não reúne condições financeiras de arcar com os custos para a satisfação plena dos direitos de liberdade e dos direitos sociais. Restou ainda demonstrado que, diante desta constatação, exigem-se escolhas políticas sobre a alocação destes recursos escassos, as quais são de responsabilidade dos poderes constituídos sobre a democracia representativa e participativa, ou seja, o Poder Executivo e o Poder Legislativo, salvo quando se apurar que tais escolhas encontram-se

---

[175] SARLET, Ingo Wolfgang. "Segurança social, dignidade da pessoa humana e proibição de retrocesso: revisitando o problema da proteção dos direitos fundamentais sociais". *In*: CANOTILHO, José Joaquim Gomes; CORREIA, Marcus Orione Gonçalves; CORREIA, Érica Paula Barcha (coords.). *Direitos fundamentais sociais*. São Paulo: Saraiva, 2010, p. 107.

[176] SOUZA NETO, Claudio Pereira de. "A justiciabilidade dos direitos econômicos, sociais e culturais: uma breve exploração". *In*: SOUZA NETO, Cláudio Pereira de; SARMENTO, Daniel (coord.). *Direitos Sociais:* fundamentos, judicialização e direitos sociais em espécie. Rio de Janeiro: Lumen Juris, 2008, p. 541.

maculadas pelos desvios do interesse público ou às regras já determinadas na Constituição Federal. Assim sendo, as matérias atinentes ao orçamento público não podem ser desconsideradas na adjudicação das políticas públicas e, sem dúvida, devem servir de embasamento fático e jurídico na argumentação racional da técnica de ponderação.

Como demonstrado, quando os critérios orçamentários estão dispostos de forma objetiva na lei ou na Constituição Federal, a solução torna-se menos controversa, diante da aplicabilidade do raciocínio subsuntivo, que está apoiado em ampla densidade normativa dos dispositivos, reduzindo o grau de incerteza da interpretação. Mas nem sempre os critérios objetivos se prestam à solução da colisão entre os preceitos orçamentários e da eficácia dos direitos sociais.

As disfuncionalidades na alocação de recursos podem ocorrer, pois, mesmo após um complexo processo decisório envolvendo o Poder Executivo e o Poder Legislativo, tais decisões não se tornam vinculativas, mas meramente autorizativas,[177] ensejando uma abertura maior para o deslocamento de rubricas orçamentárias com o escopo de se utilizar em gastos injustificáveis. Neste caso, o ato político travestido da discricionariedade torna-se ilegítimo pelo vício insuperável da arbitrariedade.

Os desvios orçamentários podem ocorrer também no processo legislativo de elaboração do orçamento, por meio de dotações orçamentárias subaproveitadas, sem qualquer compromisso com os direitos fundamentais, grande parte das vezes frutos de pressões corporativas e *lobbies* daqueles que dispõem de maior influência na classe política.

Na adjudicação de políticas públicas, o Poder Judiciário deve estar atento a estes desvios, principalmente ao exercer um juízo de ponderação entre o princípio da reserva do possível, defesa clássica lançada pelo Poder Público, e os gastos públicos.

---

[177] Devem-se ressalvar as determinações insertas nas leis e nas normas constitucionais: "Não serão objeto de limitação as despesas que constituam obrigações constitucionais e legais do ente, inclusive aquelas destinadas ao pagamento do serviço de dívida, e as ressalvadas pela lei de diretrizes orçamentárias". (artigo 9º, § 2º, da Lei de Responsabilidade Fiscal – LC 101/2002).

O agir jurisdicional encontra espaço de atuação na incontestável irracionalidade da escolha política. Entretanto, repisa-se, não lhe é autorizado excluir a discricionariedade política do Poder Executivo e do Poder Legislativo pela discricionariedade jurisdicional. À guisa de exemplo, um Município de baixa arrecadação não está autorizado a direcionar expressiva parte de seu orçamento a cachês de artistas e bandas em eventos quando não existe uma política pública mínima direcionada à saúde básica dos cidadãos.

Ainda utilizando-se da densidade do princípio da proporcionalidade como juízo de ponderação no controle jurisdicional de políticas públicas, outro parâmetro a ser analisado pelo órgão julgador diante da omissão total do Poder Público em tecer planos e estratégias para a efetivação de um direito fundamental são os indicadores sociais, nacionais e locais.[178]

Os indicadores sociais formulados por órgãos públicos ou entidades privadas dotadas de credibilidade têm regra geral como base uma pesquisa de campo sobre os contrastes sociais, realizados por critérios pré-estabelecidos e rigorosamente seguidos, com o escopo de evitar distorções. Os números colhidos posteriormente são elencados consoantes à racionalidade da estatística, evidenciando, ao final, os problemas sociais mais graves de um determinado local ou de determinada nação.

Tais pesquisas sociais muitas vezes integram-se como fase preliminar à implementação de determinado programa político pelo governante, justamente para aferir quais são os mais graves problemas sociais de determinada região ou mesmo para revelar os resultados de uma política pública já implementada. Neste último caso, a ausência no progresso

---

[178] Este entendimento também é compartilhado por Hamilton Alonso Jr., "Estatisticamente, por meio de dados concretos levantados por institutos idôneos, perícias, constatações técnicas, dentre outros elementos de convicção, será possível implementar direitos fundamentais olvidados dentro do processo representativo de democracia. A realidade social colhida no seio social deve ser sopesada em juízo". ("A ampliação do objeto das ações civis públicas na implementação dos direitos fundamentais". *In*: MILARÉ, Édis (coord.). *A ação civil pública após 20 anos*: efetividade e desafios. São Paulo: RT, 2005, p. 218).

de incremento dos índices sociais pode revelar o desacerto de determinada conduta estatal.

O questionamento da inércia do Poder Público pode vir corroborado em indicadores sociais confiáveis que demonstrem a premente necessidade de implantação de uma política pública, almejando assim a efetivação de um direito social. O pleito pode ainda embasar-se na ausência de evolução dos índices relacionados a este grave problema social ou mesmo em seu retrocesso, contra os quais, durante um expressivo lapso temporal, não houve qualquer medida adotada pelos poderes políticos responsáveis para amenizar a violação deste direito social, denunciando, com isso, uma omissão injustificável e passível de retificação pelo Poder jurisdicional.

Assim, os indicadores sociais podem servir de direcionamento ao magistrado como um dos fatores apurados que concorrem para justificar a intervenção jurisdicional. Trata-se de proposta para acrescer ao juízo de ponderação realizado pelo magistrado na revisão judicial de políticas públicas: o cotejamento de informações extraídas de índices que retratam as deficiências e os avanços sociais do país ou de uma determinada localidade.

Como mencionado, a técnica da ponderação apresenta uma base ampla de situações fáticas e jurídicas que se pode valer o magistrado para aferir a legitimidade da atuação jurisdicional, na omissão pelos Poderes políticos em implementar políticas públicas aptas a franquear efetividade aos direitos fundamentais.

Neste capítulo do presente trabalho, relacionamos quatro parâmetros que podem servir de vetores a desvelar a razoável interpretação no controle jurisdicional de políticas públicas: o "mínimo existencial", o princípio da proibição do retrocesso, a análise e eventual afronta ao aproveitamento dos créditos orçamentário e, por fim, os indicadores sociais. Não se trata de rol exaustivo,[179] mas tentativa de sistematização

---

[179] Eric C. Christiansen cita outros mecanismos de aferição da possibilidade de adjudicação de direitos sociais colhidos da jurisprudência da África do Sul: "Alguns componentes da análise da razoabilidade são evidentes na jurisprudência: a ação

de parâmetros lógicos e socialmente aceitáveis que, no caso concreto, podem servir de substrato racional e argumentativo aos métodos eficientes de interpretação de regras e princípios em colisão.

2.4.2 Legitimidade democrática do controle jurisdicional de políticas públicas

Como visto, o respeito aos valores democráticos compreendem a justa e equilibrada distribuição de atribuições entre as funções estatais, evitando interferências indevidas de um poder na esfera de outro.

O direcionamento do planejamento estatal deve ser ditado pelas decisões políticas advindas do Poder Legislativo e do Poder Executivo, permeadas pela dinamicidade imprescindível com a qual a matéria deve ser tratada. Esta liberdade na determinação da forma como os direitos serão efetivados encontra respaldo no poder representativo do administrador, a quem o povo outorgou o dever de deliberar sobre os caminhos a serem traçados para se alcançar o desenvolvimento social. A maior liberdade e abertura que particularizam esta atuação governamental pautam-se na representatividade do governante perante a sociedade, após a sua escolha pelo voto popular nas eleições democráticas. O dirigismo estatal por intermédio das políticas públicas permite certa margem de discricionariedade nas deliberações, as quais, em contrapartida, estão sujeitas ao *accountability*, principalmente por ocasião de sua avaliação pelo povo nas eleições periódicas.

Em respeito aos valores democráticos que exigem o equilíbrio entre as funções do Estado, não há dúvidas em afirmar que este poder

---

governamental ou outras são abrangentes ou coordenadas? Houve participação adequada da autoridade legislativa técnica e política na sua formulação? Pode a ação facilitar a realização do direito em questão? É equilibrada e flexível na medida necessária? Ela inclui todos os segmentos significativos da sociedade e leva em conta aquelas pessoas mais necessitadas?". ("Decidindo sobre direitos não-justiciáveis: direitos sócio-econômicos e a corte constitucional sul-africana". *In*: SOUZA NETO, Cláudio Pereira de; SARMENTO, Daniel (coords.). *Direitos sociais*: fundamentos, judicialização e direitos sociais em espécie. Rio de Janeiro: Lumen Juris, 2008, p. 687).

de deliberação política não é ilimitado. A restrição da atuação política do Poder Executivo esbarra na observância da Constituição Federal e da legislação, diplomas estes que devem ser interpretados pelo Poder Judiciário, em estrito cumprimento à função constitucional que lhe cabe.

Diversamente dos demais poderes, a atividade jurisdicional não está preconizada na representatividade popular de seus integrantes. Mister, portanto, pontuar as qualificações deste poder que lhe emprestam legitimidade para intervir em discussões que, *a priori*, parecem integrar apenas a esfera dos representantes políticos.

Em primeiro lugar, pode-se afirmar que está na natureza política das normas constitucionais, mormente as definidoras dos direitos fundamentais, a legitimidade democrática do Poder Judiciário para intervir na dimensão dos atos que consubstanciam as políticas públicas. Os agentes políticos que compõem este Poder não detêm mandato popular, mas seus poderes contramajoritários decorrem do conteúdo das próprias normas constitucionais, que lhe franqueiam a função de afastar qualquer afronta aos preceitos inscritos na Carta Política.[180] Estes preceitos conformadores do Estado Democrático de Direito não se pautam nas regras majoritárias, pois, o conceito de democracia, para além da regra meramente formal de soberania popular, irradia-se para abranger os direitos e garantias mínimas à dignidade humana e a existência destes valores éticos não se submete à deliberação popular, muito menos se encontra na esfera de discricionariedade dos políticos eleitos.[181]

---

[180] "O papel do Poder Judiciário e, especialmente, das Cortes Constitucionais e Supremos Tribunais deve ser resguardar o processo democrático e promover os valores constitucionais, superando o *déficit* de legitimidade dos demais Poderes, quando seja o caso; sem, contudo, desqualificar sua própria atuação, exercendo preferências políticas de modo voluntarista em lugar de realizar princípios constitucionais. Além disso, em países de tradição democrática menos enraizada, cabe ao tribunal constitucional funcionar como garantidor da estabilidade institucional, arbitrando conflitos entre Poderes e entre estes e a sociedade civil. Estes os seus grandes papéis: resguardar os valores fundamentais e os procedimentos democráticos, assim como assegurar a estabilidade institucional". (*Curso de Direito constitucional contemporâneo*: os conceitos fundamentais e a construção do novo modelo. São Paulo: Saraiva, 2009, p. 390/391).

[181] Nas palavras de Luis Roberto Barroso, "a jurisdição constitucional bem exercida é antes uma garantia para a democracia do que um risco". ("Judicialização, ativismo

Com efeito, verifica-se que a atuação do magistrado, ao contrário dos demais poderes, não subjaz à vontade popular, mas se pauta na correta interpretação das normas dispostas no ordenamento jurídico, sem descurar de desvelá-las consoante aos valores que permeiam uma dada sociedade.

Por evidente que o desempenho do dever jurisdicional não está pautado em critérios exclusivamente técnicos, mas é social e politicamente determinado.[182] Em consequência, pode-se dizer que este poder somente é respaldado de legitimidade quando é exercido com vista à realização dos fins sociais, discriminados no artigo 3º da Constituição Federal. Deste modo, a interpretação das normas jurídicas deve se curvar às finalidades políticas e sociais delimitadas pelo conteúdo constitucional, sob pena de enfraquecer o consenso social de ser o Poder Judiciário o moderador dos excessos dos demais Poderes,[183] tornando-se ineficaz socialmente e, em consequência, ingressando em uma crise de legitimidade.[184]

Se por um lado questiona-se a legitimidade do órgão julgador em virtude deste não ser investido de representatividade após o escrutínio

---

judicial e legitimidade democrática". *In*: SILVA, Christine Oliveira Peter da; CARNEIRO, Gustavo Ferraz Sales (coords.). *Controle de constitucionalidade e direitos fundamentais*: estudos em Homenagem ao Professor Gilmar Mendes. Rio de Janeiro: Lumen Juris, 2010, p. 249).

[182] CAMPILONGO, Celso Fernandes. "O judiciário e a democracia no Brasil". *Revista da Usp*. n. 21, São Paulo, 1994. Disponível em: http://www.revistas.usp.br/revusp/article/view/26940/28718. Acesso em: 15 de dezembro de 2012, p. 118.

[183] "Com isso, se não houver uma expressa adesão dos juízes aos fins da jurisdição (CF, art. 3º), o consenso do grupo dominado tende a diminuir, pois não mais se justificaria a atividade exercida do grupo dominante, a não ser para proveito próprio, destoando das promessas realizadas durante a campanha eleitoral". (PAULA, Jônatas Luiz Moreira de. *A jurisdição como elemento de inclusão social*: revitalizando as regras do jogo democrático. Barueri: Manole, 2002, p. 26).

[184] "A conclusão, evidentemente, não poderia ser outra: a ineficácia judicial conduz a uma crise de legitimidade do Judiciário, decorrente tanto de fatores internos, como o anacronismo de sua estrutura organizacional, quando de fatores externos, em face da insegurança da sociedade com relação à impunidade, à discriminação e à aplicação seletiva das leis". (FARIA, José Eduardo. "Os desafios do judiciário". *Revista USP*, n. 21, mar./abr./mai. 1994. Disponível em: <http://www.usp.br/revistausp/21/05-joseeduardo.pdf> Acesso em: 27 de dezembro de 2012, p. 52).

popular, observando-se a partir de outro prisma, é de se concluir que ao poder jurisdicional não incidem as deficiências do processo democrático eletivo, tampouco sofre com as contingências e alternâncias de poder, obstáculos estes que corroboram para a desconfiança da sociedade em relação ao Poder Executivo e ao Poder Legislativo.[185] Dessa forma, as regras do jogo político não podem conduzir o modo de agir do magistrado, nem este pode ser um partícipe dos interesses da política de determinado grupo.

Entre os escudos de proteção contra as pressões políticas está a independência da magistratura, prerrogativa inalienável e essencial à sua legitimidade social e democrática. O compromisso do magistrado é com o sistema ético de referência, estampado no núcleo duro dos direitos fundamentais, que dão cor e vida à atuação política do Judiciário, mas que, em contrapartida, servem-lhe também de limite intransponível. Para tanto, imprescindível que haja o distanciamento e seja repelida qualquer dependência do Poder Judiciário com os Poderes representativos, seja intelectual ou financeira, franqueando assim condições à atuação jurisdicional para se contrapor, se o caso, às condutas políticas que se desviarem do curso obrigatório da observância dos direitos insertos no ordenamento jurídico.

Sobre o tema, a importante lição de Owen Fiss:

> A especial idoneidade do Judiciário e, consequentemente, sua legitimidade, dependem da adesão a essas duas qualidades do processo judicial – diálogo e independência – e não da concordância do povo com as decisões particulares ou de sua capacidade para

---

[185] VICTOR, Rodrigo Albuquerque de. *Judicialização das políticas públicas*. São Paulo: Saraiva, 2011, p. 21. Sobre o "déficit democrático" da democracia representativa: "O reconhecido "déficit democrático" atual, com a predominância do Executivo, inclusive quanto à produção normativa, e das regras econômicas do "mercado", impede que a democracia representativa possa ser elevada à categoria de fonte exclusiva de legitimidade democrática, notadamente, diante da experiência histórica quantos aos seus limites na origem de regimes totalitários". (CORTEZ, Luis Francisco Aguilar. "Limites ao controle judicial de políticas públicas". *In*: GRINOVER, Ada Pellegrini; WATANABE, Kazuo (coords.). *O controle jurisdicional de políticas públicas*. Rio de Janeiro: Forense, 2011, p. 288).

indicar ou remover indivíduos que ocupam cargos públicos. O consentimento do povo é necessário para legitimar o sistema político, do qual o Judiciário é parte integrante; e a possibilidade do povo contestar decisões judiciais, por meio, digamos, de emendas constitucionais, preserva o caráter consensual do sistema como um todo. A concisa e mais particularizada dependência do consentimento popular, privaria o Judiciário de sua independência e, consequentemente, de sua idoneidade para aplicar a lei.[186]

Outra qualidade importante a corroborar a legitimidade democrática do Poder Judiciário refere-se à inércia inicial da atuação jurisdicional, condicionando a intervenção deste poder à prévia provocação da parte interessada.

Mauro Cappelletti, em sua obra "Juízes Legisladores", ilide qualquer dúvida quanto à função de criação do Direito pelo órgão julgador, no momento em que este Poder interpreta as normas escritas por intermédio de expressões vagas, fluidas e programáticas, assumindo um papel muito semelhante ao Poder Legislativo. Mas, segundo este autor, o procedimento de criação do Direito no âmbito jurisdicional diferencia-se dos procedimentos de natureza política justamente em razão das virtudes passivas e dos limites processuais impostos às partes e ao órgão julgador, pois, o caráter procedimental estrutural da jurisdição determina o modo como se deve desenvolver a função jurisdicional, desautorizando o envolvimento do juiz como verdadeiro interessado e, ainda, exigindo a imprescindível audiência de grupos e pessoas, titulares de interesses contrapostos. Esta garantia não é naturalmente oponível aos demais Poderes.[187]

---

[186] FISS, Owen. *Um novo processo civil*: estudos norte-americanos sobre jurisdição, constituição e sociedade. Traduzido por Daniel Porto Godinho da Silva e Melina de Medeiros Rós. São Paulo: RT, 2004, p. 115.

[187] CAPPELLETTI, Mauro. *Juízes legisladores?* Traduzido por Carlos Alberto Alvaro de Oliveira. Porto Alegre: Sergio Antonio Fabris Editor, 1993, pp. 75-81. Sobre a ausência da garantia de bilateralidade entre os interesses contrapostos nos Poderes Legislativo e Executivo, Cappelletti ressalta que há nos países ocidentais uma tendência de "jurisdicionalização" nos processos legislativos e executivos. Assim, alguns países adotaram os *hearings*, com a concessão de audiência aos interessados e aos grupos em

O dever de motivação do juiz se faz também um instrumento de expressivo valor para o controle externo da atividade política desempenhada pelo Poder Judiciário e, em consequência, para concorrer ao equilíbrio do processo democrático.

A proposta dos modelos hermenêuticos contemporâneos proporciona que o processo intelectivo de apreensão do conteúdo da norma jurídica se faça via alternativa para o debate de questões que anteriormente ficavam restritas ao âmbito do Poder Legislativo e do Poder Executivo, posicionando a atividade jurisdicional a um relevante *status* político.[188] Ao desempenhar este poder político, o Poder Judiciário atua na qualidade de agente delegado da coletividade e a ela deve satisfação de seus atos, que, para além da regra formal contida no artigo 93, IX, da Constituição Federal, encontra-se também diante da necessidade republicana de justificação das decisões do Poder Público.[189]

Deste modo, a técnica da argumentação jurídica deve comportar a racionalidade imprescindível para a justificação da capacidade do magistrado de correção do desvirtuamento do curso natural do interesse público nas demais esferas do Poder, externando, assim, as razões jurídicas que embasam a sua decisão, com a demonstração de que o processo de construção da norma não está imbuído de qualquer subjetivismo decisionista. A legitimidade do magistrado apoia-se na representação argumentativa, a qual deve ser capaz de suplantar a representação política identificada na lei, por meio do convencimento dos cidadãos de sua suficiente racionalidade.[190]

---

conflito, visando a proteger certas minorias e maiorias inadequadamente organizadas contra a ação parcial dos parlamentos, governantes e órgãos administrativos. (CAPPELLETTI, Mauro. *Juízes legisladores?* Traduzido por Carlos Alberto Alvaro de Oliveira. Porto Alegre: Sergio Antonio Fabris Editor, 1993, p. 77).

[188] BARCELLOS, Ana Paula de. *Ponderação, racionalidade e atividade jurisdicional.* Rio de Janeiro: Renovar, 2005, p. 17.

[189] BARCELLOS, Ana Paula de. *Ponderação, racionalidade e atividade jurisdicional.* Rio de Janeiro: Renovar, 2005, p. 47.

[190] MARINONI, Luis Guilherme. *Teoria geral do processo.* São Paulo: RT, 2007, p. 92.

Deve-se apenas destacar que, ao magistrado ser defeso se curvar às pressões da maioria não significa distanciar a atuação jurisdicional da sociedade civil e de suas diversas manifestações na defesa de seus interesses. Ao contrário, a extensa abertura ao diálogo processual, permitindo a ampla participação popular e observados os métodos e técnicas para garantir a paridade de armas, confere legitimidade democrática à decisão jurisdicional, não pela referenda à regra da maioria, mas por ser a decisão do magistrado resultado do amplo debate na sociedade, descortinando as fragilidades e os acertos de cada lado do debate. Ao final, tem-se uma decisão plural e verdadeiramente democrática, assim como devem ser tratadas as questões na esfera política.

Pode-se ainda afirmar que a ampla participação social perante o Poder Judiciário, antes da deliberação judicial, confere conformação social às decisões judiciais, mesmo que estas culminem em uma decisão que vá de encontro aos interesses de uma maioria. A garantia do contraditório, portanto, não visa, apenas, a proporcionar a isonomia na influência do órgão julgador para a deliberação final, mas também concorre para a legitimidade da atuação jurisdicional nas questões de natureza política, em que o diálogo aberto e plural corrobora com o fim de justificar a potencialidade democrática do Poder Judiciário.[191]

Em linha de conclusão, o controle jurisdicional detém legitimidade como modelo eficaz de questionamento das decisões tomadas pelos Poderes essencialmente políticos, os quais, muitas vezes, não ofertam canais efetivos de participação popular. Trata-se de risco inerente à democracia representativa, o que não a deslegitima, mas que, em contrapartida, exige

---

[191] "Por outro lado, não importará que o magistrado não goze – como os membros do Poder Legislativo e do Executivo – da legitimidade pelo voto para efetivar estas escolhas políticas. É que, embora sua legitimidade não decorra do voto popular, ela advém do processo em que a decisão é formada. Porque a decisão judicial nasce do contraditório entre os interessados e assenta-se na possibilidade de diálogo anterior entre os que, possivelmente, serão atingidos pela atuação jurisdicional, seu conteúdo deve gozar da mesma legitimação a que faz jus o ato político emanado do Legislativo e Executivo. (ARENHART, Sérgio Cruz. "As ações coletivas e o controle jurisdicional de políticas públicas pelo poder judiciário". *In*: MAZZEI, Rodrigo; NOLASCO, Rita Dias (coords.). *Processo civil coletivo*. São Paulo: Quartier Latin, 2005, pp. 509/510).

mecanismos de controle democrático para oportunizar o questionamento de decisões políticas eivadas de déficit de participação social, vícios decorrentes da fragilidade das vozes de determinados setores da sociedade, os quais não se fazem ouvir, diante de sua posição de vulnerabilidade social no sistema político.

Independente da instância de Poder, a deliberação sobre a alocação de bens comuns na sociedade, atividade expressa hodiernamente pelo método das políticas públicas, deve ser antecedida por um profundo diálogo social, com a promoção de um processo de inclusão para o debate coletivo. Trata-se de premissa para a consolidação da democracia deliberativa, modelo defendido por Roberto Gargarella no âmbito da aplicação judicial dos direitos sociais. Segundo o autor, as decisões públicas devem ser sempre ancoradas em uma base consensual ampla, integradas por diversos setores da sociedade e de todos aqueles que seriam afetados pelas decisões em jogo.[192] A observância a este prévio diálogo plural seria uma condição primária para a imparcialidade nas deliberações políticas, evitando-se que o sistema torne-se mais sensível às pressões de certos grupos políticos, em detrimento de outros.[193]

Fincado nas premissas deste conceito de democracia, pode-se afirmar que o Poder Judiciário encontra-se em posição favorável de promover os valores que permeiam o processo democrático deliberativo. A sua provocação por um cidadão que se sinta excluído do processo de formação de decisão na esfera política funciona como mecanismo de intensificação do espírito que consubstancia a democracia deliberativa, por ser apto, por meio de seu regular procedimento, questionar determinada disfuncionalidade advinda dos Poderes representativos, fazendo do processo uma instância de verdadeiro exercício dos direitos de participação democrática.

---

[192] GARGARELLA, Roberto. "Democracia deliberativa e o papel dos juízes diante dos direitos sociais". *In:* SOUZA NETO, Cláudio Pereira de; SARMENTO, Daniel (coord.). *Direitos sociais*: fundamentos, judicialização e direitos sociais em espécie. Rio de Janeiro: Lumen Juris, 2008, pp. 216-219.

[193] Neste caso, a igualdade é requisito necessário para a imparcialidade, tanto no que diz respeito ao acesso ao procedimento democrático, como a isonômica capacidade de exercer real influência na vida política.

2.4.3 Críticas e respostas ao controle jurisdicional de políticas públicas

O controle jurisdicional das políticas públicas qualifica-se como matéria polêmica, alvo de dissensos doutrinários e jurisprudenciais. A escolha pela defesa da legitimidade democrática dos juízes na intervenção dos atos políticos parece tratar-se de tarefa mais árdua do que a sua negação, justamente porque se propõe a defender uma nova posição do Poder Judiciário frente ao Estado Democrático de Direito. O rompimento do paradigma anterior exige uma justificação sólida e também respostas aptas a demonstrarem a impertinência da manutenção do *status quo*.

A primeira crítica tecida pela doutrina refere-se à violação da Teoria da Separação dos Poderes. Há uma recalcitrância por parte da doutrina tradicional em aceitar a conformação atual desta teoria pela Constituição Federal de 1988, lançando-se sempre em uma divisão rígida de Poderes, extraída do conceito de "independência" inserto no artigo 2º da Constituição Federal.

O princípio da separação de poderes evidenciou-se no século XVIII, momento em que a Europa, sobretudo a França, vivia um período de excessivo poder político centrado nas mãos da monarquia absolutista. A atuação arbitrária e pessoal do monarca despertava a insatisfação popular, vez que o exercício deste Poder absoluto desviava-se dos anseios da sociedade da época. Montesquieu, sistematizador deste princípio, concluiu que a concentração de poder em uma única pessoa ia de encontro com os preceitos da doutrina liberal, já que contribuía para fragilizar a liberdade política.

No entanto, interessava à doutrina do liberalismo não o equilíbrio entre os Poderes, mas uma separação rígida entre eles. O dogma da separação de Poderes era visto pelo prisma dos valores do individualismo, com vistas a conservar o sistema de organização de poder e, em consequência, distanciar o poder do povo.

Na democracia social, contudo, esta rigidez na separação do princípio não mais se justifica:

O princípio perdeu pois autoridade, decaiu de vigor e prestígio. Vêmo-lo presente na doutrina e nas Constituições, mas amparado com raro proselitismo, constituindo um desses pontos mortos do pensamento político, incompatíveis com as formas mais adiantadas do progresso democrático contemporâneo, quando, erroneamente interpretado, conduz a uma separação extrema, rigorosa e absurda.[194]

Ademais, como bem nos lembra Hermes Zaneti Jr., o Brasil, por razões históricas, alinhou-se ao sistema constitucional da *judicial review* norte-americano e não ao sistema europeu puro de separação de poderes.[195] A Constituição Federal de 1988 franqueou um novo modelo de constitucionalismo, em que os poderes passam a estar envoltos em um "sistema de freios e contrapesos", como uma complexa trama de implicações e de limitações recíprocas, o que serve de autorização para que cada Poder possa exercer competências que tipicamente caberiam a outros.[196]

Outrossim, o sistema de repartições da função estatal é preservado quando se defende, como se defendeu no presente trabalho, que

---

[194] BONAVIDES, Paulo. *Ciência política*. São Paulo: Malheiros, 2007, pp. 157/158.

[195] ZANETI Jr., Hermes. "A teoria da separação de poderes e o estado democrático constitucional". *In:* GRINOVER, Ada Pellegrini; WATANABE, Kazuo (coords.). *O controle jurisdicional de políticas públicas*. Rio de Janeiro: Forense, 2011, p. 34.

[196] SOUZA NETO, Claudio Pereira de. "A justiciabilidade dos direitos sociais: críticas e parâmetros". *In:* SOUZA NETO, Cláudio Pereira de; SARMENTO, Daniel (coords.). *Direitos sociais*: fundamentos, judicialização e direitos sociais em espécie. Rio de Janeiro: Lumen Juris, 2008, pp. 520/521. Neste sentido, também Rodolfo de Camargo Mancuso: "No modelo jurídico-político brasileiro isso é bem evidente, bastando considerar que o Legislativo (...) julga o presidente, o vice-presidente da República e os ministros do STF nos crimes de responsabilidade (artigo 52, I e II); que o Judiciário (...) administra, quando promove a organização de seus serviços (artigo 96 e incisos e artigo 125, da CF); e que o Executivo (...) legisla, quando edita medidas provisórias (artigo 59, V e artigo 62, da CF). Essa evidente interação e complementariedade entre as funções e atividades do Estado contemporâneo mostra a sem-razão do argumento que (ainda) pretende erigir a clássica separação dos poderes em obstáculo à ampla cognição, pelo Judiciário, dos questionamentos sobre as políticas públicas". ("A ação civil pública como instrumento de controle das chamadas políticas públicas". *In:* MILARÉ, Édis (coord.). *Ação civil pública*: lei n. 7.347/1985 – 15 anos. São Paulo: RT, 2002, p. 777).

o controle jurisdicional das decisões políticas dos demais Poderes acerca dos direitos sociais torna-se legítimo tão somente quando a intervenção do Poder Judiciário é excepcional, respeitando-se a competência prioritária dos demais Poderes em formular e em implementar os programas governamentais. Esta excepcionalidade se traduz na revisão em caso de violação a preceitos legais ou constitucionais, respeitando-se os limites do equilíbrio entre as funções.[197]

Neste sentido, não se pode negar que o princípio da separação de poderes ganhou novos contornos com o advento do Estado Democrático e Social. O conceito liberal de "separação de poderes" deve ser reinterpretado como harmonia entre as funções estatais, estas imbuídas de consciência ética e democrática, direcionadas ao escopo comum e convergente: colimar aos nobres objetivos traçados pela Constituição de 1988.

Arraigado neste novo contexto político-jurídico, deve-se ainda outorgar uma nova leitura à Teoria da Reserva do Possível, a fim de adaptá-la ao contexto nacional.[198] A teoria consubstancia-se em um obstáculo oponível contra a judicialização de direitos fundamentais, a fim de condicioná-los à verificação da disponibilidade financeira do Estado para a implementação de determinada política pública.

---

[197] Na lição de Claudio Pereira de Souza Neto, uma das características fundamentais do modelo contemporâneo de separação de poderes é o aprofundamento da chamada *accountability* horizontal, ou seja, o dever de os poderes se justificarem mutuamente. ("A justiciabilidade dos direitos econômicos, sociais e culturais: uma breve exploração". *In:* SOUZA NETO, Cláudio Pereira de; SARMENTO, Daniel (coord.). *Direitos Sociais:* fundamentos, judicialização e direitos sociais em espécie. Rio de Janeiro: Lumen Juris, 2008, p. 529).

[198] Esta teoria tem sua origem na Alemanha, a partir dos anos de 1970, momento em que a doutrina e a jurisprudência passaram a considerar que as prestações materiais dependem da real disponibilidade de recursos financeiros, sendo que a disponibilidade estaria na esfera discricionária do governo e do parlamento, expressas por meio do orçamento. Por fim, consolidou-se na jurisprudência do Tribunal Constitucional Federal da Alemanha, em uma decisão a respeito do direito de acesso ao ensino superior, que a prestação reclamada deve corresponder àquilo que o indivíduo pode razoavelmente exigir da sociedade. (SARLET, Ingo Wolfgang. 'Direitos fundamentais, orçamento e "reserva do possível"'. *In:* SARLET, Ingo Wolfgang; TIMM, Luciano Benetti (coords.). *Direitos fundamentais*: orçamento e "reserva do possível". Porto Alegre: Livraria do Advogado, 2008, p. 29).

PROCESSOS COLETIVOS E POLÍTICAS PÚBLICAS

A Teoria da Reserva do Possível ocupa o posto de principal argumento lançado pelo Poder Público em processos que visam à implementação dos direitos sociais. A intelecção da Teoria baseia-se na falta de previsão orçamentária para suportar os gastos com determinado direito, pois o orçamento público já estaria comprometido por opções políticas direcionadas à destinação com outros gastos.

Antes de tecer uma análise crítica da Teoria em debate, impende-se reconhecer que a efetivação dos direitos fundamentais, sejam eles de liberdade ou os direitos sociais, implicam custos, os quais se contrastam com orçamentos reduzidos e incapazes de satisfazer plenamente todos estes direitos. A escassez dos recursos econômicos e financeiros resulta, no caso concreto, na opção pela sobreposição de determinados valores sobre outros, culminando nas denominadas "escolhas trágicas".[199] Resta claro, portanto, que o limitador econômico deve ser levado em consideração no debate jurisdicional quando se discute a implementação de direitos.

De outro norte, deve-se ponderar que a argumentação sobre o obstáculo da escassez dos recursos econômicos e financeiros somente recebe credibilidade quando acompanhada da comprovação pelo Poder Público da falta de recursos para efetivar estes direitos. A mera alegação, como recorrentemente ocorre, não convence. Portanto, a argumentação jurídica deve estar diretamente relacionada com a demonstração de sua base fática. Este ônus é sempre imputável ao Poder Público contra o qual a prestação foi exigida, diante de sua maior proximidade com as informações e dados orçamentários.[200]

---

[199] Cuida-se de expressão cunhada por Guido Calabresi e Philipe Bobbit, na obra *Tragic Choice* (*Tragic choices*: the conflicts society confrontes in the allocation of tragically scarce resources. Nova Iorque: W.W. Norton & Company, 1978).

[200] Ada Pellegrini Grinover afirma que neste caso vigora a regra da inversão do ônus da prova (artigo 6º, VIII, do Código de Defesa do Consumidor), ou ainda a distribuição dinâmica do ônus da prova, que atribui a carga da prova a quem estiver mais próxima dos fatos e tiver mais facilidade de prová-los. ("O controle jurisdicional de políticas públicas". *In*: GRINOVER, Ada Pellegrini; WATANABE, Kazuo (coord.). *O controle jurisdicional de políticas públicas*. Rio de Janeiro: Forense, 2011, p. 123).

Como outrora observado, as decisões políticas sobre a alocação de recursos comuns são de competência constitucional dos demais Poderes, cada qual na sua esfera de atribuição. Entretanto, competência constitucional não significa blindagem à análise jurisdicional da definição dos critérios de disposição das rubricas orçamentárias consoantes aos objetivos e prioridades constitucionais, mormente quando se verifica que a inércia do Poder Público concorre para o esvaziamento da eficácia dos direitos fundamentais.

Partindo-se da análise de Dirley da Cunha Jr., sobre a matéria, conclui-se:

> (...) os problemas de 'caixa' não podem ser guindados a obstáculos à efetivação dos direitos fundamentais sociais, pois imaginar que a realização desses direitos depende de 'caixas cheios' do Estado significa reduzir a sua eficácia a *zero*, o que representaria uma violenta frustração da vontade constituinte.[201]

O acolhimento ou não da Teoria da Reserva do Possível, como já ponderado, não escapa da análise das normas inerentes à matéria orçamentária. Neste sentido, conclui-se que o Poder Judiciário está autorizado a perscrutar, de forma casuística, se as disposições e execuções orçamentárias encontram-se em conformidade com todo o arcabouço legal e constitucional que regulamenta a matéria. Ao final, se for demonstrada a contrariedade, o Poder Judiciário estará legitimado a afastar a Teoria da Reserva do Possível.

Respaldado pelo princípio da proporcionalidade, a satisfação do "mínimo existencial", como visto, também não pode sofrer empecilhos de argumentos preconizados na cláusula da "reserva do possível", por se tratar do núcleo duro dos direitos sociais.[202] Em outros termos, o

---

[201] CUNHA Jr., Dirley. "A efetividade dos direitos fundamentais sociais e a reserva do possível". *In:* NOVELINO, Marcelo (org.). *Leituras complementares de direito constitucional:* direitos humanos e direitos fundamentais. Salvador: JusPodivm, 2008, pp. 372/373.

[202] Kazuo Watanabe perfilha o entendimento que o "mínimo existencial" é inoponível à cláusula da "reserva do possível" e que "somente em relação aos direitos fundamentais

argumento econômico, quando contrastado com o "mínimo existencial", torna-se eivado de utilitarismo incompatível com a dignidade da pessoa humana, devendo ser imediatamente afastado pelo Poder jurisdicional.

Outra crítica de parte da doutrina refere-se à falta de estrutura do Poder Judiciário para lidar com questões de alta complexidade, que exigem conhecimentos técnicos de várias ciências, limites estes muitas vezes estreitos ao diálogo processual.

Nas palavras de José Reinaldo de Lima Lopes:

> o Judiciário está pouco aparelhado para fazer a justiça distributiva na medida em que foi montado e desenhado para supervisionar conflitos individuais e, sobretudo, bilaterais, em que há um jogo de soma zero.[203]

Este alerta é importante e deve ser levado em consideração no exercício do controle de políticas públicas, mas não para excluir a possibilidade de participação do Poder Judiciário na difícil tarefa de distribuição igualitária de bens comuns, em concomitância com os demais Poderes. A procedência da crítica concorre para a reflexão sobre a necessidade do redimensionamento da dialética processual.

Se as questões de interesse público que são submetidas ao critério jurisdicional não mais se restringem à argumentação meramente jurídica, mas, ao contrário, representam a necessidade de serem dirimidas pela integração de conhecimentos multidisciplinares, tem-se a necessidade de franquear maior abertura à participação no processo de

---

imediatamente judicializáveis", que são os previstos em normas constitucionais de "densidade suficiente", poderá ser contraposta mediante fundada alegação e demonstração cabal, a cláusula da "reserva do possível", que o magistrado analisará valendo-se das regras de proporcionalidade e razoabilidade. ("Controle jurisdicional de políticas públicas. 'Mínimo existencial' e demais direitos fundamentais imediatamente judicializáveis". *In:* GRINOVER, Ada Pellegrini; WATANABE, Kazuo (coord.). *O controle jurisdicional de políticas públicas.* Rio de Janeiro: Forense, 2011, pp. 222/223).

[203] LOPES, José Reinaldo de Lima. *Direitos sociais*: teoria e prática. São Paulo: Método, 2006, p. 136.

outros atores sociais, por intermédio de instrumentos processuais já conhecidos no contexto pátrio e internacional, como o *amicus curiae* e as audiências públicas, que oportunizam a participação popular na dinâmica processual.

Faz-se ainda necessário o investimento na formação e atualização dos magistrados e dos demais operadores do Direito, mormente os legitimados para o ajuizamento da ação civil pública, a fim de que possam ter acesso a um conhecimento multidisciplinar,[204] com o escopo de que se tornem conscientes de seu novo papel no meio social, de modo a abandonar uma atuação meramente técnica, incentivando-os a assumir o papel de verdadeiros transformadores sociais.[205]

Outrossim, como bem obtempera Daniel Liang Wang, este obstáculo não é exclusivo aos operadores do Direito, mas também é sentido pelos representantes políticos, pois "nenhum representante eleito, burocrata ou instituição é capaz de conhecer todas as demandas da sociedade e ponderá-las com a mesma consideração".[206]

---

[204] Nas palavras de Cláudio Pereira de Souza Neto: "Para assumir essas graves incumbências, deve ser capaz de analisar relatórios técnicos, de interpretar dados econômicos, sociológicos, políticos; deve poder lidar com um conhecimento multidisciplinar. Decidir sobre políticas públicas exige a superação da formação bacharalesca que ainda predomina no ensino jurídico". ("A justiciabilidade dos direitos econômicos, sociais e culturais: uma breve exploração". *In:* SOUZA NETO, Cláudio Pereira de; SARMENTO, Daniel (coord.). *Direitos Sociais:* fundamentos, judicialização e direitos sociais em espécie. Rio de Janeiro: Lumen Juris, 2008, p. 531).

[205] Jônatas Luiz Moreira de Paula defende a visão do Poder Judiciário como responsável pelo controle e moderação dos excessos dos demais poderes. Segundo a autora, "para atingir tal desiderato, é preciso que o magistrado se conscientize de que, diante dos obstáculos levantados pelos dogmas da "ciência do direito", deve operar-se um corte epistemológico que lhe permite conhecer a realidade e inserir-se nela para transformá-la, saindo da condição de mero observador para integrar-se ao objeto de seu estudo, isto é, (re)pensar o direito sob uma óptica de transformação de seu objeto, inserindo na práxis". (*A jurisdição como elemento de inclusão social:* revitalizando as regras do jogo democrático. Barueri: Manole, 2002, p. 30).

[206] WANG, Daniel Liang. *Poder judiciário e participação democrática nas políticas públicas de saúde*. (2009) Dissertação de Mestrado. Universidade de São Paulo, Faculdade de Direito da Universidade de São Paulo – FADUSP, São Paulo, p. 37.

Decretar o fracasso do Poder Judiciário de intervir para controlar as decisões de interesse social sem antes retirá-lo do viés liberal clássico que rege o seu procedimento se perfaz como conclusão precoce e destoa do espírito constitucional de união de esforços de todos os Poderes e da sociedade civil para superar os graves problemas sociais. O desafio foi lançado pela Constituição e os obstáculos devem ser superados com ousadia, mas sem perder o equilíbrio e harmonia entre as funções estatais.

3
PROCESSOS COLETIVOS COMO INSTRUMENTO DE EFETIVAÇÃO DOS FUNDAMENTOS DO ESTADO DEMOCRÁTICO DE DIREITO

3.1 PROCESSO COLETIVO MODERNO: REDEFINIÇÃO DE UM NOVO MODELO PROCESSUAL

A evolução da Ciência processual é resultado das transformações culturais e políticas sentidas no seio da sociedade. O amadurecimento do verdadeiro valor e sentido outorgado às normas instrumentais é um produto histórico, construído pelo debate doutrinário, fruto de pressões externas que exigiram do processo um compromisso com o espírito político e com os anseios sociais de cada época.

As bases do processo civil clássico espelhavam-se na racionalidade de um Estado de matriz liberal, firmando um pacto rígido com a técnica, sem qualquer preocupação com o princípio da efetividade do direito material e com os reflexos que o provimento jurisdicional poderia fazer-se sentir perante a sociedade.[207]

---

[207] Sobre o assunto, Carlos Alberto de Salles ressalta que o Direito processual clássico não tinha qualquer comprometimento com o conteúdo dos direitos materiais, mas tão

O modelo individualista aproximava o *iter* procedimental a uma equação quase matemática, mecânica, refratária à permeabilidade de qualquer ideologia. Para tanto, o órgão julgador deveria ser neutro e, durante o desenvolver do procedimento, restringia-se a fiscalizar a ordem e a formalidade dos atos processuais, prolatando ao final, uma decisão vinculativa e coercitiva às partes, mantendo-se indiferente aos resultados produzidos. Não era por outra razão que os poderes do magistrado eram reduzidos, transformando-o em um mero burocrata.

Esta neutralidade do modelo individual contaminava também os demais institutos do processo civil. Os procedimentos eram rigidamente padronizados e estruturados de forma a refletir nos institutos processuais as situações clássicas de contraposição dos direitos obrigacionais, atribuindo a uma das partes a função de credor e, à outra, a função de devedor,[208] consagrando, ainda, a incoercibilidade do *facere*.[209] Ademais, não havia preocupação com as diferenças entre os litigantes em potencial ao acesso à justiça,[210] pois a tônica estava na isonomia formal entre as partes, tão cara aos valores da época.

Ainda no modelo individual, aos institutos processuais era franqueada uma interpretação restritiva, exigindo, no que se refere à legitimidade de agir, uma coincidência exata entre o sujeito titular do direito material e o titular da pretensão posta em juízo.

No que diz respeito à coisa julgada, garantia emblemática do Estado Liberal, esta era interpretada como o confinamento estrito da

---

somente com a realização de seus objetivos internos. ("Processo civil de interesse público". *In:* SALLES, Carlos Alberto (org.). *Processo civil e interesse público*: o processo como instrumento de defesa social. São Paulo: RT, 2003, p. 45).

[208] MOREIRA, José Carlos Barbosa. "A ação popular do direito brasileiro como instrumento de tutela jurisdicional dos chamados 'direitos difusos'". *Temas de direito processual*. São Paulo: Saraiva, 1977, p. 7.

[209] MARINONI, Luiz Guilherme. *Tutela inibitória*: individual e coletiva. São Paulo: RT, 2006, p. 29.

[210] CAPPELLETTI, Mauro; GARTH, Bryant. *Acesso à justiça*. Traduzido por Elen Gracie Northfleet. Porto Alegre: Sérgio Antonio Fabris Editor, 1988, p. 2.

eficácia da decisão às partes envolvidas na relação processual, defeso de ser extensível a terceiros.[211]

Como nos mostra a história, o Estado Liberal foi substituído pelos valores de solidariedade e coletivismo, ínsitos ao Estado Social. Por derradeiro, os preceitos democráticos, a sobreposição dos direitos fundamentais e da dignidade da pessoa humana, elevada a fundamento político de um país, consolidaram as bases para o Estado Democrático de Direito.

Neste novo modelo institucional, os direitos sociais foram erigidos à categoria de direitos fundamentais, possibilitando ao titular pleitear a sua satisfação contra o Estado. Esta nova função transformou o Poder Judiciário em instância adequada para a reafirmação da cidadania e franqueou um viés político a este Poder, elevando-o a categoria de meio alternativo de gestão da coisa pública.[212] Tais direitos, registrados pela marca da "transindividualidade", necessitavam de um instrumento plural e democrático para veicular as pretensões decorrentes de sua violação.

Ao lado dos direitos sociais, os direitos de terceira geração, ínsitos à sociedade de consumo e à economia de massa, deflagraram uma inflação legislativa.[213] O resultado foi a explosão de litigiosidade, pois as violações aos direitos deixaram de ser individuais e passaram a configurar violações em massa,[214] forçando respostas estratégicas, preventivas e também coletivas do Poder Judiciário.

---

[211] VENTURINI, Elton. *Processo civil coletivo*. São Paulo: Malheiros, 2007, pp. 27/28.

[212] GRINOVER, Ada Pellegrini. "Significado social, político e jurídico da tutela dos interesses difusos". *RePro*, São Paulo: RT, n. 97, pp. 9-15, 2000, p. 10.

[213] "O desenvolvimento social, econômico e tecnológico sem precedentes do século XX fez com que a sociedade se tornasse crescentemente mais complexa e radicalmente especializada em suas funções e novos direitos fossem positivados. O direito viu-se incumbido de regular cada vez mais aspectos da vida social, adentrando em áreas nunca antes disciplinadas". (GAVRONSKI, Alexandre Amaral."A tutela coletiva do século XXI e sua inserção no paradigma jurídico emergente". *In:* MILARÈ, Édis (coord.). *A ação civil pública após 25 anos*. São Paulo: RT, 2010, p. 40).

[214] "Interesses de massa, que comportam ofensas de massa e que colocam em contrastes grupos, categorias, classes de pessoas". (GRINOVER, Ada Pellegrini. "A ação civil pública refém do autoritarismo". O *processo*: estudos e pareceres. São Paulo: Perfil, 2005, p. 236).

Neste contexto histórico, desvela-se a insuficiência do modelo processual individual,[215] pois os conflitos sociológicos subjacentes ao processo não mais se verificam como simples relação binária e linear entre credor e devedor, mas, ao contrário, tornam-se plurilaterais, comuns a uma coletividade, caracterizados por não terem lastro em uma relação jurídica de base bem definida.[216] O objeto passa a ser também de natureza indivisível, e, em virtude disso, impossibilita a fragmentação da solução de interesses em demandas individuais.

Com efeito, os métodos tradicionais não imprimiam ao processo o caráter social necessário para que o instrumento servisse à sua finalidade e se adequasse aos novos anseios sociais descritos no arcabouço constitucional. O questionamento do modelo processual individual passa necessariamente pela revisitação dos institutos clássicos, imprimindo uma nova leitura à luz das ideologias que permeiam a sociedade contemporânea.

Neste sentido, a exigência da legitimidade de agir condicionada à identificação de um titular certo e determinado do direito levado a juízo contrastava com a pluralidade democrática ínsita ao Direito social. A restrição da cláusula da coisa julgada limitada às partes presentes no conflito jurisdicional representava a incapacidade do modelo individual de dar resposta à isonomia material entre os indivíduos que se encontravam em igual situação fático-jurídica. Os modelos rígidos de preclusão e a interpretação restritiva das normas processuais infirmavam o valor da

---

[215] "A partir dos anos 70 a 80 verifica-se um descompasso, por um lado, um sistema judiciário feito dentro de arquétipos liberal-burgueses, para sociedades estabilizadas, integradas e voltado a conflitos interindividuais; por outro, uma estrutura social muito complexa, que enfrentou um processo de ruptura das condições de crescimento em taxas significativas e, com isso, gera uma série de problemas que aumentam o perfil qualitativo dos conflitos, tornando-os altamente violentos, coletivos e difíceis de serem captados e digeridos pelo sistema de justiça". (FARIA, José Eduardo. "A definição de interesse público". *In:* SALLES, Carlos Alberto (org.). *Processo civil de interesse público.* São Paulo: RT, 2003, pp. 83/84).

[216] MOREIRA, José Carlos Barbosa "A ação popular do direito brasileiro como instrumento de tutela jurisdicional dos chamados direitos difusos". *In: Temas de direito processual.* São Paulo: Saraiva, 1977, pp. 08/09.

máxima efetividade esperada pelos jurisdicionados para a satisfação de seus direitos. O modelo tradicional de adjudicação ainda desprezava os efeitos secundários da prestação jurisdicional, entre os quais o de estimular as partes a uma solução conciliatória.[217]

Na linha histórica, os influxos liberais dão lugar aos novos paradigmas propostos pelo Estado Democrático de Direito, que, assim como o impacto no direito material, também irão repercutir intensamente no direito instrumental, forçando a uma releitura permeada pelos princípios éticos, vinculados à dignidade humana.

No âmbito doutrinário, por sua vez, foram surgindo novos pensamentos críticos fincados na imprescindível premissa de construção do processo civil voltado às exigências e às necessidades da sociedade moderna. Entre eles, destaca-se o movimento denominado "acesso à justiça".

Esta corrente alicerçou-se no repúdio ao entendimento mecanicista de aplicação das normas, defendendo, em contrapartida, a possibilidade de o jurista intervir para realizar reformas aptas a buscar o verdadeiro alcance da justiça e ainda para ampliar o seu acesso.[218]

Nesta nova fase metodológica não mais se admite que o conteúdo subjacente ao processo seja somente a técnica traduzida em um procedimento puramente lógico, resultando, ao final, em um instrumento

---

[217] SALLES, Carlos Alberto de. "Processo civil de interesse público". *In:* Salles, Carlos Alberto (org.). *Processo civil e interesse público*: o processo como instrumento de defesa social. São Paulo: RT, 2003, p. 48.

[218] Mauro Cappelletti e Bryant Garth, na obra "Acesso à Justiça". (*Acesso à justiça*. Traduzido por Elen Gracie Northfleet. Porto Alegre: Sérgio Antonio Fabris Editor, 1988, p. 31), propõem soluções práticas para o acesso à justiça: "Podemos afirmar que a primeira solução para o acesso – a primeira "onda" desse movimento novo – foi a *assistência judiciária*; a segunda dizia respeito às reformas tendentes a proporcionar *representação jurídica para os interesses "difusos"*, especialmente nas áreas de proteção ambiental e do consumidor; e o terceiro – e mais recente – é o que nos propomos a chamar de simplesmente *"enfoque de acesso à justiça"* porque inclui os posicionamentos anteriores, mas vai muito além deles, representando, dessa forma, uma tentativa de atacar as barreiras ao acesso de modo mais articulado e compreensivo".

neutro. Ao contrário, o processo, como fenômeno cultural, será inevitavelmente direcionado por fatores externos,[219] expressos por meio das opções ideológicas da sociedade de uma determinada época. Enfim, à técnica une-se à ética.[220]

As normas de qualquer natureza devem servir ao valor da justiça e, para tanto, devem estar rentes à realidade social, sob pena de perderem eficácia e falharem em sua função social. Compreende-se, enfim, que a técnica desconexa com os escopos sociais somente solucionará o continente e não o conteúdo.[221] Para a solução da lide sociológica o processo e o direito material devem manter uma estreita aproximação, formando um sistema coerente e aderente, permitindo a penetração no direito processual dos valores inerentes ao elemento objetivo e alterando o seu modo de ser de acordo com as necessidades ditadas pelo direito substancial.

A Constituição Federal se perfaz como fator de unificação entre estes dois planos,[222] pois, não obstante contemplar o direito material,

---

[219] OLIVEIRA, Carlos Alberto Álvaro de. *Do formalismo no processo civil*: proposta de um formalismo-valorativo. São Paulo: Saraiva, 2009, p. 03.

[220] "Nessa concepção axiológica de processo, como instrumento de garantia de direitos, a visão puramente técnica não mais pode prevalecer, pois a ela se sobrepõem valores éticos de liberdade e justiça". (BEDAQUE, José dos Santos. *Direito e processo*: Influência do direito material sobre o processo efetividade do processo e técnica processual. São Paulo: Malheiros, 2007, p. 24).

[221] "A *liberalização prodigalizada* do direito de ação acaba por reduzir a ação judicial a um direito de simples movimentação da máquina judiciária, em modo de uma contraprestação do Estado ao pagamento da taxa correspondente ao *serviço judiciário*, o que está longe do vero conceito de *direito de ação*, a ser compreendido no sentido de que a função judicante deve resolver não só o *continente* – ação e processo- mas (e principalmente) o conteúdo – a lide; ou, se quiser, a intervenção judicial deve resolver não só a crise propriamente jurídica, mas também a sociológica, subjacente àquela". (MANCUSO, Rodolfo de Camargo. *Jurisdição coletiva e coisa julgada*: teoria geral das ações coletivas. São Paulo: RT, 2007, p. 510).

[222] "Acentua-se a ligação entre Constituição e processo civil, no estudo concreto dos institutos processuais, não mais colhidos na esfera fechada do processo, mas no sistema unitário do ordenamento jurídico: é este o caminho, ensina Liebman, que transformará o processo, de simples instrumento de justiça, em garantia de liberdade". (GRINOVER, Ada Pellegrini. *As garantias constitucionais do direito de ação*. São Paulo: RT, 1973, p. 13).

resguarda o direito processual, erigindo-o a *status* de garantia constitucional e de Direito fundamental.[223]

Este efeito irradiador da Carta Política decorre da premissa de que se trata de diploma que reúne as opções políticas e sociais de uma dada sociedade e que, indubitavelmente, tem efeito direto sobre as bases do direito material e processual, por se tratar de seu pressuposto de validade. São os preceitos constitucionais que determinam o escopo entre direito e seu instrumento, e, em consequência, a complementariedade entre o plano do direito material e processual, não em sua base ontológica, mas funcional. Sendo assim, hodiernamente, fala-se em instrumentalismo substancial,[224] formalismo valorativo[225] ou neoprocessualismo,[226] demonstrando a constante evolução cultural do processo para se adaptar aos anseios sociais.

Alicerçado na premissa de insuficiência do modelo processual clássico, os processos coletivos surgiram como respostas a este novo contexto político-social.

É por esta visão axiológica que o processo coletivo será abordado neste presente trabalho, justamente por se tratar de um fenômeno inserto nesta nova fase metodológica do processo civil, em que os princípios constitucionais e os direitos fundamentais passam a direcionar as premissas do Direito instrumental.

---

[223] ZANETI Jr., Hermes. "Os direitos individuais homogêneos e o neoprocessualismo". *In:* FIGUEIREDO, Guilherme José Purvin; RODRIGUES, Marcelo Abelha (coords.). *O novo processo civil coletivo*. Rio de Janeiro: Lumen Juris, 2009, p. 146.

[224] LEONEL, Ricardo de Barros. *Manual de processo coletivo*. São Paulo: RT, 2011, pp. 29-36.

[225] Esta é a expressão empregada por Carlos Alberto de Oliveira para reafirmar esta nova fase do processo civil, em que a técnica passa a segundo plano, sendo sobreposta pelos princípios constitucionais, principalmente aqueles que veiculam direitos fundamentais. (*Do formalismo no processo civil*: proposta de um formalismo-valorativo. São Paulo: Saraiva, 2009).

[226] "O Neoprocessualismo procura construir técnicas processuais voltadas à promoção do direito fundamental à adequada, efetiva e célere tutela jurisdicional". (CAMBI, Eduardo. *Neoconstitucionalismo e neoprocessualismo*: Direitos fundamentais, políticas públicas e protagonismo judiciário. São Paulo: RT, 2009, p. 115).

3.1.1 *Class Actions*: novo paradigma de modelo processual

O desenvolvimento e a evolução do direito processual coletivo passa necessariamente pela análise e pelo estudo da historicidade dos países que integram o sistema do *common law*.

As ações coletivas têm origem no Direito inglês,[227] mas a ênfase ao potencial político e social destas ações deve ser dada à institucionalização e ao desenvolvimento das ações coletivas no Direito norte-americano,[228] as denominadas *class actions*.

Estas ações tornaram-se instrumentos efetivos a partir de sua sistematização no texto da *Rule* 23 das "Normas de Processo Civil Federal" (*Federal Rules Civil Procedure*), promulgadas em 1938, e que sofreram, posteriormente, alterações até culminar nas disposições atuais.[229]

---

[227] Sthephen C. Yeazell (*From medieval group litigation to the modern class action*. New Heaven: Yale University Press, 1987) relata que a gênese das ações coletivas encontra-se na Inglaterra, com início no período medieval (século XII), momento em que já era autorizada a seleção de algumas pessoas que seriam demandadas em nome do grupo (partes representativas). A maioria da doutrina, entretanto, prefere localizar os antecedentes da moderna ação coletiva no século XVII como uma variante do *bill of peace*. No século XVII, as cortes inglesas perceberam que, em determinadas circunstâncias, a observância do litisconsórcio necessário, com a integração de todos os indivíduos interessados no julgamento da lide, tornava inviável o andamento regular do processo, tornando o litisconsórcio impraticável. Deste modo, o *bill of peace* passou a permitir ações representativas (*representative actions*), na qual um membro do grupo representava em juízo todos os demais, fazendo coisa julgada *erga omnes*.

[228] "Mais de 50% das *class actions* aforadas referem-se aos direitos fundamentais do cidadão (*civil rights*), e geralmente são lastreadas no Título VII do *Civil Rights Act*, de 1964, que proíbe a discriminação racial, religiosa, de sexo e de cidadania, por empregadores e sindicatos. Muitas delas são ajuizadas por presidiários alegando violação de seus direitos fundamentais". (CRUZ E TUCCI, José Rogério. *"Class action" e mandado de segurança coletivo*: diversificações conceptuais. São Paulo: Saraiva, 1990, p. 28).

[229] As "Normas do Processo Civil Federal" disciplinam o processo civil nos juízos federais e constituem um conjunto de normas (*rules*), emanadas da Suprema Corte dos Estados Unidos, por meio de delegação do Poder Legislativo americano. A despeito de as ações representativas terem sido codificadas pela primeira vez no sistema de eqüidade americano, através da *Federal Equity Rule* 48 de 1842, foi a normatização de 1938, na Regra 23 da Federal *Rules of Civil Procedure*, que determinou a união dos sistemas da I e da *law* no sistema norte-americano, contribuindo para o desenvolvimento das

PROCESSOS COLETIVOS E POLÍTICAS PÚBLICAS

Este instrumento poderoso e inovador em matéria de direitos coletivos nos Estados Unidos da América despertou a importância do regramento e da sistematização de um modelo de processo coletivo nos demais países, inclusive com significativa influência daqueles integrantes do sistema do *civil law*.

As *class actions* descortinaram um novo conceito de eficácia e eficiência do sistema processual, com a consagração de institutos que desafiaram os conceitos tradicionais do processo civil clássico e outorgaram instrumentos adequados para o exercício da dimensão política do Poder Judiciário. Por estas razões, tornaram-se paradigma de comparação.

O momento de destaque no cenário nacional e internacional das *class actions* ocorreu em 1950, com o emblemático caso *Brown vs. Board of Education*. O objetivo de erradicar o sistema educacional dual, que separava negros e brancos nas escolas americanas, forçou o Poder Judiciário a oferecer mecanismos eficientes de transformação da realidade social, disponibilizando instrumentos coercitivos, aptos a garantir a reconstrução de uma instituição social,[230] historicamente arraigada na segregação racial.

Iniciava-se assim uma fase de intenso ativismo judicial,[231] reconhecendo-se a potencialidade do Poder Judiciário em concorrer para solução das mais importantes deliberações políticas e sociais do país norte-americano.

Para tanto, foi necessário outorgar uma nova dimensão ao fenômeno da *adjudication*, ou seja, à solução dos conflitos por intermédio do

---

class actions. O texto original foi alterado substancialmente em 1966, com a inserção dos requisitos de cabimento e os aspectos procedimentais, e, posteriormente, sofreu alterações em 1988, 1998, 2003 e 2007.

[230] FISS, Owen. *Um novo processo civil*: estudos norte-americanos sobre jurisdição, constituição e sociedade. Traduzido por Daniel Porto Godinho da Silva e Melina de Medeiros Rós. São Paulo: RT, 2004, p. 28.

[231] Este momento é denominado "*Warren Court*", pois a Suprema Corte esteve sob a presidência de Earl Warren e, durante este período, predominou jurisprudência progressista em matéria de direitos fundamentais.

Poder Judiciário. O tradicional significado de adjudicação traduzia-se no modelo jurisdicional individual e privado que dominava o contexto do século XIX, ganhando, posteriormente, uma conotação de interesse público, diante das transformações estruturais das bases sociais e econômicas.[232]

Neste contexto, emerge a reforma estrutural, que, consoante ao entendimento de Owen Fiss, trata-se de um tipo de adjudicação diferenciada pela função do órgão julgador de outorgar, no processo social, o caráter constitucional aos valores públicos. Vale dizer, o processo torna-se instância adequada para que o magistrado confira significado aos valores públicos, posicionando-se em confronto com as burocracias estatais e demais organizações de grande porte, com o escopo de eliminar a ameaça imposta a tais valores.[233]

Visando a alcançar este desiderato, ou seja, para que o juiz pudesse cumprir o seu papel de dar significado aos valores sociais e pronunciar-se sobre os temas de interesse público, garantindo autoridade ao processo de adjudicação, era imprescindível desvencilhar-se do modelo tradicional de processo, ajustando o *iter* procedimental ao compromisso constitucional.

Iniciaram-se, desse modo, as bases para a construção de um processo de interesse público (*publilc law litigation*). Abraham Chayes,

---

[232] "Esse espaço público, que passa a ser objeto de intervenção judicial, é, de sua feita, decorrente da crescente atividade legislativa e regulamentar do Estado, dirigida à modificação e disciplina de fatores básicos da organização social e econômica. Sob os pressupostos estritamente liberais, a função do direito está em salvaguardar as autonomias individuais. Sob essas premissas, os objetivos da sociedade surgem da soma das vontades individuais. Com o advento do Estado social, o próprio direito passa a incorporar objetivos sociais, os quais não são simples soma das autonomias individuais, mas metas e valores definidos *a priori* pelos vários processos decisórios da sociedade". (SALLES, Carlos Alberto de. "Processo civil de interesse público". *In:* SALLES, Carlos Alberto (org.). *Processo civil e interesse público*: o processo como instrumento de defesa social. São Paulo: RT, 2003, p. 56).

[233] FISS, Owen. *Um novo processo civil*: estudos norte-americanos sobre jurisdição, constituição e sociedade. Traduzido por Daniel Porto Godinho da Silva e Melina de Medeiros Rós. São Paulo: RT, 2004, pp. 26/27.

professor da Universidade de Havard, é o precursor deste novo desenho de litigância.[234]

Na perspectiva de Abraham Chayes, o modelo de litigância tradicional, baseado na visão do processo como um veículo para dirimir questões entre pessoas físicas e direitos privados, fornece uma estrutura destituída de embasamento profícuo e tendente a causar uma impressão errônea para alcançar a praticidade ou a legitimidade dos papéis do juiz e do tribunal.[235]

Segundo o autor, a estrutura tradicional da ação pauta-se na bipolaridade entre as partes litigantes ou entre os interesses unitários, que se posicionam de forma diametralmente oposta, para ser decidida na base de "o vencedor leva tudo". O litígio direciona-se em retrospectiva, com vistas a identificar acontecimentos completos e suas consequências para as duas partes. Direito e remédio são interdependentes e a prestação jurisdicional decorre da resposta à violação do Direito substancial, visando, assim, à composição do prejuízo causado. Ainda na adjudicação tradicional, o envolvimento e a atuação da corte terminam com a prolação da sentença, sendo que o impacto do julgamento é restrito às partes, com a simples transferência compensatória, que, regra geral, se faz em dinheiro. Por fim, o processo é parte iniciado e parte controlado, sendo que o desenvolvimento dos fatos é de responsabilidade das partes, e o juiz do julgamento é apenas um árbitro neutro, que somente decide questões colocadas pelas partes em juízo.[236]

---

[234] O novo modelo de litigância proposto por Chayes decorre do interesse público que passa a ser objeto jurisdicional, com o reconhecimento de que o Judiciário faz parte do processo político: "I would, I think, go further and argue that just as the tradicional concept reflected and related to a system in which social and economic arrangements were remitted to autonomous private action, so the new model reflects and relates to a regulatory system where these arrangements are the product of positive enactment. In such a system, enforcement and application of law is necessarily implementation of regulatory policy. Litigation inevitably becomes an explicitly political forum and the court a visible arm of the political process". (CHAYES, Abram. "The role of the judge in public law litigation". *Harvard Law Review*, n. 7, vol. 89, may 1976, p. 1304*)*.

[235] CHAYES, Abram. "The role of the judge in public law litigation". *Harvard Law Review*, n. 7, vol. 89, may 1976, p. 1281.

[236] CHAYES, Abram. "The role of the judge in public law litigation". *Harvard Law Review*, n. 7, vol. 89, may 1976, pp. 1282/1283. São exemplos do *public law litigation*

Por outro lado, a adjudicação do modelo público de litigância não se caracteriza pela sua estrutura bipolar, mas sim por ser difusa e amorfa, sujeita a mudanças no curso do litígio. Em todos os pontos, a relação de adversários é elástica e mixada com processos de negociações e intermediações.

Segundo a doutrina de Abram Chayes, este novo modelo tenta solucionar a questão prospectivamente, estando, portanto, voltado às consequências futuras e não mais históricas, de modo a modificar uma linha de conduta ou uma condição existente. O contorno da controvérsia também não decorre da violação ao direito substancial, mas a decisão judicial é um processo discricionário, construído pelas partes e pelo juiz, com o escopo de avaliar as políticas públicas que podem corrigir as irregularidades. Neste modelo de litigância o juiz passivo não mais persiste, passando o órgão julgador a intervir de forma ativa, gerenciando o conflito, de modo a assegurar o resultado justo, uma vez que suas decisões terão efeitos sobre pessoas estranhas ao julgamento. Assim, o juiz passa a ser figura dominante e solicita ajuda não apenas das partes e dos advogados, mas de uma vasta gama de pessoas externas ao caso. Por fim, a intervenção jurisdicional não se restringe a uma decisão final, exigindo-se um acompanhamento prolongado pelo juízo.[237]

Estes são alguns traços dos conflitos jurisdicionais que têm como objeto subjacente o interesse social. Pelas ponderações tecidas, é possível concluir que a sua estrutura não mais se coaduna com as normas do processo civil comum, de adjudicação tradicional, mas, ao contrário, exige que a processualística contemporânea acompanhe a evolução do novo *munus* exercido pelo Poder Judiciário: o de dar real contorno aos valores constitucionais.[238]

---

declinados por Chayes: a discriminação racial na escola; a discriminação no emprego; os casos de direitos de presidiários ou de internos; as fraudes no seguros, a falência e reorganização, a governança das corporações, a discriminação de habitações e a redistribuição de verbas para eleições, o gerenciamento ecológico. (CHAYES, Abram. "The role of the judge in public law litigation". *Harvard Law Review*, n. 7, vol. 89, may 1976, p. 1281).

[237] CHAYES, Abram. "The role of the judge in public law litigation". *Harvard Law Review*, n. 7, vol. 89, may 1976, pp. 1296-1302.

[238] "El Poder Judicial norteamericano juega um amplio papel político y social. Los jueces com frecuencia crean políticas públicas de carácter sustantivo y regulan la sociedad

3.1.2 Direito processual coletivo brasileiro

A despeito das peculiaridades da constituição do processo coletivo brasileiro, as *class actions* serviram de inspiração ao legislador pátrio, com a adequação da experiência norte-americana no contexto social, cultural e político brasileiro.[239]

O Código de Processo Civil, de 1973, foi editado em um período em que os influxos do liberalismo dominavam a ciência jurídica pátria. As regras processuais insertas no diploma processual foram baseadas no modelo clássico de processo civil, reproduzindo o modelo dualista nos conflitos intersubjetivos e a dicotomia público-privado.[240]

Como outrora mencionado, aos poucos as influências do Direito comparado foram sendo absorvidas pelos doutrinadores brasileiros, dando início à construção da tutela coletiva no Brasil.[241]

O ponto inicial da inserção dos processos coletivos no ordenamento pátrio remonta à Lei n. 4.717/65, com a regulamentação legislativa da ação popular. A referida ação, prevista como garantia constitucional

---

por médio de lós precedentes dictados em las sentencias de litígios privados. Aunque el juez juega um papel central en el sistema legal norteamericano, los efectos derivados de um sistema de jurado deben ser también considerados para si poder entender sus técnicas procesales." (GIDI, Antônio. *Las acciones colectivas y la tutela de los derechos difusos, colectivos e individuales en Brasil*: un modelo para paises de derecho civil. Disponível em: <http://www.abdpc.org.br/abdpc/artigosautor.asp?id=98> Acesso em: 04 de janeiro de 2012, p. 7).

[239] Carlos Alberto de Salles ressalta a importância da análise do direito comparado atentando-se para o contexto social e histórico que os institutos estão inseridos, mormente no caso das *class actions*, que integram o modelo do *common law*. ("Ações coletivas: Premissas para comparação com o sistema jurídico norte-americano". *In:* SALLES, Carlos Alberto de; SILVA, Solange Teles; NUSDEO, Ana Maria (coords.). *Processos coletivos e tutela ambiental*. Santos: Leopoldianum, 2006, p. 18).

[240] ALMEIDA, João Batista de. "Ação civil pública revisitada: a reconstrução de um instrumento de cidadania". *In:* MILARÉ, Édis (coord.). *A ação civil pública após 25 anos*. São Paulo: RT, 2010, p. 335.

[241] O trabalho pioneiro sobre esta nova modalidade de direitos foi de José Carlos Barbosa Moreira, denominado "A ação popular do direito brasileiro como instrumento de tutela jurisdicional dos chamados direitos difusos". *Temas de direito processual*. São Paulo: Saraiva, 1977.

desde 1934,[242] representa a gênese da superação da visão exclusivamente individualista das relações jurídicas materiais, passando também a compreender o espectro coletivo das questões ligadas à inserção do indivíduo nos interesses de grupos e classes. Entretanto, a previsão da ação popular ainda era insuficiente, pois não a abrangia a defesa de todos os direitos coletivos *lato sensu* e seu objeto ainda permanecia restrito a arbitrariedades perpetradas apenas pelo Poder Público. Não obstante, a legitimação outorgada ao indivíduo excluía os corpos intermediários e os órgãos públicos, os quais são os mais preparados para litigar contra o Estado,[243] tornando a ação popular pouco eficaz.

Ainda a respeito da evolução legislativa, a Lei n. 6.938/81 também merece destaque na construção da tutela coletiva no direito pátrio, pois reconheceu a legitimidade do Ministério Público para a propositura das ações de responsabilidade penal e civil pelos danos provocados ao meio ambiente.

O marco histórico da construção da tutela coletiva no Brasil é, no entanto, a aprovação da Lei n. 7.347/85, Lei da Ação Civil Pública. Foi por intermédio deste diploma legal que restaram delineados os legitimados à propositura das ações coletivas; discriminou-se o espectro dos bens a serem tutelados; regulamentou-se o inquérito civil, entre outros aspectos processuais adequados à tutela coletiva.

A Ação Civil Pública foi alçada a *status* constitucional em 1988, ao ser prevista, no artigo 129, III,[244] da Constituição Federal, a prerrogativa do Ministério Público em promover a ação civil pública para a proteção do patrimônio público e social, meio ambiente e outros direitos difusos e coletivos, constitucionalizando, assim, este modelo de ação como via processual adequada para o resguardo dos direitos transindividuais.

---

[242] A única exceção ocorreu quando da não previsão na Constituição de 1937.

[243] GRINOVER, Ada Pellegrini. "Significado social, político e jurídico da tutela dos interesses difusos". *RePro*, São Paulo: RT, n. 97, pp. 9-15, 2000, p. 11.

[244] Artigo 129 da Constituição Federal: "São funções institucionais do Ministério Público: (...) III: Promover o inquérito civil e a ação civil pública, para a proteção do patrimônio público e social, do meio ambiente e de outros interesses difusos e coletivos".

As lacunas existentes na Lei da Ação Civil Pública, principalmente quanto à definição do conteúdo normativo dos denominados interesses difusos e coletivos, exigiram uma legislação complementar. Deste modo, os juristas que participaram da elaboração da Lei da Ação Civil Pública reuniram-se novamente, culminando na parte processual do Código de Defesa do Consumidor, por meio do qual não somente foram conceituadas as categorias dos direitos difusos e coletivos, como também foi prevista, de forma inovadora, a categoria dos direitos individuais homogêneos.

Mediante a aplicação recíproca do Código de Defesa do Consumidor com a Lei da Ação Civil Pública, consolidou-se, enfim, o microssistema processual coletivo brasileiro.[245]

A Constituição Federal de 1988 inovou ainda ao criar a possibilidade de Mandado de Segurança Coletivo, que tem o intento de afastar ilegalidades e abuso de poder pelas autoridades.[246] Atualmente, o mandado de segurança coletivo encontra regulamentação específica na Lei n. 12.016, de 07 de agosto de 2009[247] e também se serve do regramento inserto no sistema microprocessual coletivo.[248]

Não obstante, ainda foram editadas leis referentes ao processo coletivo para setores específicos, destacando-se a Lei n. 7.853/89, que dispõe sobre a proteção às pessoas portadoras de deficiência; a Lei n. 8.069/90, que regulamenta o Estatuto da Criança e do Adolescente; a Lei n. 8.429/92, que regulamenta a Lei de Improbidade Administrativa, e, ainda o Estatuto do Idoso, disposto na Lei n. 10.741/2003.

O Brasil, além de ter sido um dos países pioneiros na implementação dos processos coletivos na legislação processual, detém, hodiernamente,

---

[245] GRINOVER, Ada Pellegrini. "Direito processual coletivo". *In:* GRINOVER, Ada Pellegrini; MENDES, Aluisio Gonçalves de Castro; WATANABE, Kazuo (coords.). *Direito processual coletivo e anteprojeto de código brasileiro de processos coletivos*. São Paulo: RT, 2007, p. 11.

[246] Artigo 5º, LXX, da Constituição Federal.

[247] Artigo 21 e 22 da Lei n. 12.016/2009.

[248] CRUZ, Luana Pedrosa de Figueiredo *et al. Comentários à nova lei do mandado de segurança*. São Paulo: RT, 2009, p. 168.

uma das mais evoluídas legislações processuais coletivas, "ora inspirando-se ao sistema das *class actions*, da *common law*, ora estruturando novas técnicas, mais aderentes à realidade social e política subjacente".[249]

O mérito do sistema brasileiro deve-se à previsão de técnicas processuais abertas às novas realidades, logrando êxito em se adequar à moldura dos conflitos sociais. Determinados institutos processuais foram redimensionados de modo a servir aos valores democráticos de acesso à justiça, mormente aos setores mais carentes da população, permitindo que os interesses comunitários, que têm fulcro nos valores da fraternidade, pudessem ser inseridos no debate político, por intermédio da via jurisdicional.[250]

O novo paradigma do Estado Democrático de Direito exigiu instrumentos eficazes para a implementação dos direitos coletivos.[251] E houve, por parte do sistema processual brasileiro, uma sensível resposta, permitindo a "molecularização" dos interesses dispersos na sociedade,[252]

---

[249] GRINOVER, Ada Pellegrini. "Significado social, político e jurídico da tutela dos interesses difusos". *RePro*, São Paulo: RT, n. 97, pp. 9-15, 2000, p. 10.

[250] "Hasta hace poço, el derecho brasileño reflejaba ampliamente las necesidades de uma sociedad agrícola e individualista que estaba despareciendo y que está ahora separada de la nueva tentencia del país de uma economia semiindustrializada. El viejo sistema legal no estaba suficientemente bien equipado para lidiar con conflictos colectivos o com conflictos de masas inherentes a la sociedad moderna. Para poder responder a uma preocupación creciente de los intereses de grupo, las mesas adptaciones de las normas ya existentes não era suciente. Era necesario superar los viejos dogmas y construir um nuevo sistema de derecho sustantivo y procesal que pudiera responder a las necesidades de la nueva sociedad de masas". (GIDI, Antônio. "Las acciones colectivas en Estados Unidos". *In*: GIDI, Antonio; MAC-GREGOR, Eduardo Ferrer (coords.). *Procesos colectivos*: la tutela de los derechos difusos, colectivos e individuales en una perspectiva comparada. Mexico: Editorial Porrúa, 2003, p. 48).

[251] "(...) os direitos conferidos no plano material só fazem sentido quando o ordenamento jurídico coloca nas mãos de seus titulares, ou de seus representantes ideológicos (Ministério Público, associações etc.), mecanismos efetivos para o seu exercício. Essa é, em síntese, a missão da ação civil pública". (MILARÉ, Édis. "Ação civil pública, instrumento indutor da sustentabilidade". *In*: MILARÉ, Édis (coord.). *A ação civil pública após 25 anos*. São Paulo: RT, 2010, p. 203).

[252] Expressão empregada por Kazuo Watanabe. WATANABE, Kazuo *et al*. *Código de defesa do consumidor comentado pelos autores do anteprojeto*. 8ª Ed. Rio de Janeiro: Forense Universitária, 2004, p. 821.

de modo a franquear mais um canal para o exercício da cidadania social e política dos jurisdicionados.[253]

Para além da técnica, a revolução processual coletiva fez-se acompanhar de princípios, oxigenados pela ideologia de transformação democrática. E, diante deste novo paradigma, há quem reconheça no direito processual coletivo o surgimento de um novo ramo do direito processual.[254]

O microssistema processual coletivo traz inovações pertinentes no campo da legitimação para a propositura das ações civis públicas, como a adoção do modelo misto. Deste modo, combina-se a legitimação privada, expressa por meio da legitimação conferida à sociedade civil organizada, esta representada pelas associações civis, com o modelo público, que contempla a possibilidade de legitimação dos órgãos públicos.[255] Desvencilhada da retórica liberal, supera-se a legitimação ordinária de que trata o artigo 6º do Código de Processo Civil, promovendo uma verdadeira revolução no conceito de agir.

O instituto da coisa julgada também sofreu alterações e temperamentos do modelo clássico. Diversamente do modelo individual, em que os efeitos são rigidamente restritos às partes do processo, não beneficiando e nem prejudicando terceiros,[256] os limites subjetivos da coisa

---

[253] VIANNA, Luiz Werneck; BURGOS, Marcelo. "Revolução processual do direito e democracia progressiva". *In:* VIANNA, Luiz Werneck (org.). *A democracia e os três poderes no Brasil.* Belo Horizonte: UFMG, 2002, p. 373.

[254] Este é o entendimento da professora Ada Pellegrini Grinover, esposado no artigo "Direito processual coletivo". *In:* GRINOVER, Ada Pellegrini; MENDES, Aluisio Gonçalves de Castro; WATANABE, Kazuo (coords.). *Direito processual coletivo e anteprojeto de código brasileiro de processos coletivos.* São Paulo: RT, 2007. Também na obra de Gregório Assagra de Almeida, *Direito processual coletivo brasileiro*: um novo ramo do direito processual. São Paulo: Saraiva, 2004, pp. 183/184. Cf. LEONEL, Ricardo de Barros. "Causa de pedir e pedido nos processos coletivos: uma nova equação para a estabilização da demanda". *In:* GRINOVER, Ada Pellegrini; MENDES, Aluísio Gonçalves de Castro; WATANABE, Kazuo (coords.). *Direito processual coletivo e o anteprojeto de código brasileiro de processos coletivos.* São Paulo: RT, 2007, p. 145.

[255] Artigo 5º da Lei n. 7.347/85 e artigo 82 da Lei n. 8.078/90.

[256] Artigo 472, do Código de Processo Civil.

julgada nos interesses difusos[257] e individuais homogêneos[258] qualificam-se por serem *erga omnes,* repercutindo no patrimônio jurídico de todos que titularizam o direito discutido na ação coletiva. Aos direitos coletivos *stricto sensu* foram conferidos efeitos *ultra partes,*[259] para abranger os integrantes do grupo, classe ou categoria. Assim, de acordo com a processualística coletiva, os efeitos da coisa julgada no processo coletivo transcendem o conceito formal de parte para se espraiar ao patrimônio jurídico da coletividade, maximizando os efeitos e resultados da ação.

Contudo, tais efeitos extensivos não foram outorgados de forma irrestrita, justamente por preservarem a garantia do devido processo legal.[260] Uma vez que os representados são substituídos na defesa de seus próprios interesses e não poderão exercer diretamente o contraditório no processo, relativizou-se a coisa julgada proveniente do processo coletivo, para que esta não venha a prejudicar a tutela individual, mas tão somente beneficiá-la.[261]

Assim sendo, quando o objeto tratar de direitos individuais homogêneos ter-se-á o regime de coisa julgada *secundum eventum litis,* ou seja, há a extensão da coisa julgada coletiva ao plano individual, em caso de procedência do pedido da ação coletiva. Quando estiver em pauta interesses difusos e coletivos *stricto sensu*, os efeitos da coisa julgada serão *secundum eventum probationis,* ou seja, a decisão judicial só produzirá coisa julgada se houver esgotamento de todos os meios de prova, pois, caso contrário, qualquer legitimado coletivo pode retornar em juízo com a mesma demanda, bastando estar lastreado em nova prova.

---

[257] Artigo 103, Incisos I da Lei n. 8.078/90.

[258] Artigo 103, Incisos III da Lei n. 8.078/90.

[259] Artigo 103, Incisos II da Lei n. 8.078/90.

[260] COSTA, Susana Henrique da. "O controle judicial da representatividade adequada". *In:* SALLES, Carlos Alberto (org.). *As grandes transformações do processo civil brasileiro.* São Paulo: Quartier Latin, 2009, p. 967.

[261] As ações que veiculam direitos difusos e coletivos *stricto sensu* não prejudicam direitos individuais (artigo 103, § 1º, do CDC), e, quanto aos direitos individuais homogêneos, o mesmo ocorrerá, salvo aqueles indivíduos que se habilitaram na ação coletiva como litisconsortes (artigo 103, § 2º, do CDC).

Malgrado os avanços conquistados, os quais devem ser prontamente reconhecidos, faz-se ainda necessário flexibilizar determinados institutos que permanecem estruturados e interpretados sob o pálio do modelo individual.

No âmbito internacional, após amplos debates, consolidou-se o Código Modelo de Processos Coletivos para os países ibero-americanos, reunindo as novas tendências do direito processual coletivo, de modo a inspirar reformas e a tornar a matéria mais homogênea entre os países de cultura jurídica comum.[262]

Utilizando-o como marco referencial, no panorama nacional foram elaborados dois Anteprojetos de Código Brasileiro de Processos Coletivos; um resultante dos estudos realizados na Faculdade de Direito da Universidade São Paulo, sob a coordenação de Ada Pellegrini Grinover,[263] o qual foi, posteriormente, incorporado pelo Instituto Brasileiro de Direito Processual; e o segundo nascido dos estudos da pós-graduação da Universidade do Rio de Janeiro e Universidade Estácio de Sá, coordenado por Aluísio Gonçalves de Castro Mendes.

As propostas trazidas por estes Anteprojetos representaram um pertinente avanço na evolução do instrumento processual coletivo, com soluções efetivas para a superação das fragilidades pontuais do sistema atual.

O Projeto de Lei n. 5.139/2009[264] surgiu como uma terceira alternativa de inovação das regras processuais de tutela coletiva, não mais sob o modelo de codificação, como as propostas anteriores, mas de reforma

---

[262] Exposição de Motivos do Código de Modelo de Processos Coletivos para Iberoamérica.

[263] Ada Pellegrini Grinover aduz que o Código Modelo foi debatido pelos professores e os alunos do Curso de pós-graduação da Faculdade de Direito da USP, surgindo posteriormente a ideia de elaboração de um Código Brasileiro de Processos Coletivos. (GRINOVER, Ada Pellegrini. "Rumo a um código brasileiro de processos coletivos". In: MAZZEI, Rodrigo; NOLASCO, Rita Dias (coords.). *Processo civil coletivo*. São Paulo: Quartier Latin, 2005, pp. 723/724).

[264] O referido projeto foi elaborado no âmbito do Ministério da Justiça, após a formação de uma comissão de especialistas, sendo, portanto, de autoria do Governo Federal.

de determinadas leis processuais coletivas, como a Lei de Ação Civil Pública e as normas de processo coletivo do Código de Defesa do Consumidor.[265] No entanto, o referido Projeto de Lei não avançou perante o Poder Legislativo.

Por fim, houve ainda, no ano de 2012, a tentativa de modernização das regras insertas no Código de Defesa do Consumidor (Projeto n. 282/12), que acabava por encampar alguns institutos do projeto de lei acima mencionado, assim como novos dispositivos no campo do processo coletivo. No entanto, tal projeto também foi arquivado no final de 2014.

Como se vê, não houve avanços quanto à codificação ou modernização das leis que regulam especificadamente o processo coletivo.

No entanto, não se pode desprezar os avanços trazidos pelo Novo Código de Processo Civil (Lei n. 13.105/2015). É certo que o diploma não tratou propriamente do processo coletivo, o que, aliás, ensejou críticas pela referida omissão. Contudo, considerando a sua aplicação subsidiária ao microssistema processual coletivo, os avanços trazidos pela nova legislação processual produzem importantes repercussão nas ações coletivas.

A título de exemplo, pode-se mencionar a ampliação dos poderes do órgão julgador, exigindo o desvencilhamento do papel passivo do magistrado que remonta ao modelo privatístico e individual do processo civil. Neste sentido, o artigo 139 do Novo Código de Processo Civil (Lei n. 13.105/2015) amplia o rol de deveres-poderes do magistrado para fazer valer princípios constitucionais, como a possibilidade de determinar todas as medidas indutivas, coercitivas, mandamentais ou sub-rogatórias necessárias para assegurar o cumprimento da ordem judicial; dilatar os prazos processuais e alterar a ordem de produção dos meios de prova, adequando-os às necessidades do conflito, de modo a conferir maior efetividade à tutela do direito; exercer o poder de polícia; determinar, a qualquer tempo, o comparecimento pessoal das partes para

---

[265] Artigo 71 do Projeto de Lei n. 5.139/2009.

inquiri-las sobre os fatos da causa; determinar o suprimento de pressupostos processuais e o saneamento de outros vícios processuais; e, ainda, prevê a iniciativa do órgão julgador de intimar os legitimados para as ações coletivas (artigo 5º, Lei n. 7.347/85 e artigo 82 da Lei n. 8.78/90) quando houver "diversas demandas repetititivas".

A ampliação dos poderes do órgão julgador nos processos coletivos era questão defendida fortemente pela doutrina, com inspiração na denominada *defining function* do direito norte-americano.[266] Neste sentido, para se alcançar a plena efetividade do processo coletivo, o órgão julgador deve estar à frente do gerenciamento do processo, oportunizando o contraditório amplo entre as partes, garantindo a *par conditio* para o exercício da verdadeira contraposição dialética,[267] afastando atos formalistas e destituídos de finalidades sociais, controlando para que a técnica não seja violada e, por fim, garantindo a idoneidade do representante coletivo, ou seja, exercendo o controle da representatividade adequada.

O Novo Código de Processo Civil também contemplou a Teoria da Distribuição Dinâmica do Ônus da Prova, conforme se depreende do artigo 373, §§ 1º e 2º. Trata-se de instituto bastante pertinente ao processo coletivo, diante das complexidades dos pressupostos fáticos que envolvem a demanda coletiva.

Pode-se mencionar ainda como efetivo avanço do Novo CPC a equiparação dos efeitos da conexão, qual seja, a reunião para julgamento conjunto, para se evitar "prolação de decisões conflitantes ou contraditórias caso decididas separadamente, mesmo sem conexão entre eles"

---

[266] OLIVEIRA, Swarai Cervone de. "Poderes do juiz nos processos coletivos". *In:* GOZZOLI, Maria Clara *et al.* (coord.). *Em defesa de um novo sistema de processos coletivos*: estudos em Homenagem a Ada Pellegrini Grinover. São Paulo: Saraiva, 2010, p. 646.

[267] Consoante a conceituação dada pela professora Ada Pellegrini Grinover: "Entende-se, modernamente, por *par conditio* ou igualdade de armas, o princípio de equilíbrio de situações, não iguais mas recíprocas, como o são, no processo penal, as dos ofícios de acusação e defesa". E complementa: "E o equilíbrio das situações é que garante a verdadeira contraposição dialética". (*Novas tendências do direito processual*. São Paulo: Universitária Forense, 1989, p. 07).

(art. 55, § 3º). Da mesma forma, a possibilidade de reunião dos processos para a realização de instrução probatória conjunta (art. Art. 69, § 2º) também foi uma novidade no âmbito da regulamentação acerca da cooperação jurisdicional nacional. Estas duas hipóteses já eram mencionadas pela doutrina como medidas essenciais para franquear efetividade ao processo coletivo moderno.

O alargamento do espectro da garantia do contraditório, com a possibilidade de se desbordar o confinamento imposto pela audiência bilateral das partes na contenda, também era ponto fulcral das reformas propostas ao microssistema processual coletivo Institutos como as audiências públicas e o *amicus curiae*, como será demonstrado a seguir, ganharam proeminência no NCPC, promovendo a participação e a pluralização do debate como técnicas democráticas de suma importância no âmbito do processo que gera efeitos coletivos.

Previram-se ainda, institutos atinentes à solução dos casos repetitivos, a exemplo do incidente de resolução de demandas repetitivas (art. 976), sem dúvida a grande inovação do Código Processual de 2015. Utilizando-se da técnica de precedentes, por meio do referido incidente permite-se aos tribunais estaduais e aos tribunais superiores julgarem demandas repetitivas por amostragem, quando houver efetiva repetição de processos que contenham controvérsia sobre a mesma questão unicamente de direito e, ainda, quando houver ofensa à isonomia e à segurança jurídica, com a aplicação da decisão obtida aos casos que foram suspensos e aos casos futuros.

Pode-se afirmar que há uma zona de sobreposição de funções entre os processos coletivos e o incidente de resolução de demandas repetitivas. Isso porque ambos os institutos podem versar sobre direitos individuais homogêneos, modalidade de direito responsável, em grande parte, pelo fenômeno de massificação de processos na Justiça. No entanto, verifica-se que o IRDR não abrange hipótese em que uma mesma questão de fato é discutida em demandas repetitivas, [268], mas

---

[268] Eduardo Talamini ilustra a restrição ao IRDR, que ocorre nos casos em que se discute a mesma questão de fato em demandas repetitivas: "um navio de empresa

apenas de direito, o que pode ser veiculado por meio de processos coletivos que veiculem diereitos individuais homogêneos. Outra dessemelhança é a possibilidade que matéria processual seja veiculada por meio do IRDR, o que não se autoriza por meio dos direitos individuais homegêneos. Deste modo, a pertinência do processo coletivo se mantém.

Pelas breves linhas mencionadas, verifica-se que o NCPC afasta-se da ideologia oitocentista que permeava o CPC de 1973, trazendo institutos mais progressistas e, portanto, mais rentes aos anseios sociais contemporâneo. No entanto, a referida reforma legislativa, por ainda permanecer eminentemente circunscrita aos institutos inviduais, salvo os casos repetitivos como já mencionados, não soluciona a necessidade de uma reforma mais ampla, diretamente relacionada ao processo coletivo.

Sendo assim, manteve-se no CPC de 2015 o sistema rígido de preclusões, ínsito à racionalidade formal, que definitivamente não se amolda à fluidez e às mutações que caracterizam os direitos transindividuais. A flexibilização procedimental é o ponto nodal para a adaptação do instrumento ao interesse social que se encontra subjacente às pretensões coletivas. Arraigada nesta perspectiva, torna-se imperativo revisitar os institutos da causa de pedir e do pedido. Deve-se reconhecer que há um inegável distanciamento entre o ente legitimado e o objeto da ação coletiva, o que dificulta a descrição minuciosa dos fatos que embasam

---

petrolífera despejou acidentalmente óleo na baía de Paranaguá. Mais de mil ações foram propostas por supostos pescadores da região, que afirmavam a culpa da petrolífera pelo acidente e sustentavam que o vazamento provocou danos ambientais que impediram a pesca por determinado período. Pretendiam indenização por haverem sido privados de sua atividade de sustento. Definir se cada autor era mesmo pescador na região e qual prejuízo teve com o acidente era algo para ser feito individualmente, em cada caso. Já a existência de culpa da petrolífera e a efetividade e extensão dos danos ao ambiente eram questões de fato que se punham identicamente em todos os processos". Portanto, as questões idênticas não podem ser solucionadas pelo IRDR, mas sim por processos coletivos que veiculam direitos individuais homogêneos. (TALAMINI, Eduardo. "A dimensão coletiva dos direitos individuais homogêneos: ações coletivas e mecanismos previstos no Código de Processo Civil de 2015". In: DIDIER Jr., Fredie (coord.). *Repercussões do Novo CPC. Processo Coletivo.* Salvador, JuspodVm, 2016, p. 126).

o pedido inicial,[269] pois, no modelo do processo coletivo brasileiro, diferente das *class actions*, não há necessidade de o legitimado ser membro da coletividade lesada.[270] Tal constatação pode dar azo à imprecisão e à generalidade dos fatos expostos, o que, para o modelo de processo civil individual, poderia representar uma irregularidade processual insuperável.

Uma possível solução para o processo coletivo encontra-se na atenuação da teoria da substanciação, permitindo que na ação coletiva sejam aceitas narrativas genéricas e menos detalhadas, descritas apenas a identificar a situação de fato e a interferência entre a situação e a conduta do réu,[271] sem que isso implique em qualquer irregularidade processual, mas apenas flexibilização procedimental com vistas à funcionalidade e efetividade do instrumento.

Justamente pelas características fluidas dos direitos transindividuais, difíceis de dimensionar com precisão, o sistema rígido de estabilização

---

[269] Pela leitura do artigo 319, III, do Código de Processo Civil, quer nos fazer parecer que o legislador brasileiro adotou a Teoria da Substanciação, pois se exigiu que na petição inicial constem os fatos que deram origem ao pedido.

[270] No direito norte-americano, não obstante os pressupostos para o preenchimento da representatividade adequada, exigem-se ainda determinados requisitos que concorrem para consubstanciar a legitimidade do autor de propor as *class actions*, denominada de *standing*. Entre os requisitos está a necessidade de o autor ter sofrido a lesão ou estar na iminência de sofrê-la. "The United States Supreme Court has articulated three major requirements for standing in individual actions, which requirements apply with equal force in the class action context. These are that the individual have suffrered actual ou imminent injury (injury-in-fact), traceable to the defendants's conduct (causation), and redressable at law (remedy)". (MULLENIX, Linda; GRINOVER, Ada Pellegrini; WATANABE, Kazuo. *Os processos coletivos nos países de civil law e common law*: uma análise de direito comparado. São Paulo: RT, 2008, p. 281).

[271] CABRAL, Antônio do Passo. "A causa de pedir nas ações coletivas". *In:* DIDIER Jr., Fredie; MOUTA, José Henrique (coords.). *Tutela jurisdicional coletiva*. Salvador: JusPodivm, 2009, pp. 71-74. Ricardo de Barros Leonel também compartilha da necessidade de se atenuar a teoria da substanciação nas demandas coletivas, declinando que neste caso recai apenas sobre aspectos gerais da conduta impugnada na ação. ("A *causa petendi* nas ações coletivas". *In:* BEDAQUE, José dos Santos; CRUZ E TUCCI, José Rogério (coords.). *Causa de pedir e pedido no processo civil*. São Paulo: RT, 2002, p. 157).

da demanda proposto pelo vigente Código de Processo Civil, que veda a alteração dos elementos objetivos da demanda após o despacho saneador (artigo 329), também se revela insuficiente para corroborar com a efetividade do instrumento coletivo. Neste ponto, não houve avanços no Novo Código de Processo Civil, vez que não prevaleceu a proposta do Anteprojeto de alteração dos elementos objetivos (causa de pedir e pedido) até a proferimento da sentença, observado o contraditório. Neste diapasão, sem embargo do respeito e da proteção da cláusula do contraditório e do ônus imputado ao legitimado de especificar as alegações na petição inicial, deve ser permitida a alteração do pedido e da causa de pedir a qualquer tempo ou grau de jurisdição,[272] quando houver reais circunstâncias que justifiquem esta flexibilização, permitindo o alcance do resultado esperado.

Por derradeiro, pode-se mencionar a institucionalização da prioridade de processamento das demandas coletivas, diante da importância de repercussão social e de sua contribuição para a economia do Poder Judiciário.[273] Cite-se, ainda, a imprescindibilidade de franquear publicidade às ações civis públicas propostas, aos inquéritos civis e aos termos de ajustamento de conduta firmados, por meio de um cadastro acessível a todos os legitimados e a toda a sociedade.[274]

Estas são algumas das propostas para a permanente evolução do processo coletivo, que deve estar em constante mutação, com vistas a manter-se sempre aderente às necessidades sociais que irradiam das transformações advindas da sociedade moderna.

---

[272] Sobre o direito comparado, os sistemas italiano e português também permitem a flexibilização da preclusão do pedido e da causa de pedir.

[273] Aluisio Gonçalves de Castro Mendes defende que os processos coletivos de qualquer natureza devem ter prioridade sobre todas as ações individuais, salvo *habeas corpus* e ações penais de réus presos. (MENDES, Aluísio Gonçalves de Castro. "Ação civil pública: desafios, perspectivas após 25 anos de vigência da Lei n. 7.347/1985". In: MILARÉ, Édis (coord.). *A ação civil pública após 25 anos*. São Paulo: RT, 2010, p. 65).

[274] O capítulo IX do Projeto de Lei n. 5.139/2009 contém a previsão de um cadastro nacional de processos coletivos, inquéritos civis e termos de ajustamento de conduta.

3.2 PROCESSOS COLETIVOS: MODELO PROCESSUAL MAIS ADEQUADO PARA A DISCUSSÃO JURÍDICO-POLÍTICA

3.2.1 Primazia da tutela de direitos (essencialmente) coletivos para o controle jurisdicional de políticas públicas

Como ora adiantado, a tendência do processo civil moderno é a aproximação dos valores insertos no direito material com as normas processuais. Nesta linha de intelecção, o processo, compreendido por uma visão instrumentalista, constitui-se como método para assegurar o desenvolvimento ordenado da aplicação das opções ideológicas realizadas pelo Estado Democrático de Direito e expressas por meio do direito material.[275] Ônus, faculdades, deveres e direitos são executados em uma ordem que garanta o cumprimento dos valores exigidos pelo Estado Democrático.

A jurisdição é uma das formas de expressão do Poder estatal e o processo,[276] por sua vez, faz-se verdadeiro instrumento para o seu exercício.[277] Diante desta natureza, o processo deve se aproximar dos anseios e dos valores políticos em que consubstanciam os destinos do Estado,[278] exigindo o resguardo dos ideais democráticos e servindo de escudo

---

[275] A filosofia do Direito nos explica que método trata-se de "um processo ordenatório da razão, capaz de conduzir-nos a determinados resultados certos e comprovados, ou pelo menos suscetíveis de fundado consenso". (REALE, Miguel. *Filosofia do direito*. vol. 1. São Paulo: Saraiva, 1978, p. 130).

[276] Pela expressão "poder", compreende-se a possibilidade de interferir na esfera jurídica de determinado indivíduo ou de determinada matéria. (DINAMARCO, Cândido Rangel. *A instrumentalidade do processo*. São Paulo: Malheiros, 2009, p. 99).

[277] Carlos Augusto Silva defende que o processo civil, além de disciplinar o exercício do poder estatal, pode também ser manejado como estratégia de poder. Segundo o autor, os modelos processuais refletem os valores políticos, econômicos, sociais, culturais e as estratégias de poder das sociedades em que se inserem. (*O processo civil como estratégia de poder*: reflexo da judicialização da política no Brasil. Rio de Janeiro: Renovar, 2004, pp. 71-76).

[278] "A ideia de *poder*, que está ao centro da visão moderna do Direito processual, constitui assim fator de aproximação do processo à *política*, entendida esta como o *processo de escolhas axiológicas* e fixação dos *destinos do Estado*". (DINAMARCO, Cândido Rangel. *A instrumentalidade do processo*. São Paulo: Malheiros, 2009, p. 98).

contra o arbítrio dos detentores do poder. Deste modo, juntamente com as demais modalidades de funções estatais (executiva e legislativa), o poder ínsito à jurisdição visa a perseguir os objetivos sociais previamente traçados pela Carta Política.

O alcance de uma decisão estatal que resguarde todos os valores inerentes à Justiça deve corresponder a um método racional, que comporte as garantias públicas necessárias à aplicação correta do direito material e à manutenção da autoridade do ordenamento jurídico. Esta racionalidade no procedimento é um contraponto à sujeição obrigatória do provimento jurisdicional e está pautada nas garantias do devido processo legal. Poder e liberdade: dois valores que consubstanciam os escopos políticos do processo e, longe de se contraporem, complementam-se, unindo-se em uma relação de ponderação e equilíbrio.

Quando não há a observância espontânea do direito material o processo torna-se ferramenta para a efetivação dos princípios e regras constitucionais e infralegais. Assim, a sua ineficiência ou a sua crise metodológica corresponde à frustração e à crise do direito material, infirmando o potencial do Poder Judiciário em corroborar para o cumprimento dos audaciosos objetivos do Estado.

Arraigado nestas premissas, o processo coletivo surgiu para atender a crise de efetividade estabelecida entre os avanços do direito material e a insuficiência do instrumento processual. A moldura típica dos processos clássicos, a exemplo da fragmentação de conflitos, da individuação dos prejuízos, da ausência de análise de custo-benefício e dos problemas quanto ao cumprimento da decisão não se mostravam adequados a dirimir os novos conflitos jurisdicionais,[279] permeados pelo interesse social.

Como alhures demonstrado, a legitimidade do controle jurisdicional de políticas públicas encontra amparo nos fundamentos constitucionais, jurídico-filosóficos e na Ciência Política. Esta legitimidade democrática,

---

[279] BENTES, Fernando R. N. M.; HOFMANN, Florian F. "A litigância judicial dos direitos sociais no Brasil: uma abordagem empírica". *In:* SOUZA NETO, Cláudio Pereira de; SARMENTO, Daniel (coords.). *Direitos sociais*: fundamentos, judicialização e direitos sociais em espécie. Rio de Janeiro: Lumen Juris, 2008, p. 406.

no entanto, pode esbarrar na ausência de instrumentos adequados a possibilitar a correta intervenção do Poder jurisdicional, culminando no esfacelamento de toda a construção doutrinária e multidisciplinar acerca da matéria.

Neste contexto, é forçoso reconhecer que o direito processual tem uma importância ímpar para o correto dimensionamento da violação perpetrada contra os direitos fundamentais.[280] É o direito instrumental que serve de embasamento jurídico para a conformação da forma que a matéria *sub judice* deve ser tratada pelo Poder Judiciário, ou seja, a forma como deve ser resguardado o bem comum. O instrumento processual equivocadamente utilizado culminará em um provimento jurisdicional desconexo com a realidade social e, em última análise, em uma decisão injusta, dando ensejo a críticas sobre a impotência do Poder Judiciário no exercício dos resguardos dos direitos sociais.

A compreensão do modelo processual adequado à exigibilidade destes direitos passa pela análise de suas dimensões no contexto material e processual. Melhor explicando, a escolha entre a tutela individual ou a coletiva escora-se na análise da conformação da norma substancial,[281] que se encontra no plano sociológico, e também dos meios processuais que moldam a forma por meio da qual a pretensão é posta em juízo, por intermédio do delineamento da causa de pedir e do pedido.

Determinados direitos sociais, objeto das políticas públicas, podem, no plano material, ter uma dimensão individual e coletiva. O direito à saúde, à educação e à moradia, regra geral, têm uma conformação

---

[280] Osvaldo Canela Júnior afirma que o controle de políticas públicas não é o objeto do processo coletivo, mas sim as violações aos direitos fundamentais sociais decorrentes de atividades desenvolvidas pelo Poder Executivo e pelo Poder Legislativo. (*Controle judicial de políticas públicas*. São Paulo: Saraiva, 2011, p. 131).

[281] "(...) temos sustentado, em nossas aulas de pós-graduação, que a conceituação de interesses difusos e coletivos do art. 81, I, II e III, do CDC é uma conceituação de *direito material*, pois, antes mesmo que surja o processo, e independentemente dele, pode nascer o conflito sociológico. E a norma de direito material define quais são os direitos tutelados". (GRINOVER, Ada Pellegrini. "O controle jurisdicional de políticas públicas". *In*: GRINOVER, Ada Pellegrini; WATANABE, Kazuo (coord.). *O controle jurisdicional de políticas públicas*. Rio de Janeiro: Forense, 2011, pp. 146/147).

coletiva, a exemplo da construção de uma escola, da inserção de um medicamento nas listas de distribuição gratuita dos entes federativos, ou mesmo a regularização urbanística de um assentamento informal em que está uma comunidade (pavimentação, iluminação pública, rede de drenagem, etc). Mas, de outro vértice, podem ainda fragmentar-se em parcela integrante do patrimônio jurídico de apenas um indivíduo, como o pedido de vaga no ensino fundamental a uma criança, a outorga de um medicamento que não está na lista de distribuição gratuita a apenas um idoso ou a ligação individual de uma residência à rede de coleta de esgoto.

Como esclarece Carlos Alberto de Salles, "essa 'individualização' será sempre possível quando o direito social puder ser partível em uma parcela atribuível a um sujeito".[282]

Ressalva o autor que há direitos que se apresentam, no plano material, apenas de forma indivisível, como a segurança pública e o meio ambiente, os quais, portanto, não comportam atribuição individual do direito. Em síntese, todos os direitos que se apresentam de forma individual também têm sua faceta coletiva, já o inverso nem sempre se constata,[283] justamente em razão da incindibilidade do direito material de determinados direitos, como já exemplificado.

Acrescente-se ainda a contribuição processual para identificação da espécie de interesse a resguardar. Isso porque um mesmo evento pode se desdobrar em pretensões individuais, coletivas, difusas ou individuais homogêneas. A despeito destas modalidades de direitos coletivos *lato sensu* inserirem-se no plano sociológico, como já mencionado, o pedido formulado em juízo acaba por delimitar o direito a ser resguardado, ao

---

[282] SALLES, Carlos Alberto. "Duas faces da proteção judicial dos direitos sociais no Brasil". In: SALLES, Carlos Alberto (coord.). *As grandes transformações do processo civil brasileiro*: homenagem ao Professor Kazuo Watanabe. São Paulo: Quartier Latin, 2009, p. 801.

[283] SALLES, Carlos Alberto. "Duas faces da proteção judicial dos direitos sociais no Brasil". In: SALLES, Carlos Alberto (coord.). *As grandes transformações do processo civil brasileiro*: homenagem ao Professor Kazuo Watanabe. São Paulo: Quartier Latin, 2009, p. 801.

menos por meio daquela ação proposta.[284] Mais especificadamente, o que permite identificar um direito como sendo coletivo, difuso ou individual homogêneo, na ação proposta, é a combinação da causa de pedir remota com o pedido mediato formulado em juízo.[285]

Ainda sob o aspecto processual, vale mencionar que o ordenamento jurídico contempla norma expressa que admite todas as espécies de ações para a efetivação dos direitos e interesses contemplados no Código de Defesa do Consumidor e demais direitos coletivos *lato sensu*,[286] [287] consolidando o princípio da efetiva e adequada tutela jurisdicional, inclusive no âmbito dos direitos sociais. Portanto, se no plano do direito material é possível identificar a atribuição individual daquele direito, não podem as regras processuais servir de obstáculo ao acesso à justiça, diante de expresso posicionamento legislativo sobre o assunto. Esta foi, ao menos, a opção política adotada pela legislação pátria.

Em síntese, conclui-se que há direitos sociais que podem ser exigíveis tanto por intermédio de ações individuais como por ações essencialmente coletivas.[288] Isso ocorre quando, no plano material, eles

---

[284] WATANABE, Kazuo. "Código Brasileiro de defesa do consumidor comentado pelos autores do anteprojeto". vol. II: Processo Coletivo. *In:* GRINOVER, Ada Pellegrini; WATANABE, Kazuo; NERY Jr., Nelson. Rio de Janeiro: Forense, 2011, pp. 826/827. Ricardo de Barros Leonel reconhece que o interesse jurídico preexiste ao processo, mas pondera que a análise do pedido acaba por fornecer um critério prático de considerável utilidade para fins de distinção (*Manual de processo coletivo*. São Paulo: RT, 2011, p. 92).

[285] NERY Jr., Nelson; NERY, Rosa Maria Andrade. *Código de processo civil comentado e legislação extravagante*. São Paulo: RT, 2003, p. 1864.

[286] Artigo 83 do Código de Defesa do Consumidor: "Para a defesa dos direitos e interesses protegidos por este Código são admissíveis todas as espécies de ações capazes de propiciar sua adequada e efetiva tutela".

[287] O artigo 90 do Código de Defesa do Consumidor dispõe que aplicam às ações civis públicas as regras da Lei n. 7.347/85 e do Código de Processo Civil, naquilo que não contrariar as suas disposições.

[288] Esta assertiva enfrenta resistência por parte da doutrina. Para Osvaldo Canela Júnior, a lesão aos direitos fundamentais sociais deve ser entendida como direitos difusos, mas com a peculiaridade de que a sua titularidade, no contexto jurídico, não pode ser individualizada. Vale dizer, em que pesem os direitos difusos serem, via de regra, também

comportarem fracionamento, de modo a viabilizar demandas individuais e, ainda, no plano processual, a lesão ou a ameaça de lesão a estes direitos desdobrarem-se em diferentes pretensões, individuais ou coletivas, as quais serão conformadas a depender dos contornos da causa de pedir e do pedido que se apresente em juízo.

Quando se pleiteia a exigibilidade de um direito social indivisível pode-se afirmar que, na maioria das vezes,[289] ele se enquadra na categoria de direito difuso, conforme descrição do artigo 81, parágrafo único, I, do Código de Defesa do Consumidor.[290] Não obstante a incindibilidade do objeto, no que pertine ao aspecto subjetivo, não é possível determinar quem seriam os beneficiários dos direitos implementados, uma vez que seus efeitos espraiam para atingir uma generalidade de cidadãos.[291] Assim, distanciando-se do esquema tradicional, a exigibilidade judicial do interesse ou do direito não mais condiciona à sua afetação a um titular determinado, mas pode concernir a toda coletividade, em que seus membros são indeterminados e indetermináveis.[292]

---

individualmente fruíveis, esta característica não se coaduna com a natureza dos direitos sociais, em que tão somente a sociedade passa a ser sua titular exclusiva. (*Controle judicial de políticas públicas*. São Paulo: Saraiva, 2011, pp. 141-146).

[289] Não se pode excluir a possibilidade de reivindicação de um direito social qualificado pelas características de direitos coletivos *stricto sensu*.

[290] "A importância do aspecto conceitual-terminológico agora mais avulta na contemporânea discussão sobre a justiciabilidade das políticas públicas, e nesse campo há de ser útil o enquadramento dessa categoria como espécie do gênero interesses difusos (artigo 129, III, parte final, da CF/88; Lei n. 7.347/85, art. 1º, IV)". (MANCUSO, Rodolfo de Camargo. "A ação civil pública como instrumento de controle das chamadas políticas públicas". *In:* MILARÉ, Édis (coord.). *Ação civil pública*: lei n. 7.347/1985 – 15 anos. São Paulo: RT, 2002, p. 757).

[291] Sobre a transindividualidade dos direitos sociais, a doutrina de Ada Pellegrini Grinover: "(...) os direitos sociais são comuns a um conjunto de pessoas, e somente a estas. Interesses espalhados e informais à tutela de necessidades coletivas, sinteticamente referíveis à qualidade de vida. Interesses de massa, que comportam ofensas de massa e que colocam em contraste grupos, categorias, classes de pessoas. Não mais se trata de um feixe de linhas paralelas, mas de um leque de linhas que convergem para um objeto comum e indivisível." ("Significado social, político e jurídico da tutela dos interesses difusos". *RePro*, São Paulo: RT, n. 97, pp. 9-15, 2000, pp. 17/18).

[292] MANCUSO, Rodolfo de Camargo. *Interesses difusos*: conceito e legitimação para agir. São Paulo: RT, 2004, p. 94.

Como visto, a ação governamental por intermédio das políticas públicas ganha prestígio a partir do Estado Social, pois reflete a distribuição isonômica e racional dos benefícios sociais, gerando resultados quantitativamente e qualitativamente satisfatórios, em decorrência de uma política eficiente de planejamento. Quando a política pública passa a ser objeto de análise do Poder Judiciário, seja para ser retificada ou para ser elaborada, a sua natureza deve manter-se íntegra, com o fito de concorrer regularmente para os objetivos aos quais ela serve.

Não há dúvidas que as políticas públicas envolvem interesses da coletividade, pois são os princípios coletivos que permeiam os programas governamentais, o que se verifica pela análise dos vetores da impessoalidade, isonomia e eficiência, os quais têm o precípuo escopo de atingir, com qualidade e racionalidade, o maior número de cidadãos que estejam inseridos na mesma situação fática e jurídica.

Assim, uma política pública pode se destinar a um grupo pequeno de pessoas, quando, por exemplo, se destina ao tratamento de pacientes portadores de doenças raras, ou, ao revés, seu espectro pode ser muito abrangente e até mesmo representar o interesse de toda a humanidade, como é o caso do meio ambiente. De qualquer forma, os interesses protegidos superam os interesses meramente individuais, pois suas ações estratégicas visam à melhoria na qualidade de vida de todos os cidadãos ou daqueles que, por uma circunstância de fato, encontram-se em uma situação de desvantagem, necessitando de uma política social específica àquele grupo, destinada a corrigir esta desigualdade social.

Deste modo, quando se busca, por meio do Poder Judiciário, a correção de uma política pública, deve-se levar em conta as premissas sobre as quais está edificado o conceito deste programa estratégico de alocação de recursos e benefícios comuns. A distribuição igualitária de benefícios sociais é um dos escopos precípuos que almeja a política pública, e, repisa-se, mesmo perante o Judiciário, estes objetivos não devem ser desviados.

Postos estes argumentos, pode-se afirmar que está na igualdade de ganhos e prejuízos, proporcionada pela tutela de direitos essencialmente coletivos, o atributo que coloca esta modalidade de direitos em preferência à tutela individual e à tutela coletiva de direito individuais. Noutras palavras, o que se pretende afirmar é que a incindibilidade do elemento objetivo das demandas que visam à proteção dos direitos sociais promove a isonomia entre os cidadãos, o que não se verifica quando a pretensão ganha contornos fragmentados e, portanto, se mostra circunscrita apenas ao autor da ação, no caso, a um cidadão apenas.

A despeito do posicionamento pela possibilidade do pleito individual acerca dos direitos sociais, reconhece-se, por outro lado, que a ação individual para a adjudicação de um direito social a tão somente determinado jurisdicionado rompe com a igualdade e essencialidade que integra a natureza dos direitos sociais, os quais devem ser repartidos de igual maneira a todos, por se tratar de elemento integrante da dignidade humana.

Não se desconhece o argumento de que a judicialização dos direitos sociais por meio de demandas individuais, mormente quando reiteradas, acaba gerando reflexos socializadores na política social desempenhada pelo Poder Público, como é o caso da distribuição gratuita de medicamentos aos portadores do HIV e doentes de AIDS.

A Lei n. 9.313/96, que dispõe sobre a distribuição universal e gratuita de medicamentos aos portadores do vírus ora descrito, por meio da rede pública, foi promulgada quando havia jurisprudência consolidada para o acesso aos medicamentos necessários à contenção da doença de forma gratuita, enquanto aspecto integrante do direito constitucional à saúde.[293]

---

[293] FERREIRA, Éder. "As ações individuais no controle judicial de políticas públicas". *In:* GRINOVER, Ada Pellegrini; WATANABE, Kazuo (coords.). *O controle jurisdicional de políticas públicas*. Rio de Janeiro: Forense, 2011, p. 349. Na pesquisa a respeito das decisões judiciais em relação ao fornecimento de medicamentos para os portadores do vírus HIV no Município de São Paulo, que deu origem ao artigo *"O Judiciário e as Políticas Públicas de Saúde no Brasil: o caso AIDS"*, restou apurado que, em 93% das decisões que concederam os medicamentos pleiteados, os julgadores consideraram o direito à saúde como direito individual e apenas 5% o consideraram como direito coletivo. No entanto, Virgílio Afonso da Silva contesta esta perspectiva. Em primeiro lugar, porque a política de combate a AIDS do governo brasileiro é considerada uma das mais eficazes do mundo. Segundo, o programa governamental para o tratamento

Contudo, com base em uma visão prática dos julgados atuais, é possível concluir que ações reiteradas que se referem à pretensão de alocação individual de direito social têm contribuído para infirmar as premissas que sustentam a alocação dos benefícios sociais por meio das políticas públicas, quais sejam, a isonomia entre os cidadãos e a eficiência na distribuição destes direitos, por meio da extensão de seus efeitos a um maior número de beneficiários.

Esta constatação pode ser extraída com mais clareza da multiplicação de demandas individuais ajuizadas contra o Poder Público, exigindo medicamentos e insumos, muitas vezes de alto custo, com fulcro no direito constitucional à saúde. Os resultados desta massificação de judicialização fragmentada culminam na alocação de recursos concentrados, destinados a poucos indivíduos,[294] e realizada sem qualquer ação estratégica para a correta distribuição dos benefícios sociais, portanto, sem observar o princípio da eficiência. Ao final, o Poder Judiciário acaba por romper com as premissas que perfazem a razão de ser da gestão por meio das políticas públicas, podendo, inclusive, comprometer e prejudicar os programas governamentais em andamento.[295]

---

da doença é devido, em grande parte, em razão da mobilização social. E terceiro, pelo fato de que os juízes consideram a saúde como direito individual e não se preocupam com a implantação de uma política pública. (SILVA, Virgílio Afonso da. "O judiciário e as políticas públicas: entre a transformação social e obstáculo à realização dos direitos sociais". *In:* SOUZA NETO, Cláudio Pereira de; SARMENTO, Daniel (coord.). *Direitos Sociais*: fundamentos, judicialização e direitos sociais em espécie. Rio de Janeiro: Lumen Juris, 2008, pp. 594-597).

[294] Em dissertação sobre o tema da judicialização do direito à saúde, Daniel Wei Liang Wang embora reconheça que o Judiciário pode ser uma via institucional para que os menos favorecidos possam lutar pela concretização dos direitos, conclui que, em razão dos obstáculos ao acesso à justiça, a tutela jurisdicional à saúde acaba por ser excludente para os mais pobres. (*Poder judiciário e participação democrática nas políticas públicas de saúde*. (2009). Dissertação de Mestrado. Universidade de São Paulo, Faculdade de Direito da Universidade de São Paulo – FADUSP, São Paulo, p. 41).

[295] Luis Roberto Barroso, em seu artigo "Da falta de efetividade à judicialização excessiva: direito à saúde, fornecimento gratuito de medicamentos e parâmetros para a atuação judicial" faz críticas ao posicionamento da jurisprudência referente ao direito à saúde e ao fornecimento de medicamentos, diante da proliferação de decisões extravagantes ou emocionais, as quais não perfilham qualquer critério técnico e que ainda

PROCESSOS COLETIVOS E POLÍTICAS PÚBLICAS

O que se pretende demonstrar é que o instrumento processual inadequado pode comprometer a capacidade do Poder Judiciário de intervir no controle das políticas públicas, colocando em xeque também a sua legitimidade de corrigir as falhas perpetradas pelos demais Poderes nos assuntos de alta relevância social.

A justiça distributiva, almejada como modelo ideal para a correta distribuição dos bens comuns, exige eficiência alocativa dos recursos públicos, corrigindo-se, no âmbito jurisdicional, uma falha que a dinâmica do mercado e do processo político não tiveram êxito em atingir. A correção pelo Poder Judiciário dos desvios do interesse social perpetrados pelos Poderes Executivo e Legislativo deve ter como premissa a socialização dos instrumentos processuais, caso contrário, servirá para reforçar e perpetuar injustiças odiosas pelo modelo constitucional atual.[296]

Deste modo, pode-se afirmar que a judicialização sob o prisma da faceta coletiva do direito social, preconizada sobre a marca da indivisibilidade de seu objeto, qualidade ínsita aos direitos difusos e coletivos *stricto sensu*, é a fórmula mais adequada ao processo jurisdicional de controle de políticas públicas, de modo a trazer a lume na discussão processual os elementos que perfazem a macro-justiça.[297] Está-se aqui a falar em primazia da tutela de direitos coletivos para o melhor equacionamento das demandas que envolvem direitos sociais e não em exclusividade da tutela de direitos coletivos,[298] pois, como visto, a restrição

---

põe em risco a própria continuidade das políticas de saúde pública. (*Da falta de efetividade à judicialização excessiva:* direito à saúde, fornecimento gratuito de medicamentos e parâmetros para a atuação judicial. (Disponível em http://www.luisrobertobarroso. com.br/wpcontent/themes/LRB/pdf/da_falta_de_efetividade_a_judicializacao_excessiva.pdf). Acesso em 29 de julho de 2013).

[296] SILVA, Virgílio Afonso da. "O judiciário e as políticas públicas: entre a transformação social e obstáculo à realização dos direitos sociais". *In:* SOUZA NETO, Cláudio Pereira de; SARMENTO, Daniel (coord.). *Direitos Sociais*: fundamentos, judicialização e direitos sociais em espécie. Rio de Janeiro: Lumen Juris, 2008, p. 596.

[297] O termo aqui empregado refere-se à transcendência das questões específicas que se relacionam com o caso concreto (microjustiça), na linha do princípio da isonomia.

[298] SALLES, Carlos Alberto de. "Duas faces da proteção judicial dos direitos sociais no

absoluta às ações individuais não encontra guarida no ordenamento jurídico pátrio.

A proposta apresentada pelo processo coletivo em romper com o paradigma do modelo clássico de justiça retributiva ou corretiva, como visto no capítulo anterior, vai ao encontro das necessidades de correta dimensão do controle jurisdicional de políticas públicas.

Este é o entendimento de Eduardo Appio:

> (...) as políticas públicas partem de um ideal de justiça distributiva e não de justiça comutativa. Enquanto demandas processuais de natureza individual impõem a aplicação de um paradigma fundado na justiça corretiva – a partir do modelo liberal – as ações coletivas, contrariamente, assumem uma função política.[299]

Alterar o modo de compreensão de uma política governamental é mister complexo e espinhoso, que não se enquadra no modelo de adjudicação individual. A técnica da fragmentação de conflitos não somente sobrecarrega o Poder Judiciário, com as denominadas demandas repetitivas,[300] como também inviabiliza a compreensão do cenário global para a partilha dos recursos comuns.[301]

Brasil". *In:* SALLES, Carlos Alberto (coord.). *As grandes transformações do processo civil brasileiro*: homenagem ao Professor Kazuo Watanabe. São Paulo: Quartier Latin, 2009, p. 806.

[299] APPIO, Eduardo. *Controle jurisdicional de políticas públicas no Brasil*. Curitiba: Juruá, 2009, pp. 54/55.

[300] WATANABE, Kazuo. "Processo civil de interesse público: Introdução". *In:* SALLES, Carlos Alberto (org). *Processo civil e interesse público*: o processo como instrumento de defesa social. São Paulo: RT, 2003, p. 20.

[301] "De acordo com essas críticas, os tribunais habitualmente analisam controvérsias específicas relativas a requerentes individuais, um procedimento que é inadequado para a adjudicação de direitos sociais, porque julgamentos limitados e remédios pontuais não podem valer para todos os indivíduos na mesma situação. O juiz da causa se depara com um único instantâneo (*snapshot*) (ex. um sem-teto como autor) da questão maior (falta de moradia) e possui apenas as informações apresentadas pelas partes, com as quais irá julgar". (CHRISTIANSEN, Eric C. "Decidindo sobre direitos não-justiciáveis: direitos sócio-econômicos e a corte constitucional sul-africana". *In:* SOUZA NETO,

PROCESSOS COLETIVOS E POLÍTICAS PÚBLICAS

Partindo da conclusão de primazia da tutela de direitos coletivos para a distribuição igualitária dos direitos sociais, conclui-se ainda que a modalidade de interesses descrita no artigo 81, parágrafo único, III, do Código de Defesa do Consumidor, qual seja, os denominados direitos individuais homogêneos, também acaba por receber as mesmas críticas dos instrumentos processuais fragmentados de correção da política pública, pois autorizam a cindibilidade dos direitos sociais, corroborando para a injusta distribuição de recursos comuns.

Sobre esta categoria de direitos, mormente quanto a sua inserção na modalidade de tutela coletiva, vale transcrever a análise de Teori Albino Zaavski:

> É preciso, pois, que não se confunda defesa de direitos coletivos com defesa coletiva de direitos (individuais). Direitos coletivos são direitos subjetivamente *transindividuais* (= sem titular individualmente determinado) e materialmente *indivisíveis* (...). Já os direitos individuais homogêneos são, simplesmente, direitos subjetivos individuais (...). Quando se fala, pois, em "defesa coletiva" ou em "tutela coletiva" de direitos homogêneos, o que se está qualificando como coletivo não é o direito material tutelado, mas o modo como tutelá-lo, o instrumento de defesa.[302]

O processualista acrescenta ainda que a ação coletiva para os direitos individuais homogêneos representa um instrumento processual alternativo ao litisconsórcio ativo facultativo previsto no Código de Processo Civil.[303]

Cláudio Pereira de; SARMENTO, Daniel (coords.). *Direitos sociais*: fundamentos, judicialização e direitos sociais em espécie. Rio de Janeiro: Lumen Juris, 2008, p. 665).

[302] ZAVASCKI, Teori Albino. *Tutela de direitos coletivos e tutela coletiva de direitos.* São Paulo: RT, 2008, pp. 38-40.

[303] ZAVASCKI, Teori Albino. *Tutela de direitos coletivos e tutela coletiva de direitos.* São Paulo: RT, 2008, p. 172. Em sentido contrário, distinguindo os direitos individuais homogêneos do litisconsórcio ativo, Fredie Didier Jr. e Hermes Zaneti Jr.: "O *exercício conjunto da ação* por pessoas distintas não configura uma ação coletiva. O cúmulo de diversos sujeitos em um dos polos da relação processual apenas daria lugar a um litisconsórcio, figura já antiga da processualística romano-germânica (...). A ação coletiva

A despeito de os direitos individuais homogêneos não serem essencialmente coletivos, não há como descurar da importância da "ficção jurídica" de tratá-los como espécie do gênero de direitos coletivos, pois a classificação atende aos princípios da efetividade, isonomia e economia processual. De todo modo, reconhece-se que o tratamento dado aos direitos individuais homogêneos continua a ser de direito subjetivo individual, alterando, apenas, a forma de tutelá-los.[304]

Transportando estas premissas para o processo que veicula uma política pública, impende-se analisar as consequências advindas do tratamento de direitos sociais, quando tutelados por intermédio dos direitos individuais homogêneos. Nesta hipótese, o tratamento dado ao direito material em voga continua a ser de direito individual, mas agora, com pretensões individuais molecularizadas, reunindo em uma só demanda os interesses de inúmeros indivíduos que tenham origem comum. Os direitos sociais não serão analisados a partir de uma perspectiva indivisível, prospectiva, de justiça distributiva em busca do bem comum, mas limitar-se-á a adotar uma perspectiva compartimentada daquele direito, por meio de um debate bilateral, com o simples reconhecimento de um direito subjetivo individual e meramente compensatório.[305]

---

surge, por outro lado, em razão de uma particular relação entre a matéria litigiosa e a coletividade que necessita da tutela para solver o litígio. Verifica-se, assim, que não é significativa, para esta classificação, a *"estrutura subjetiva"* do processo, e, sim, a *"matéria litigiosa* nele discutida". Por isso mesmo, pelo menos em termos de direito brasileiro, a peculiaridade mais marcante nas ações coletivas é a de que existe a permissão para que, embora interessando a uma série de sujeitos distintos, identificáveis ou não, possa ser *ajuizada e conduzida por iniciativa de uma única pessoa"*. (DIDIER Jr., Fredie; ZANETI Jr., Hermes. *Curso de direito processual civil*. vol. IV. Salvador: JusPodivm, 2007, pp. 34/35).

[304] "Um feixe de direitos individuais não se transforma em interesse coletivo, pelo só fato do exercício ser coletivo. A essência permanece individual". (MANCUSO, Rodolfo de Camargo. *Interesses difusos*: conceito e legitimação para agir. São Paulo: RT, 2004, p. 53).

[305] "A promoção de ações coletivas em face do Estado para a defesa de direitos de natureza individual permitiria a privatização do Estado, ou seja, a orientação dos programas de governo – políticas públicas – de acordo com os interesses próprios de grupos organicamente bem representados, reprisando-se na esfera judicial as mesmas desigualdades de representação existentes na esfera parlamentar. Neste sentido, o espaço

A característica de divisibilidade dos direitos individuais homogêneos permite ainda a liquidação e execução individual,[306] caso o comando inserto na decisão da ação coletiva não seja observado. O processo executivo para a coerção do cumprimento do julgado deve ser precedido de liquidações individuais, momento em que será necessário integrar os elementos da relação jurídica individualizada, demonstrando as hipóteses fáticas e jurídicas particulares do cidadão que condizem com os requisitos insertos na condenação genérica.[307]

O provimento jurisdicional coletivo que veicula políticas públicas terá, em regra, natureza mandamental, o que não escapa da necessária demonstração dos elementos de fato e de direito que são previstos na decisão coletiva genérica. Assim, se a reinvidicaçao judicial ocorrer por meio de direitos individuais homogêneos, as habilitações individuais serão necessárias para demonstrar o direito do jurisdicionado individual, tornando aquele procedimento quase similar a um processo individual, com a ressalva da possibilidade de concessão de determinado direito social, caso comprovada a situação prevista na norma jurídica coletiva, infirmando, assim, a efetividade esperada do processo coletivo.[308]

Espelhando-se nas *class actions for damages*, Ada Pelegrini Grinover perfilha um importante posicionamento de exigir determinados requisitos para o enquadramento nas ações de classe brasileiras que veiculam os direitos individuais homogêneos. Obtempera que a origem comum,

---

judicial seria apenas mais uma opção disponível pelos grupos já organizados da sociedade – como, por exemplo, grupos de consumidores de determinados produtos e serviços – para fazer prevalecer seus próprios interesses. Os direitos coletivos não podem ser caracterizados, portanto, por um senso de apropriação individual, na medida em que representam critérios de mensuração e repartição do ônus social no seio da própria sociedade". (APPIO, Eduardo. *Controle jurisdicional de políticas públicas no Brasil*. Curitiba: Juruá, 2009, p. 57).

[306] Artigo 97 da Lei n. 8.078/90: "A liquidação e a execução de sentença poderão ser promovidas pela vítima e seus sucessores, assim como pelos legitimados de que trata o art. 82".

[307] Artigo 95 da Lei n. 8.078/90.

[308] Este fenômeno é denominado pela doutrina de ações pseudocoletivas. Sobre o assunto: ARAÚJO FILHO, Luiz Paulo da Silva. *Ações coletivas*: a tutela jurisdicional dos direitos individuais homogêneos. Rio de Janeiro: Forense, 2000, pp. 199-202.

requisito previsto no artigo 81, III, CDC, pode classificar-se como próxima ou remota. Como próxima, exemplifica o caso da queda de avião, e remota confere o exemplo de um produto potencialmente nocivo que provoca danos, os quais podem ter como origem as condições pessoais ou o uso inadequado do pedido. E conclui que, quanto mais remota for a causa, menos homogêneo é o direito. A ausência de homogeneidade enseja a inadmissibilidade da ação civil pública, com esteio na impossibilidade jurídica do pedido.

A processualista menciona também a necessidade de análise do requisito de superioridade da tutela coletiva em relação à ação individual. Ou seja, se o provimento jurisdicional resultante da ação civil pública em defesa de direitos individuais homogêneos não é tão eficaz quanto aquele que derivaria de ações individuais, a ação coletiva não se mostra útil à tutela dos interesses. Para ilustrar, exemplifica as ações em que a prova do nexo causal se mostra tão complexa que torna praticamente ineficaz a sentença condenatória genérica. Neste caso, segundo Grinover, a via processual é inadequada à proteção do direito material, razão pela qual incorreria na falta de interesse de agir.[309]

A razão de exigência destes requisitos pauta-se justamente em evitar que os indivíduos sejam obrigados a exercer, em sede de liquidação, as mesmas atividades processuais que teriam que desenvolver numa ação condenatória de caráter individual, retirando a utilidade e a eficácia do provimento jurisdicional da tutela coletiva. Por esta razão, os requisitos são pertinentes para a efetividade da tutela coletiva de direitos individuais homogêneos.

Na maioria dos casos, o exercício jurisdicional do controle de políticas públicas por meio da adjudicação individual do direito social, como é o caso dos direitos individuais homogêneos, envolve elementos fáticos complexos, os quais podem demandar ampla instrução probatória

---

[309] GRINOVER, Ada Pellegrini. "Da class action for damages à ação de classe brasileira: os Requisitos de admissibilidade". In: *O Processo*: estudos e pareceres. São Paulo: Perfil, 2005, pp. 194-201. Posicionando contrariamente à exigência da homogeneidade e da superioridade da tutela coletiva sobre a individual. *Cf.* VENTURINI, Elton. *Processo civil coletivo*. São Paulo: Malheiros, 2007, pp. 69-75.

em cada pedido de habilitação individual.[310] Ademais, o comando decisório acaba por ser delineado de forma genérica na sentença coletiva e dificilmente é inscrito por critérios objetivos, uma vez que o órgão julgador não consegue prever, com precisão, todos os elementos específicos pertinentes a cada indivíduo.

Tem-se, assim, que a correção de uma política pública por meio da veiculação dos direitos individuais homogêneos é, *a priori*, permitida. Contudo, deve-se analisar a eficácia desta modalidade de tutela coletiva de direitos individuais, pois, em caso negativo, haverá extinção sem julgamento do mérito, seja pela impossibilidade jurídica do pedido, diante da ausência de homogeneidade dos direitos tutelados, ou o reconhecimento da falta de interesse de agir, no caso de não constatada a prevalência das questões coletivas sobre as individuais.

Não se pode descurar que o manejo de políticas públicas por meio de um processo que tutela coletivamente os direitos (direitos individuais homogêneos) outorga certa dose de isonomia quando comparados com os processos individuais, na medida em que concede ou não um benefício social a todos aqueles que estiverem em igual situação, afastando, em certa medida, decisões contraditórias.[311]

---

[310] Esse foi o resultado do processo coletivo (Proc. n. 053.00.207139-2 – 6ª Vara da Fazenda Pública da Capital) manejado pelo Ministério Público de São Paulo contra a Fazenda Pública do Estado de São Paulo, que versou sobre a implementação de políticas públicas para crianças e adolescentes *com transtorno do espectro autista* residentes no Estado de São Paulo. O Ministério Público paulista veiculou sua pretensão por intermédio de direitos individuais homogêneos, qual seja, a condenação do Estado de São Paulo a arcar com os custos de entidades particulares, próximas às residências dos autistas, até que o ente público providenciasse unidades próprias e gratuitas. O pedido foi julgado integralmente procedente. Contudo, inúmeras habilitações individuais foram propostas visando à execução da decisão coletiva, com pedidos de adjudicação individual, demandando inúmeras diligências probatórias diante das lacunas da decisão e da grande complexidade da questão posta em juízo.

[311] Neste sentido, Carlos Alberto de Salles formula uma proposta legislativa que permite a extensão da norma jurisdicional individual a todas as pessoas em igual situação do autor da demanda original. "Artigo 31-A. A sentença individual transitada em julgado, ao reconhecer direito constitucional do demandante, impõe à entidade pública ré a obrigação de garantir que o mesmo direito seja prestado a outras pessoas em idêntica situação. § 1º Caso o direito constitucional reconhecido na sentença de processo

Ainda assim, como antes mencionado, a recalcitrância do Poder Público em conceder determinado direito social jurisdicionalmente conquistado ensejará a possibilidade da execução específica e individual. Desta forma, somente aqueles que tiverem acesso às habilitações judiciais e, portanto, acesso ao Poder Judiciário, poderão fazer valer o seu direito subjetivo de forma individual, o que ensejará favorecimento de determinados indivíduos, em detrimento do bem comum e da construção de uma política pública isonômica e, efetivamente, universal. O resultado, portanto, parece muito similar a de um processo individual.

Restou declinado que, para se aferir sobre o acerto quanto à escolha do instrumento processual utilizado, ou seja, a escolha entre a tutela de direitos essencialmente coletivos ou a tutela coletiva de direitos individuais ou apenas a tutela individual, deve-se analisar a relação jurídica material deduzida pelos elementos objetivos da demanda. Neste sentido, oportuno ressaltar que há casos em que a relação jurídica material contornada pela causa de pedir e pelo pedido em determinada ação não comporta tratamento fracionado, exigindo, necessariamente, uma decisão unitária.

Kazuo Watanabe ressalta os inúmeros erros cometidos na práxis forense em razão da desatenção dos operadores do Direito quanto às peculiaridades da relação jurídica material indivisível, a qual é fragmentada em múltiplas demandas coletivas, o que acaba por vulnerar o tratamento igualitário do direito em voga.[312] Watanabe ressalta que a tutela de

---

individual seja negado a outra pessoa em idêntica situação, o prejudicado, para obter o mesmo benefício, necessitará demonstrar em juízo apenas a identidade de sua situação, apresentando com a inicial a cópia da decisão em referência e a prova da recusa (...)". (SALLES, Carlos Alberto de. Coisa julgada e extensão dos efeitos da sentença em matéria de direitos sociais constitucionais. *In:* GOZZOLI, Maria Clara *et al.* (coords.). *Em defesa de um novo sistema de processos coletivos*: estudos em Homenagem a Ada Pellegrini Grinover. São Paulo: Saraiva, 2010, pp. 151/152).

[312] Para exemplificar, Kazuo Watanabe analisa os casos pertinentes às tarifas de assinaturas telefônicas, que foram alvo de milhares de demandas individuais. Segundo o autor, a questão merecia tratamento coletivo, uma vez que o que se buscava era o questionamento da estrutura tarifária fixada pelo Estado no exercício de seu poder regulatório, portanto, pedido de natureza unitária, devendo ser julgado de forma global, a fim de dar tratamento

interesses essencialmente coletivos muitas vezes é erroneamente tratada como tutela de interesses ou direitos individuais homogêneos.[313]

Os equívocos são cometidos pelos legitimados coletivos, que, em grande parte das vezes, declinam como causa de pedir a universalização de um direito social, tratando-o, inicialmente, pela faceta coletiva deste direito. Contudo, ao final, os legitimados deduzem pedidos fragmentados, utilizando-se da tutela coletiva de direitos individuais, forçando, ao final, os beneficiários a se socorrerem da liquidação e execução individual.

No campo da saúde há casos emblemáticos e reiterados. Ações civis públicas que veiculam direitos individuais homogêneos são constantemente manejadas para a condenação do Estado a fornecer medicamentos ou tratamentos médicos a cada indivíduo portador de determinada doença, com vistas ao reconhecimento de um direito subjetivo individual, sem qualquer preocupação com a coerção do Poder Público em providenciar a universalização da medida, a despeito de ter sido esta a fundamentação que ensejou o pedido. Em razão da adstrição do órgão julgador ao pedido, o magistrado analisará o direito à saúde por meio de um espectro de direito subjetivo individual. Nesta hipótese, com arrimo na causa de pedir posta em juízo, o correto deve ser o pleito jurisdicional para a inclusão de determinado medicamento nos protocolos clínicos dos respectivos entes federativos, onde se encontra prevista a lista de medicamentos para a distribuição gratuita.[314] Este pedido gera efeitos difusos e encontra-se em consonância com a causa de pedir

---

uniforme e isonômico. ("Código Brasileiro de defesa do consumidor comentado pelos autores do anteprojeto". vol. II: Processo Coletivo. *In*: GRINOVER, Ada Pellegrini; WATANABE, Kazuo; NERY Jr., *Código brasileiro de defesa do consumidor*: comentado pelos autores do anteprojeto. 7. Ed. Rio de Janeiro: Forense, 2011, pp. 16-24).

[313] Esta crítica é feita por Kazuo Watanabe, na obra *Código de defesa do consumidor comentado pelos autores do anteprojeto*. Rio de Janeiro: Forense Universitária, 2004, p. 830.

[314] BARROSO, Luis Roberto. *Da falta de efetividade à judicialização excessiva*: direito à saúde, fornecimento gratuito de medicamentos e parâmetros para a atuação judicial. Disponível em http://www.luisrobertobarroso.com.br/wpcontent/themes/LRB/pdf/da_falta_de_efetividade_a_judicializacao_excessiva.pdf). Acesso em 29 de julho de 2013 pp. 30/31.

que embasa o pedido. A execução deste provimento jurisdicional também deve se dar de forma coletiva, com a fiscalização pelo legitimado coletivo do cumprimento do dever constitucional juridicamente reconhecido de forma universal. Este sim produz um efeito essencialmente coletivo, proporcionando a justa distribuição dos recursos, e contribuindo o Poder Judiciário para a correção ou a construção de uma verdadeira política pública voltada à saúde da população.[315]

O direito à educação também contempla exemplos de intensa e massificada litigiosidade para a efetivação do direito a creches e pré-escolas. No Município de São Paulo, a judicialização deste direito social foi feita preponderantemente por meio de ações individuais e ações coletivas que veicularam direitos individuais homogêneos. No entanto, os efeitos deste modelo de tutela provocaram apenas alterações na ordem cronológica de chamadas para matrícula, e, assim, não repercutiram em alterações significativas da política pública educacional.

Estes resultados levaram à conclusão de que a tutela individualizada promove uma ineficaz política de acesso à justiça, forçando a reflexões sobre a necessidade de se pensar em novas formas de litigância estratégica quando estão em pauta ações que visam à efetivação de justiça distributiva. Em linha de conclusão, é forçoso reconhecer que o processo coletivo que veicula direitos essencialmente coletivos se mostra como instrumento mais eficaz para a correta distribuição dos benefícios sociais, quando esta atividade passa, extraordinariamente, a

---

[315] Sob o prisma de Camilo Zufelato, ações individuais não dizem respeito ao controle de políticas públicas, no sentido estrito. Neste caso, somente pode-se falar em ações coletivas, em razão da indivisibilidade e unitariedade da decisão que marca tais políticas. E complementa: "Somente a demanda coletiva tem aptidão para provocar a elaboração, ainda que não tão amplamente como seria a elaboração feita pelo Legislativo e pelo Executivo, de um programa sistemático de enfrentamento daquela necessidade, possibilitando a extensão da decisão a todos os integrantes do grupo, evitando-se assim situações indesejadas como as distorções de alocação de recursos, e também a priorização de certos indivíduos em relação a outros de equiparável situação jurídica dada à falta de planejamento e harmonização da política". ("Controle judicial de políticas públicas mediante ações coletivas e individuais". In: GRINOVER, Ada Pellegrini; WATANABE, Kazuo (coord.). *O controle jurisdicional de políticas públicas*. Rio de Janeiro: Forense, 2011, pp. 328/329).

ser feita pelo Poder Judiciário. Neste caso, o escopo jurídico do processo atingirá a justa composição da lide nas hipóteses em que o direito material veiculado referir-se à alocação de recursos comuns e universais.

Até o presente momento, o que se tem observado é que, na prática, identifica-se a recalcitrância dos julgados em aceitar o verdadeiro espectro do *munus* conferido ao Poder Judiciário, qual seja, a revisão substancial de uma política pública, franqueando, assim, real significado ao fenômeno da participação jurisdicional na gestão da coisa pública.

Esta foi a conclusão de José Reinaldo de Lima Lopes, após a análise da jurisprudência sobre casos pertinentes à saúde e a educação no Tribunal de Justiça de São Paulo:

> O levantamento dos casos mostrou justamente que os tribunais ficam à vontade para julgar o caso a favor de um indivíduo, mas não ficam à vontade para obrigar a revisão de políticas gerais. Nestes termos, as ações civis públicas tendem a ter mais sucesso quando propostas para defender interesses divisíveis e singulares do que quando propostas para defender "interesses difusos".[316]

O sistema processual coletivo atual apresenta mecanismos eficientes para operacionalizar a inserção do Poder jurisdicional nos mais importantes debates políticos sobre os destinos da sociedade que digam respeito à violação de direitos constitucionais. A evolução processual,

---

[316] LOPES, José Reinaldo de Lima. *Direitos sociais*: teoria e prática. São Paulo: Método, 2006, p. 255. Neste sentido, Hoffman e Benes: "Há uma convicção generalizada de que os processos individuais têm muito mais probabilidade de êxito do que as ações coletivas, que podem teoricamente ser ajuizadas por uma organização registrada da sociedade civil, mas são alvo de muito maior escrutínio judicial, estão menos propensas ao sucesso e correm o risco de uma reação negativa por parte de um judiciário, de resto, simpático às ações individuais". (BENTES, Fernando R. N. M.; HOFMANN, Florian F. "A litigância judicial dos direitos sociais no Brasil: uma abordagem empírica". *In:* SOUZA NETO, Cláudio Pereira de; SARMENTO, Daniel (coords.). *Direitos sociais*: fundamentos, judicialização e direitos sociais em espécie. Rio de Janeiro: Lumen Juris, 2008, pp. 387/388).

no entanto, deve ser acompanhada de nova postura do órgão julgador e dos legitimados coletivos, de forma a compreender a revolução paradigmática do novo processo civil brasileiro e a sua função social na incessante implementação dos valores do Estado Democrático de Direito.

Manter a postura clássica, permeada pelo pensamento liberal, utilizando o processo coletivo por intermédio de um viés privatístico e individual, significa restringir o Poder Judiciário ao modelo compensatório, retributivo, e, em consequência, reforçar a assertiva de que o controle jurisdicional de políticas públicas não se presta à consecução de uma democracia social.

O Código de Processo Civil (Lei n. 13.105/15) traz, em seu artigo 139, X, o dever processual do órgão julgador de oficiar a Defensoria Pública e o Ministério Público, assim como outros entes legitimados à ação civil pública (art. 5º da Lei n. 7.347/85 e 82 da Lei n. 8.078/90), quando o magistrado se deparar com diversas demandas individuais repetidas, para, se for o caso, estes colegitimados promoverem ação coletiva respectiva. Não obstante a racionalidade e eficiência da ação civil pública para tutelar direitos individuais homogêneos, esta previsão também pode ser interpretada como uma forma de dar ciência aos entes legitimados a promoverem ações de direitos essencialmente coletivos (difusos e coletivos *stricto sensu*), quando, no caso concreto, tais direitos reproduzirem de maneira mais isônomica e eficiente o resguardo do bem jurídico.

O processo civil deve acompanhar as transformações dos anseios sociais. O contexto atual não é apenas de proclamar os direitos sociais, mas efetivá-los.[317] Para tal desiderato, fazem-se necessários instrumentos capazes de transportar os comandos constitucionais e aplicá-los ao contexto social, reduzindo a distância entre normatividade e efetividade,[318] com o escopo de proporcionar o debate público ampliado e a racionalização dos resultados para o alcance da justiça social.

---

[317] BOBBIO, Norberto. *A era dos direitos*. Traduzido por Carlos Nelson Coutinho. Rio de Janeiro: Elsevier, 2004, p. 43.

[318] CAMBI, Eduardo. *Neoconstitucionalismo e neoprocessualismo*: Direitos fundamentais, políticas públicas e protagonismo judiciário. São Paulo: RT, 2009, p. 218.

3.2.2 Processos coletivos e democracia social

Os processos coletivos representam o passaporte para a cidadania social, na medida em que franqueiam a estrutura instrumental imprescindível para a reivindicação de direitos constitucionais que perfazem o verdadeiro sentido de dignidade humana.

O simples fato de o provimento jurisdicional atingir uma coletividade, seja por intermédio da tutela dos direitos essencialmente coletivos, ou por meio dos direitos acidentalmente coletivos, por si só outorga um significado social destacável das demais decisões que se mantêm restritas à esfera individual, independente do direito material nela discutido.[319] Vale dizer, se por um lado se reconhece que, por intermédio de uma ação individual, pode-se veicular um interesse público,[320] por outro, não se pode desconsiderar que, subjacentes às ações coletivas, há sempre um interesse público qualificado e reforçado, por se tratarem os destinatários de uma coletividade.[321]

Estes direitos comunitários, instrumentalizados por meio do processo coletivo, trouxeram à análise jurisdicional questões de largo espectro político, deixando para trás o contingenciamento do conflito de interesses nos limites restritos da perspectiva individual. A estrutura processual intersubjetiva passou a ser metaindividual, fruto da reunião

---

[319] NERY Jr., Nelson. "O Ministério Público e as ações coletivas". *In:* MILARÉ, Édis (coord.). *Ação civil pública*: Lei n. 7.347/85 – Reminiscências e reflexões após dez anos de aplicação. São Paulo: RT, 1995, pp. 358/359.

[320] Segundo o entendimento de Owen Fiss, o processo pode servir aos interesses das partes privadas, mas pode também ter um propósito público em seu resultado: "O processo pode destinar-se ao pleito ou à proteção dos direitos individuais do investidor. Entretanto, um propósito público também pode ser alcançado por este mesmo processo no sentido de que, se bem-sucedido, fará com que o comportamento dos corretores adapte-se à lei antitruste". (*Um novo processo civil*: estudos norte-americanos sobre jurisdição, constituição e sociedade. Traduzido por Daniel Porto Godinho da Silva e Melina de Medeiros Rós. São Paulo: RT, 2004, p. 234).

[321] BUENO, Cassio Scarpinella. "Processo civil de interesse público: uma proposta de sistematização". *In:* SALLES, Carlos Alberto (org.). *Processo civil e interesse público*: o processo como instrumento de defesa social. São Paulo: RT, 2003, p. 37.

de interesses disseminados por segmentos sociais, caracterizados também por serem fluidos, desagregados e soltos na sociedade.

A intensa conflituosidade, característica marcante do direito difuso, exige do Poder Judiciário escolhas políticas valorativas, pois, na maioria das vezes, o conflito posto a julgamento refere-se ao enfrentamento entre dois interesses legítimos, sem hierarquização entre eles previamente traçada pelo ordenamento jurídico. Nestes casos, faz-se necessário que o magistrado decida por um entre dois valores igualmente protegidos pelo sistema jurídico, utilizando-se métodos de hermenêutica eficientes para o sopesamento dos elementos normativos em colisão no caso concreto.[322]

Nesta senda, os dissídios tornaram-se complexos, plurais, questionadores da atuação estatal. Por meio do Poder jurisdicional, reivindica-se a soberania social,[323] colocando-se em discussão as escolhas dos demais Poderes e franqueando um canal aberto ao povo para que este tenha a oportunidade de se insurgir contra as violações aos ditames e objetivos constitucionais, descobrindo, enfim, o manto até então intocável do princípio da separação de Poderes.

Os valores democráticos serviram de inspiração à modelagem dos processos coletivos. O redimensionamento de seus institutos culminou na procedimentalização da democracia, proporcionando equivalentes funcionais à democracia direta, como forma de questionar as disfuncionalidades da democracia representativa.[324]

---

[322] DAWALIBI, Marcelo. "Ação civil pública, escolhas políticas e litigiosidade". *In:* MILARÉ, Édis (coord.). *A ação civil pública após 25 anos*. São Paulo: RT, 2010, p. 593. Também neste sentido, Sérgio Cruz Arenhart: "A fluidez dos conceitos que se liga à proteção coletiva – e aos instrumentos a ela ligados, como noção de proporcionalidade, de interesse público e de bem comum – outorga, em última análise, ao magistrado um poder semelhante àquele desempenhado pelos representantes políticos da sociedade, impondo ao juiz uma nova forma de pensão as questões a ele sujeitas". ("As ações coletivas e o controle jurisdicional de políticas públicas pelo poder judiciário". *In:* MAZZEI, Rodrigo; NOLASCO, Rita Dias (Coords.). *Processo civil coletivo*. São Paulo: Quartier Latin, 2005, pp. 506/507).

[323] GRINOVER, Ada Pellegrini. "Significado social, político e jurídico da tutela dos interesses difusos". *RePro*, São Paulo: RT, n. 97, pp. 9-15, 2000, p. 10.

[324] "Ante a evidente insuficiência da atuação isolada das instâncias administrativa para

A sociedade civil vislumbrou no Poder Judiciário uma esfera de superação do déficit democrático dos demais espaços políticos. A frustração das expectativas sociais encontrou no processo coletivo um meio para ecoar as ideologias que permeavam os valores da sociedade, mas que não encontravam respaldo nas esferas de participação dos demais Poderes.

O processo coletivo torna-se então instrumento de democracia participativa,[325] assegurando aos cidadãos a ingerência nos destinos da sociedade política.[326] O objeto da ação passa a ser a revisão substancial de uma política governamental, devidamente legitimada pela função conferida pela Constituição Federal ao Poder Judiciário, de sindicabilidade dos direitos fundamentais.

Em análise do perfil das ações civis públicas propostas, Marcelo Burgos e Luiz Werneck Vianna constataram que elas têm duas vocações primordiais: propiciar à sociedade vigilância do Poder Público e servir como mecanismo de defesa contra os abusos econômicos cometidos por empresas privadas e por instituições filantrópicas. Mas a pesquisa também evidenciou um conjunto de ações com perfil inovador, em que o objeto é a postulação de novos direitos, seja contra a omissão do Poder Público, bastante frequentes na área do meio ambiente e dos direitos de crianças e adolescentes, seja judicializando itens das políticas públicas.[327]

---

a real consecução das metas e programas contidos nas normas voltadas à tutela dos bens e valores metaindividuais, e considerando que o trinômio ação – processo- jurisdição hoje se considera integrado no esforço em prol da realização do bem comum, já propugnamos que o Judiciário, em sua atuação nos casos concretos, pode de algum modo suprir as falhas ocorrentes no sistema, nisso que a doutrina francesa refere como *rôle suppleif du juge*". (MANCUSO, Rodolfo de Camargo. "A ação civil pública como instrumento de controle das chamadas políticas públicas". *In:* MILARÉ, Édis (coord.). *Ação civil pública*: lei n. 7.347/1985 – 15 anos. São Paulo: RT, 2002, pp. 790/791).

[325] Para Rodolfo de Camargo Mancuso, atualmente estamos a caminho de superar a concepção de democracia representativa para acendermos à democracia participativa, sendo a via jurisdicional um canal legítimo para a participação popular. (*Interesses difusos*: conceito e legitimação para agir. São Paulo: RT, 2004, p. 132).

[326] VENTURINI, Elton. *Processo civil coletivo*. São Paulo: Malheiros, 2007, p. 116.

[327] BURGOS, Marcelo; VIANNA, Luiz Werneck. "Revolução processual do direito

Por intermédio do Poder Judiciário, abre-se espaço para que os novos atores sociais,[328] antes desconhecidos pelo anonimato da democracia representativa e pela fragilidade dos demais mecanismos da democracia participativa, possam participar da construção da agenda pública, questionando as escolhas equivocadas na distribuição dos bens comuns ou insurgindo-se contra a inércia dos demais Poderes na consecução de direitos fundamentais.

Como via corretiva das falhas oriundas de processos políticos advindos de outras esferas de Poder e também do método de distribuição de bens pelo mercado, o processo jurisdicional confronta-se com a dificuldade técnica de racionalizar o seu procedimento de forma que a deliberação final tenha o êxito em ofertar a resposta adequada e legítima ao caso concreto.

Inseridas nesta perspectiva, as normas processuais devem ser orquestradas de maneira a não apenas limitar-se à busca da realidade histórico-conflituosa, sendo necessária a sensibilidade dos mecanismos procedimentais em projetar os fatos e as consequências jurídicas de forma prospectiva, analisando os reflexos sociais, econômicos e políticos da decisão final. Esta tarefa exige um novo recorte do processo civil moderno, antes restrito à busca retrospectiva da *fattispecie* e à aplicação mecânica da *sanctio juris*.

O início para o impulso da reforma estrutural encontra-se na permeabilização do procedimento aos valores democráticos. O alargamento do espectro da atuação do Poder Judiciário foi fruto da consolidação

---

e democracia progressiva". *In:* VIANNA, Luiz Werneck (org.). *A democracia e os três poderes no Brasil*. Belo Horizonte: UFMG, 2002, p. 464.

[328] "A ação civil pública, enquanto mecanismo privilegiado da tutela de interesses coletivos, não é apenas uma forma mais racional ou adequada à sociedade de massa, mas também um instrumento pelo qual os seus agentes, em especial as ONGs e o Ministério Público estão ampliando os foros do debate público sobre a Justiça Social, em particular, nas políticas públicas, o meio de excelência de sua realização". (MACEDO Jr., Ronaldo Porto. "Ação civil pública, direito social e os princípios". In: MILARÉ, Édis (coord.). *A ação civil pública após 20 anos*: efetividade e desafios. São Paulo: RT, 2005, p. 565).

e do fortalecimento da democracia no Brasil.[329] O processo jurisdicional, por sua vez, enquanto método para dar efetividade aos desígnios dos valores constitucionais, deve proporcionar uma resposta adequada a esta incumbência, por intermédio de um procedimento também pautado nos valores democráticos, sob pena de tornar-se um poder autoritário e retornar às querelas burocráticas e formalistas do processo civil tradicional, quando então não havia qualquer preocupação com os reflexos sociais e políticos da técnica processual.

A cláusula do contraditório traduz o espírito democrático no âmbito jurisdicional. Como já se revelou anteriormente, nos processos coletivos este princípio ganha contornos mais alargados, de forma a reproduzir a pluralidade do debate, mas não circunscrito à dualidade binária e diametralmente contraposta, como nas lides meramente compensatórias.

Quando o objeto da ação civil pública versa sobre a alocação de direitos sociais, a cláusula do contraditório torna-se elástica, devendo envolver não apenas os legitimados coletivos, mas a participação efetiva da sociedade civil, sem descurar da técnica metodológica do instrumento, imprescindível à racionalidade, celeridade e à ordem do processo.

A densidade e a complexidade da matéria envolvida no controle jurisdicional de políticas públicas exigem uma intensa relação dialética, com a abertura do procedimento à participação popular, cotejando-se os diferentes enfoques e as realidades contraditórias e polêmicas trazidas ao debate, que naturalmente envolvem as escolhas políticas.

Se o provimento jurisdicional é ato exclusivo do órgão julgador, que terá a palavra final e definitiva sobre uma decisão de natureza política, sua legitimidade política para o controle das políticas públicas advém, dentre outras qualificações, da modelagem do *iter* procedimental de forma a inserir os atos processuais em um sistema eminentemente

---

[329] CAMPILONGO, Celso Fernandes. "Os desafios do judiciário: um enquadramento Teórico". *In*: FARIA, José Eduardo (org.). *Direitos humanos, direitos sociais e justiça*. São Paulo: Malheiros, 2010, p. 30.

discursivo. Assim sendo, o processo para a descoberta da ideologia inserta nos valores constitucionais não se limitará ao monopólio do magistrado, fruto de um saber meramente técnico e racional, mas será o resultado de ponderações plurais, advindas de concepções de diversos setores da sociedade.

A eliminação da insatisfação é um dos escopos sociais do processo. Com o provimento jurisdicional, ilide-se o estado anímico contido na lide, pois, ao final, haverá uma decisão definitiva sobre o conflito de interesses que será imunizado pela coisa julgada, ou seja, não mais passível de ser discutido. Daí a necessária observância das garantias constitucionais, mormente do contraditório: com a possibilidade de participação das partes na solução dos conflitos, maior a conformação social sobre os resultados do provimento jurisdicional e, em consequência, maior a potencialidade para a canalização da conflituosidade social. Em última análise, maior a legitimidade política da decisão perante o sistema de harmonização entre os Poderes da República e a sociedade.

Deve-se reconhecer que a pacificação social não se atinge por intermédio de qualquer deliberação judicial. O escopo social do processo exige que ele sirva à aplicação certeira da solução disposta no direito material. Em outras palavras, não basta apenas a composição da lide, mas a sua justa composição. O instrumento deve se valer de critérios justos para a pacificação de interesses, caso contrário ele se afastará da sua função social. Daí decorre a preocupação com os reflexos sociais do processo coletivo que têm como objeto o controle jurisdicional de políticas públicas: uma decisão incorreta e descontextualizada corroborará ainda mais para a injustiça na distribuição dos bens comuns.

O processo coletivo, portanto, promove a democratização do procedimento, à medida que sua estrutura alinha-se aos institutos subjetivos plurais e aos interesses multilaterais, ampliando o campo da compreensão da matéria por intermédio da dialética processual. Promove-se assim uma quebra no círculo vicioso "objeto-sujeito-objeto", rompendo com a bipolaridade entre o diálogo rígido e limitado do "lícito ou ilícito".

No processo coletivo adota-se o agir comunicativo, pois, para além das estratégias das partes em vencer a demanda, o escopo é reunir forças a fim de encontrar a melhor solução para o bem comum da sociedade. Melhor explicando, "o processo deve consistir, antes de tudo, em um espaço eficiente de discussão, interação e integração das partes e interessados, sob coordenação do magistrado, todos se empenhando primeiramente, no enfrentamento da complexa tarefa de delimitação das competências e atribuições dos diferentes órgãos e setores envolvidos para se chegar a um comum acordo à definição e determinação das responsabilidades compartilhadas e específicas de cada qual".[330]

Respeitando-se as estreitezas insuperáveis do debate inserto no procedimento jurisdicional, o ideal é aproximar, na medida do possível, o diálogo processual às características da multiplicidade e variedade do debate sobre a construção das políticas públicas que ocorre nos demais Poderes, o Legislativo e o Executivo.

Portanto, pode-se concluir que parcela da legitimidade democrática da revisão de uma política pública encontra-se no procedimento em que a decisão é formada,[331] ou seja, na racionalidade ínsita aos atos processuais e no diálogo estreito com a sociedade, franqueando pluralidade ao debate e concorrendo para uma decisão mais justa pelo magistrado.

Sendo assim, nos processos coletivos, os poderes do órgão julgador devem ser extensos, conforme as razões já expostas. Nas ações coletivas que visam ao controle jurisdicional de políticas públicas, esta prerrogativa do magistrado sofre um *plus,* já que o órgão julgador deve exercer um maior gerenciamento dos atos processuais de modo a proporcionar e organizar um amplo debate com a sociedade civil,

---

[330] YOSHIDA, Consuelo Yatsuda Moromizato. "Ação civil pública: aspectos evolutivos e tendências. Protagonismo, integração e gestão participativa dos conflitos. Legitimidade e efetividade do processo decisório". *In:* MILARÉ, Édis (coord.). *A ação civil pública após 25 anos*. São Paulo: RT, 2010, p. 170.

[331] ARENHART, Sérgio Cruz. "As ações coletivas e o controle jurisdicional de políticas públicas pelo poder judiciário". *In:* MAZZEI, Rodrigo; NOLASCO, Rita Dias (coords.). *Processo civil coletivo*. São Paulo: Quartier Latin, 2005, p. 510.

sopesando esta participação com a racionalidade e eficiência esperada do procedimento.[332]

A *defining function* ganha expressivo relevo, à medida que o juiz exerce um controle maior sobre a idoneidade processual do legitimado coletivo, aferindo se este de fato é um representante adequado para pleitear os direitos sociais em nome da sociedade ou de uma comunidade, e sobre os elementos objetivos do processo, como a causa de pedir e o pedido.

Por fim, o magistrado não deve se descurar da fase de execução, pois "demanda-se neste contexto, uma postura flexível, criativa e participativa do intérprete na instituição de medidas concretas e adequadas ao cumprimento das execuções judiciárias, adequando-as aos complicadores sobrevindos e, avaliando os resultados conforme os parâmetros constitucionalmente exigidos".[333]

Os vetores democráticos de acesso à justiça também ganham destaque nos processos coletivos por meio da extensão *erga omnes* e *ultra partes* da coisa julgada, adotando o modelo processual brasileiro um sistema automaticamente inclusivo dos cidadãos que estão na mesma situação fático-jurídica. A decisão judicial transforma-se em cláusula genérica, espraiando sua eficácia para o gozo dos direitos judicialmente reconhecidos e aproximando-se das qualidades de abstração e generalidade dos atos emanados dos Poderes Legislativo e Executivo.

Outra importante constatação que se pode depreender dos processos coletivos que veiculam políticas públicas, dentro do espectro da análise dos escopos políticos, diz respeito à educação em direitos.

---

[332] "Em tudo isso, vê a mão do juiz participar de forma mais efetiva da gestão da coisa pública, influindo diretamente na adoção e realização das políticas públicas". (ARENHART, Sérgio Cruz. "As ações coletivas e o controle jurisdicional de políticas públicas pelo poder judiciário". *In:* MAZZEI, Rodrigo; NOLASCO, Rita Dias (coords.). *Processo civil coletivo*. São Paulo: Quartier Latin, 2005, p. 505).

[333] BRASIL Jr., Samuel Meira. "O *enforcement* das decisões judiciárias no tocante às políticas públicas. *In:* GRINOVER, Ada Pellegrini; WATANABE, Kazuo (coords.). *O controle jurisdicional de políticas públicas*". Rio de Janeiro: Forense, 2011, p. 480.

PROCESSOS COLETIVOS E POLÍTICAS PÚBLICAS

Nas palavras de Cândido Rangel Dinamarco,

> Na medida em que a população confie em seu Poder Judiciário, cada um dos seus membros tende a ser sempre mais zeloso dos próprios direitos e se sente mais responsável pela observância dos alheios.[334]

Neste sentido, pode-se afirmar que o sucesso ou insucesso da demanda é idôneo a incutir no jurisdicionado um espírito pedagógico de observância imperativa do direito objetivo diante da eficácia e efetividade do método instrumental utilizado para fazer valer os Direitos materiais abstratamente previstos.[335]

Nesta linha de raciocínio, José Emmanuel Burle Filho qualifica a ação civil pública como instrumento de educação democrática:

> De fato, o ajuizamento de ações civis públicas que buscam o cumprimento de deveres públicos e democráticos, ou a condenação de entidades ou pessoas por terem excedido os limites da lei e da liberdade advinda do regime democrático, acaba por ensinar ora os cidadãos, o agente público e as empresas, ora as associações ou os sindicatos a agirem, viverem e se comportarem democraticamente, isto é, a respeitarem a Constituição, a lei e os interesses difusos, coletivos e até mesmo individuais.[336]

---

[334] DINAMARCO, Cândido Rangel. *A instrumentalidade do processo*. São Paulo: Malheiros, 2009, pp. 191/192.

[335] A educação, além de ser um dos escopos do processo, é ainda fomento para a litigância. Segundo pesquisa realizada, "quanto mais ricas e mais educadas forem as populações, mais litígios elas geram. Nem a mera existência de um estrutura jurídica nem, inversamente, a impropriedade dos serviços básicos são suficientes para o desencadeamento de uma revolução nos pleitos em torno de direitos sociais". (HOFMANN, Florian F.; BENTES, Fernando R. N. M. "A litigância judicial dos direitos sociais no Brasil: uma abordagem empírica". *In:* SOUZA NETO, Cláudio Pereira de; SARMENTO, Daniel (coords.). *Direitos sociais*: fundamentos, judicialização e direitos sociais em espécie. Rio de Janeiro: Lumen Juris, 2008, p. 384).

[336] BURLE FILHO, José Emmanuel. "Ação civil pública. Instrumento de educação democrática". *In:* MILARÉ, Édis (coord.). *Ação civil pública*: lei n. 7.347/85 – 15 anos. São Paulo: RT, 2002, p. 404.

Ademais, direitos nem sempre são autorrealizáveis e, quando violados, demandam mobilização social e política para serem concretizados.[337] Diante da inobservância espontânea, necessária a utilização do processo como mecanismo coercitivo para exigir o respeito a estes direitos. A mobilização hábil à provocação do Poder Judiciário não deixa de ser um incentivo à conscientização dos direitos e à confiança depositada neste poder de solução dos conflitos sociológicos.[338]

Enfim, pode-se afirmar que os processos coletivos, mormente os que veiculam a correção ou a implantação das políticas públicas, são dotados de evidente peso político, sendo esta a razão pela qual o seu procedimento deve ser imbuído de valores democráticos. Os reflexos deste *iter* dialético têm resultados que extrapolam aqueles decorrentes de uma decisão judicial sobre uma relação jurídica conflituosa, tornando-se assim fonte pedagógica de observância dos interesses sociais e ainda incitando a população a se mobilizar para a defesa dos direitos comunitários, de modo a reagir contra a violação dos legítimos interesses de uma sociedade.

---

[337] Este aspecto educacional do processo é claramente compreendido nos processos coletivos. A conotação social e política dos direitos transindividuais reveste o processo coletivo de instrumento para o exercício de cidadania.
[338] Sobre o tema: FELDMAN, Fábio. "Ação civil pública: fator de mobilização social". *In*: MILARÉ, Édis (coord.). *Ação civil pública*: lei n. 7.347/85 – Reminiscência e reflexões após dez anos de aplicação. São Paulo: RT, 1995.

4

INSTRUMENTOS PROCESSUAIS À SERVIÇO DA DEMOCRATIZAÇÃO DO PROVIMENTO JURISDICIONAL DE POLÍTICAS PÚBLICAS

4.1 REPRESENTATIVIDADE ADEQUADA E DEMOCRACIA PROCESSUAL

4.1.1 Legitimação coletiva

No capítulo anterior, destacou-se a importância e o peso político das ações coletivas, seja por sua característica de transindividualidade, recaindo os seus efeitos sobre o patrimônio jurídico de uma massa de interessados, seja por se tratar de instrumento processual inegavelmente mais adequado a discutir assuntos de alta relevância social. Por esta razão, a correta definição daqueles a quem o sistema jurídico outorga legitimação para a propositura e a condução deste importante instrumento jurídico-político representa um dos aspectos principais a concorrer para o êxito na consecução dos objetivos constitucionais traçados aos processos coletivos.

O sistema processual coletivo brasileiro iniciou-se com a previsão da ação popular, elegendo o cidadão como legitimado à sua propositura, com poderes para questionar em juízo as ilicitudes e imoralidades que tornam nulos os atos emanados do Poder Público. Contudo, de acordo com a análise de Ada Pellegrini Grinover, o objeto restrito da ação popular e a legitimação, que não contemplava os órgãos públicos, não faziam desta ação um instrumento efetivo.[339]

Diante das fragilidades apresentadas pelo modelo de legitimação individual contemplada na ação popular, e, com vistas ao fortalecimento do autor da demanda coletiva, optou-se por excluir a legitimação do cidadão para a propositura da denominada ação civil pública. Deste modo, a Lei n. 7.347/85, em seu artigo 5º, integrada posteriormente ao artigo 82 da Lei n. 8.078/90, outorgou legitimação concorrente aos órgãos públicos e às associações civis, perfazendo-se o modelo misto de legitimação.[340]

A escolha legislativa por determinados órgãos públicos e pelas associações retrata uma opção política consagrada no sistema processual brasileiro. Trata-se de legitimação determinada *ope legis* e, portanto, rol taxativo. Deste modo, o legislador antecipou-se e franqueou legitimação àqueles que, diante de sua posição e função exercida perante a sociedade e de suas atribuições constitucionais, apresentam melhores condições e capacidade de identificar os interesses fragmentados e dispersos na sociedade e de atuar com representatividade e idoneidade na defesa destes interesses coletivos. No sistema misto, a potencialidade dos entes públicos une-se às vozes e aos anseios populares, estes expressos por meio da sociedade civil organizada.

Entre os entes públicos legitimados à propositura das ações coletivas, destacam-se o Ministério Público e a Defensoria Pública.[341] [342] As

---

[339] GRINOVER, Ada Pellegrini. "Significado social, político e jurídico da tutela dos interesses difusos". *RePro*, São Paulo: RT, n. 97, pp. 9-15, 2000, p. 11.

[340] Conforme relata Kazuo Watanabe, há três opções para a legitimação coletiva: a) a legitimação privada, em que contempla apenas a pessoa física e a associação; b) a legitimação pública, que admite a legitimação apenas dos entes públicos; c) a legitimação mista, que admite tanto a legitimação das pessoas físicas e associações como os entes públicos. (*Os processos coletivos nos países de civil law e common law*: uma análise de direito comparado. São Paulo: RT, 2008, pp. 301/302).

[341] Artigo 129 da Constituição Federal: "São funções institucionais do Ministério Público: (...) II – promover o inquérito civil e a ação civil pública, para a proteção do patrimônio público e social, do meio ambiente e de outros interesses difusos e coletivos".

[342] A legitimidade para o ajuizamento de ações civis públicas pela Defensoria Pública já era aceita pela jurisprudência, com arrimo no artigo 5º, III, da Lei n. 7.347/85 c/c

prerrogativas constitucionais inerentes às funções que estes agentes políticos ocupam, aliadas aos poderes investigatórios relacionados ao inquérito civil e a seus procedimentos,[343] [344] fazem destas instituições mecanismos eficientes de enfrentamento dos grandes violadores dos direitos transindividuais. Não há dúvidas de que a atuação coletiva destes órgãos proporciona a ampliação ao acesso à justiça e ainda contribui para a proteção de interesses sub-representados, a exemplo do meio ambiente ou do direito urbanístico.[345]

Não se pode olvidar ainda a contribuição dos órgãos que integram a Administração Pública, direta ou indireta. A legislação ampliou sabidamente a legitimidade *ad causam* para abrangê-los, ainda que despidos

---

artigo 82, III, da Lei n. 8.078/90. Posteriormente, a Lei n. 11.448/2007 introduziu o inciso II no artigo 5º da Lei n. 7.347/85, mencionando expressamente a Defensoria Pública como órgão legitimado à tutela coletiva. Após a edição desta lei, a Associação Nacional do Ministério Público – CONAMP ajuizou Ação Direta de Inconstitucionalidade ADI n. 3943), sob o argumento de que a legitimidade da Defensoria Pública à ação civil pública afetaria a sua atribuição e, ainda, que aquela instituição tem seu objetivo institucional restrito a atender os necessitados que comprovem, individualmente, carência financeira. Ada Pellegrini Grinover, em parecer apresentado nesta ação declaratória, defendeu a constitucionalidade da lei, nos seguintes termos: "(...) a ampliação da legitimação à ação civil pública representa poderoso instrumento de acesso à justiça, sendo louvável que a iniciativa das demandas que objetivam tutelar interesses ou direitos difusos, coletivos e individuais homogêneos seja ampliada ao maior número possível de legitimados, a fim de que os chamados direitos fundamentais de terceira geração – os direitos de solidariedade – recebam efetiva e adequada tutela". O STF julgou, em 07.05.2015, improcedente, por unanimidade, a ADI, reconhecendo a constitucionalidade da lei que atribuiu legitimação à Defensoria Pública, inclusive quanto aos direitos difusos.

[343] Artigo 8º, § 1º, da Lei n. 7.347/85.

[344] A Defensoria Pública é dotada de poder requisitório, consoante expressamente previsto na Lei Orgânica da Defensoria Pública 80/94, artigo 128, X.

[345] "Nessa dinâmica, os interesses difusos e coletivos tendem a permanecer sub-representados. Tendo em vista a sua dispersão, acabam não sendo transmitidos adequadamente pelos mecanismos de mercado. (...) As demandas do *tipo coletivo*, ao contrário, não são praticamente transmitidas porque, em virtude de seu alto grau de dispersão, os sujeitos interessados agem como *free-riders* (caronas), tentando se beneficiar da iniciativa de outras pessoas na defesa do bem comum em disputa, o qual, caso se concretize os abrangerá, sem qualquer custo ou compensação". (SALLES, Carlos Alberto de. "Execução específica e ação civil pública". In: MILARÉ, Édis (coord.). *A ação civil pública após 20 anos:* efetividade e desafios. São Paulo: RT, 2005, p. 129).

de personalidade jurídica.[346] Assim sendo, dotados de uma atuação específica, mormente na área do Direito do consumidor, estes órgãos e entidades também merecem o reconhecimento da eficiência na condução do processo coletivo.[347]

Inserida na categoria de corpos intermediários, segundo a lição de Mauro Cappelletti, as associações representam o reconhecimento da capacidade de ação e representação jurídica à própria sociedade organizada, impelida por um interesse comunitário.[348] O que defende Mauro Cappelletti é a necessária abertura do processo civil aos corpos intermediários, a fim de fortalecer a própria sociedade civil e evitar que todo o poder fique concentrado nas mãos dos entes públicos.

A legitimidade processual conferida às associações corrobora para a afirmação do caráter democrático da ação civil pública. É no seio da sociedade que afloram os reais interesses dos cidadãos, e, quando retratados em um processo coletivo, representam a possibilidade de gestão participativa da sociedade civil organizada, oportunizando contrastar as suas escolhas políticas com as decisões político-estatais.

Entretanto, após anos de análise dos reflexos da Lei de Ação Civil Pública e das regras processuais do Código de Defesa do Consumidor, em que pese a adoção do regime público e privado do representante ideológico para as ações coletivas, pode-se afirmar que as associações pouco têm contribuído para tornar efetiva a tutela do direito de massas, fazendo-se do Ministério Público, e, mais recentemente, da Defensoria Pública, os principais atores na condução do processo coletivo.[349] O que

---

[346] Artigo 82, inciso III da Lei n. 8.078/90.

[347] Kazuo Watanabe destaca a atuação do PROCON e do Grupo Executivo de Proteção ao Consumidor na propositura de ações civis públicas. (WATANABE, Kazuo. et al. *Código de defesa do consumidor comentado pelos autores do anteprojeto*. 8ª Ed. Rio de Janeiro: Forense Universitária, 2004, p. 821).

[348] CAPPELLETTI, Mauro. "Formações sociais e interesses coletivos diante da justiça civil". *RePro*, São Paulo: RT, n. 5, pp. 128-159, jan./mar. 1977, pp. 148/149.

[349] "O Ministério Público é responsável por 90% das ações civis públicas. Preocupa, pois esse é um sintoma da fragilidade da nossa democracia, na medida em que revela o grau ainda incipiente de organização da chamada "sociedade civil", a grave crise nacional

se verifica na prática é a renúncia das associações à sua prerrogativa de se utilizar deste importante instrumento político de participação pelas vias jurisdicionais, o que concorre para enfraquecer as vozes populares na formação do processo político-social.

Um dos entraves existentes para a atuação mais ativa das associações em demandas coletivas refere-se aos custos envolvidos na preparação e na provocação do Poder Judiciário.[350] Sobre o tema, Carlos Alberto de Salles analisa que, nos processos coletivos, as "medidas judiciais são custosas, implicando despesas com sua preparação, iniciativa e patrocínio, somando gastos que vão muito além das custas judiciais e dos honorários advocatícios".[351] E, justamente, nesta ponderação entre custos e benefícios, as associações renunciam a este poder conferido pela legislação de condução da demanda coletiva, afastando-se do processo judicial, e, mais uma vez, das discussões políticas ínsitas ao processo de massas.

Malgrado este cenário atual das ações coletivas, deve-se insistir na legitimidade da sociedade civil organizada, contornando os entraves dos custos de informação, e, em consequência, permitindo que a sociedade civil possa assumir esta responsabilidade de contribuir com as deliberações de largo espectro social e político, por meio da

---

de educação, baixa consciência dos cidadãos quanto aos seus direitos mais elementares, o sentimento generalizado de impotência diante da impunidade". (MANCUSO, Rodolfo de Camargo. *Ação civil pública*: em defesa do meio ambiente, do patrimônio cultural e dos consumidores. São Paulo: RT, 2007, p. 112).

[350] Rogério Bastos Arantes, ao contrário, afirma que a introdução do inquérito civil na Lei n. 7.347/85, como monopólio do Ministério Público, contribuiu para o desequilíbrio entre este órgão e as associações, colocando o *Parquet* em situação de extrema vantagem em relação aos demais legitimados, principalmente em relação às associações, que estão despidos de poderes investigatórios. Segundo Arantes, por esta razão pode-se explicar o fenômeno do *free-riding,* ou seja, o fato de que as associações deixem de fazer uso da ação civil pública e esperem que o Ministério Público faça por elas. (*Ministério Público e a política no Brasil*. São Paulo: Sumaré, 2002, pp. 73/74).

[351] SALLES, Carlos Alberto de. "Políticas públicas e processo: a questão da legitimidade nas ações coletivas". *In:* BUCCI, Maria Paula Dallari (org.). *Políticas públicas*: reflexões sobre o conceito jurídico. São Paulo: Saraiva, 2006, p. 180.

fiscalização dos desvios do curso legítimo do interesse público praticados pelos demais Poderes.

Nesta difícil tarefa, podem contribuir o próprio Ministério Público e a Defensoria Pública, os quais, em vez de simplesmente substituir o papel das associações, podem coparticipar do processo de conscientização da importância de atuação direta das organizações da sociedade civil na defesa coletiva de seus direitos. Portanto, estes órgãos públicos podem fazer com que a demanda coletiva seja também um procedimento pedagógico, transferindo os conhecimentos que adquiriram pelo exercício constante da litigiosidade e de sua experiência na atuação difusa e coletiva.[352]

Por fim, cabe ainda destacar que a opção legislativa acerca da legitimação da pessoa física para a propositura da ação civil pública merece ser revisitada. Se por um lado é inescapável reconhecer que a legitimação individual enfrenta inegáveis empecilhos, como os custos de informação, hipossuficiência organizacional e o desequilíbrio de forças, por outro, entende-se que excluir a possibilidade de o cidadão questionar o maltrato às normas que tutelam os interesses coletivos, muitas delas diretamente relacionadas a seus direitos fundamentais, traduz-se em restrição incompatível com o acesso democrático à justiça.

Em um Estado social e democrático que entende por legítimo o controle de políticas públicas pelo Poder Judiciário, não se pode insistir em excluir o indivíduo de exercer a sua cidadania e defender os direitos que integram o seu patrimônio.

---

[352] Perfilhando este entendimento, a doutrina a seguir transcrita: "A premissa que vamos estabelecer é a possibilidade de o membro do *Parquet* estabelecer parcerias com os cidadãos e associações civis, com a finalidade de se possibilitar movimentos sociais, em resposta à inação do Estado e aos abusos do mercado, seja no desenvolvimento ou execução conjunta de programas e projetos. A mobilização da sociedade civil é um processo que deve ser construído pelos Promotores de Justiça e constitui uma das alternativas de efetivação da norma, uma vez que devemos considerar a conexão direito/poder como mecanismo de aprimoramento das relações sociais". (TARIN, Denise. *A aliança entre o Ministério Público e a sociedade civil na definição de políticas públicas*. Rio de Janeiro: Lumen Juris, 2009, p. 59).

A indivisibilidade dos direitos sociais encontra-se no plano material e sociológico, de modo que o direito instrumental não pode representar um obstáculo insuperável ao acesso à justiça. Ao contrário, sua técnica deve moldar-se e acompanhar as opções ideológicas externadas pelo Direito substancial.

Nesta esteira, era bem-vindo o artigo 333 do NCPC, que possibilitava a conversão da ação individual em coletiva, em razão da tutela de bem jurídico difuso ou coletivo (art. 333, I, NCPC), vez que franqueava a oportunidade ao indivíduo de resguardar a tutela dos direitos indivisíveis. Contudo, o referido dispositivo foi objeto de veto presidencial.

Portanto, os empecilhos devem ser superados com a percepção democrática dos processos coletivos, moldando os seus institutos para que sirvam como um canal participativo ao cidadão em concorrer para o bem comum.

Como bem ponderado por Eurico Ferraresi, o problema do sistema processual coletivo não está em atribuir legitimidade ao indivíduo, mas sim na preocupação de realizar o controle desta legitimidade.[353] E este controle pode ser feito por meio da representatividade adequada, próximo ponto a ser estudado.

4.1.2 Representatividade adequada

O instituto da representatividade adequada é extraído das *class actions* e representa um dos pilares sobre o qual jaz o sistema processual coletivo norte-americano. Por se tratar de ações representativas, o portador em juízo dos interesses do grupo deve apresentar necessárias condições de seriedade e idoneidade na condução do processo,[354] visando à proteção vigorosa dos interesses dos representados.

---

[353] FERRARESI, Eurico. "A pessoa física como legitimada ativa à ação coletiva". *In:* GRINOVER, Ada Pellegrini; MENDES, Aluisio Gonçalves de Castro; WATANABE, Kazuo (coords.). *Direito Processual Coletivo e o Anteprojeto de Código Brasileiro de Processos Coletivos*. São Paulo: RT, 2007, p. 137.

[354] GRINOVER, Ada Pellegrini. "Direito processual coletivo". *In:* GRINOVER, Ada Pellegrini; MENDES, Aluisio Gonçalves de Castro; WATANABE, Kazuo (coords.).

O sistema das *class actions* contempla a legitimidade individual para a propositura de ações coletivas, mesmo que estas sejam permeadas pelo interesse social.[355] Portanto, um indivíduo pode ser autor de uma ação coletiva, desde que observe todos os requisitos que o fazem um adequado representante dos interesses da classe. Em razão da autorização da legitimidade individual, e, portanto, da maior abertura democrática para a propositura das ações coletivas, necessária se faz a aferição, em concreto, da representatividade adequada. Tem-se, portanto, que, no sistema das *class actions*, o controle da representatividade adequada qualifica-se como *ope judicis*, ou seja, é realizada de forma casuística pelo órgão julgador.

O requisito da representatividade adequada encontra esteio na garantia do *due process of law*.[356] Diante da impossibilidade de que todos aqueles que serão atingidos pela decisão figurem como parte no processo,

---

Direito processual coletivo e anteprojeto de código brasileiro de processos coletivos. São Paulo: RT, 2007, p. 14.

[355] "O direito americano moderno percebeu que a forma mais eficiente de controlar o cumprimento (*enforcement*) de alguns tipos de leis com dimensões sociais (como as leis do consumidor, antitruste, *civil rights, securities* entre outros) é atribuir tal controle diretamente às pessoas interessadas, e não somente através do controle monopolístico do Estado. Essa concepção deu origem a *private attorney general litigation*, ações de interesse social (cuja legitimidade, no Brasil, seria tendencialmente atribuída ao Ministério Público), propostas de forma privada diretamente pelas pessoas cujos direitos foram violados. O cidadão, ao lutar pelo seu interesse pessoal, está tutelando o interesse da comunidade à qual pertence. A legitimidade para agir é dada ao cidadão, mas a função da ação proposta é a mesma daquela proposta pelo *attorney* general: a tutela do interesse público. (GIDI, Antônio. *A class action como instrumento de tutela coletiva dos direitos*: as ações coletivas em uma perspectiva comparada. São Paulo: RT, 2007, p. 34).

[356] Sobre a garantia do *due process of law*: "Na realidade, o prisma da defesa do indivíduo, na cláusula, é só aparente: impedir lesões de direitos individuais, sem o devido processo legal, significa adequação à natureza dialética do processo. Se o escopo da cláusula é a proteção de direitos individuais, somente assegurando o contraditório e a igualdade das partes poderá o juiz proferir imparcialmente sua decisão. A possibilidade de agir e de se defender, o desenvolvimento do processo e a observância do contraditório, mediante uma distribuição eqüitativa de meios e possibilidades processuais, colocam ambas as partes em posição de igualdade formal, com oportunidades uniformes quanto ao resultado prático do processo". (GRINOVER, Ada Pellegrini. *As garantias constitucionais do direito de ação*. São Paulo: RT, 1973. p. 40).

a representação de interesses torna-se a base do sistema processual coletivo.[357] Visando a assegurar o devido processo legal em relação aos membros ausentes da coletividade (*absent class members*), o autor tem o ônus de comprovar que detém todas as qualificações necessárias para o regular desempenho de uma representação adequada.

O sistema coletivo norte-americano também se serve da notificação (*notification*) – mecanismo de comunicação sobre a existência da ação coletiva aos membros ausentes – como exigência para a eficácia dos efeitos da coisa julgada. A notificação pessoal é somente prevista na espécie *Rule* 23(b)(3), as denominadas *class actions for damages*, em que os interesses podem ser fracionados. Desta forma, após o *notice*, aqueles que desejarem, podem exercer o seu direito de exclusão (*opt out*), a fim de ilidir qualquer vinculação aos efeitos do provimento judicial.[358] Ainda assim, para ter-se como protegida a cláusula do *due process of law,* se faz necessário o controle da representatividade adequada, de modo a proporcionar segurança acerca da oportuna representação àqueles que não se manifestaram pela exclusão da ação coletiva, os quais, cientes da ação, podem efetivamente exercer um controle da representatividade adequada durante todo o trâmite do processo.

Portanto, a *adequacy of representation* ocupa uma função essencial no modelo das *class actions* por se tratar de corolário da garantia processual do contraditório (*right to be heard*) dos membros ausentes.[359] Frise-se

---

[357] Segundo corretamente dispõe Owen Fiss, o sistema de representação das ações coletivas não se trata de representação de indivíduos, mas de representação de interesses. Afirma o autor que nem toda a pessoa tem o direito de ser representada em um processo judicial estrutural ("*day in court*"), mas apenas que todo o interesse envolvido seja adequadamente representado em juízo. (FISS, Owen. *Um novo processo civil*: estudos norte-americanos sobre jurisdição, constituição e sociedade. Traduzido por Daniel Porto Godinho da Silva e Melina de Medeiros Rós. São Paulo: RT, 2004, pp. 218/219).

[358] Para os membros do grupo facilmente identificáveis, a legislação exige a notificação pessoal. Já para aqueles grupos em que seus membros não são facilmente identificáveis, a notificação deve ser a melhor possível, ainda que não feita pessoalmente a cada indivíduo da classe. Neste último caso, deve-se levar em conta as circunstâncias do caso, às peculiaridades do grupo, a proporcionalidade da localização, entre os aspectos.

[359] GIDI, Antônio. "Las acciones colectivas em Estados Unidos". *In:* GIDI, Antonio;

que não há, no sistema norte-americano, temperamentos em relação à extensão da coisa julgada. Em termos técnicos, a coisa julgada forma-se *pro et contra*, estendendo-se a todos que se encontram no mesmo contexto fático e jurídico determinado pela decisão coletiva, ou seja, à classe devidamente delineada no início da fase processual, e que, no caso restrito da ação inscrita na *Rule* 23(b)(3), não se utilizaram da sua prerrogativa de exclusão. Desta forma, os membros ausentes estão impossibilitados de trazer novamente a questão em juízo, ainda que pelo espectro meramente individual.

A sujeição de um indivíduo a um pronunciamento judicial, sem que este faça parte da relação processual, está condicionada ao requisito da representatividade adequada. A demonstração de sua inobservância pode ensejar a invalidade do julgado ou declaração de ineficácia em relação ao membro ausente.[360]

A *adequacy of representation* encontra-se expressamente prevista no sistema norte- americano das *class actions*, conforme se extrai da *Rule 23(a)(4)*.[361] Trata-se de um dos pré-requisitos analisados pelo órgão julgador na fase de certificação da defesa coletiva de direitos, a denominada *defining function*.

Uma vez confirmada a presença dos pré-requisitos elencados na legislação, haverá a *certification*, que significa o reconhecimento judicial de que o autor preenche os requisitos legais exigidos às *class actions*,[362]

MAC-GREGOR, Eduardo Ferrer (coords.). *Procesos colectivos*: la tutela de los derechos difusos, colectivos e individuales en una perspectiva comparada. Mexico: Editorial Porrúa, 2003, p. 6.

[360] MENDES, Aluisio Gonçalves de Castro. *Ações coletivas no direito comparado e nacional*. São Paulo: RT, 2010, p. 78.

[361] "*The representative parties will fairly and adequately protect the interests of the class*".

[362] Caso o juiz não entenda estarem presentes os requisitos que estruturam as ações coletivas, a ação não será extinta, mas seguirá como ação individual. O contrário também se verifica: a ação pode iniciar-se individual e, no decorrer do processo, uma das partes pode requerer que o juiz a certifique como coletiva. Tanto o autor como o réu tem interesse jurídico em requerer a certificação. Ainda, por se tratar de questão de interesse público, o juiz pode decidir de ofício. A ação só pode ser certificada *ex officio* pelo magistrado quando a ação iniciar-se coletiva. No caso do réu, o requerimento da

entre eles, a representatividade adequada, autorizando-se que a ação siga como coletiva. Ressalve-se que, neste momento, o magistrado faz uma apreciação preliminar e prospectiva do requisito,[363] pois não há preclusão para a sua análise, podendo subsistir inclusive após a formação da coisa julgada. Repisa-se, portanto, que, durante todo o desenvolvimento do processo,[364] e até mesmo após o trânsito em julgado, é possível o magistrado realizar, inclusive *ex officio,* a aferição do cumprimento deste requisito, visando, sempre, ao resguardo da cláusula do *due process of law.*[365] Vale mencionar que, em tese, não existe sequer o conceito de "representante inadequado", pois, ou o representante é adequado, ou não há representação dos membros ausentes.[366]

Para se concluir pela presença da *adequacy of representation* no caso concreto, o sistema de precedentes norte-americano consolidou entendimento sobre as qualificações exigidas para que o magistrado possa aferir a qualidade da defesa dos interesses da classe:[367] comprometimento

---

certificação é autorizado quando tratar-se de ação coletiva e, quando individual, reconvir ao grupo em *defendant class action*, ou alegar que os membros ausentes devam fazer parte da ação, caso em que o autor deverá emendar a inicial a fim de moldá-la a uma ação coletiva, sob pena de extinção da ação.

[363] GIDI, Antônio. "Las acciones colectivas em Estados Unidos". *In:* GIDI, Antonio; MAC-GREGOR, Eduardo Ferrer (coords.). *Procesos colectivos*: la tutela de los derechos difusos, colectivos e individuales en una perspectiva comparada. Mexico: Editorial Porrúa, 2003, p. 7.

[364] Caso se verifique que o ente responsável pela demanda não se qualifica como representante adequado, este pode ser substituído por outro integrante da classe que seja mais idôneo.

[365] Diante da ausência da representação adequada, o magistrado pode exercer determinadas diligências visando a solucionar a questão: i) pode redefinir o grupo, restringindo-o aos membros representados adequadamente – R23(c)(1)(C); ii) notificar o grupo e convidar outros membros para que auxiliem ou substituam o representante adequado – R23(d)(2); iii) convidar outros advogados para substituir ou auxiliar o advogado do grupo; iv) dividir o grupo em subgrupos mais homogêneos para representar cada subgrupo – R23(c)(4)(B); v) negar a possibilidade de prosseguimento da ação na forma coletiva, não a certificando por falta do requisito de adequação.

[366] GIDI, Antônio. *A class action como instrumento de tutela coletiva dos direitos*: as ações coletivas em uma perspectiva comparada. São Paulo: RT, 2007, p. 101.

[367] "The class action Rule 23 is silent as to the criteria for assessing the adequacy of proposed representatives, but standards have evolved through judicially determined

com a causa, o vigor na condução do processo, capacidade financeira,[368] interesse, disponibilidade, honestidade, conhecimento do litígio, credibilidade e ausência de conflito de interesses.[369] As características concernentes aos advogados também são analisadas, como a qualificação profissional, a experiência na área, o relacionamento com a parte, os recursos que o advogado disponibilizará para representar o grupo, a qualidade do trabalho no processo, entre outras;[370] as quais são sempre investigadas sob o prisma de que o advogado representa o grupo e não apenas o representante.

Na síntese de Antônio Gidi, o requisito da representatividade adequada é constituído por dois elementos: o primeiro diz respeito à vigorosa tutela dos interesses dos membros e a segunda, à ausência de antagonismo ou conflito de interesses do representante com o grupo.[371] Conclui-se, portanto, que a representatividade adequada não apenas diz respeito aos requisitos individuais do representante, mas inclui, principalmente, a aferição da capacidade de defesa dos interesses comuns de toda a classe.

---

cases". (MULLENIX, Linda; GRINOVER, Ada Pellegrini; WATANABE, Kazuo. *Os processos coletivos nos países de civil law e common law*: uma análise de direito comparado. São Paulo: RT, 2008, p. 284).

[368] No entendimento de Antônio Gidi, a jurisprudência não é unânime quanto à análise da condição financeira do representante, pois ora consideram não ser representante adequado quando este não tem como suportar o ônus financeiro das *class actions*, ora entende que sua situação financeira é irrelevante. Mas, segundo o autor, o que deve ser definitivo para a compreensão como representante adequado é a condição financeira do advogado, pois é este, e não a parte, quem arca com toda a despesa do litígio. *A class action como instrumento de tutela coletiva dos direitos*: as ações coletivas em uma perspectiva comparada. São Paulo: RT, 2007, pp. 109/110).

[369] Na lição de Pedro Dinamarco, o fator mais crítico a ser esmiuçado na análise da *adequacy of representantion* é se existe conflito ou antagonismo de interesses entre o representante e os outros membros da classe, pois se exige que o representante exprima aos anseios de sua categoria, ainda que não haja unanimidade dos integrantes da classe sobre a pessoa do representante. (*Ação civil pública*. São Paulo: Saraiva, 2001, p. 135).

[370] Rule 23 (g)(1)(C)(i) e Rule 23(1)(C)(ii).

[371] GIDI, Antônio. *A class action como instrumento de tutela coletiva dos direitos*: as ações coletivas em uma perspectiva comparada. São Paulo: RT, 2007, p. 104.

O rigorismo do sistema norte-americano em relação à representatividade adequada justifica-se pela necessidade de se resguardar o devido processo legal, garantia muito cara ao sistema processual Estados Unidos da América, e, desta forma, projetar a vinculação dos efeitos da coisa julgada aos representados, solucionando de uma única vez os conflitos de toda a classe.

A eficiência que vem demonstrando o sistema de *class actions* escora-se, em expressiva medida, na correta aferição do representante adequado.[372]

Portanto, se por um lado a legitimação é ampla, autorizando qualquer pessoa a dar início ao processo coletivo, por outro, o prosseguimento do pleito coletivo torna-se mais restrito no exame de certificação pelo órgão julgador de que o autor, de fato, apresenta todas as qualidades para representar os interesses de uma coletividade que constitui a classe.[373]

Diversamente do modelo das *class actions*, o sistema brasileiro de processo coletivo não apresenta expressamente em sua legislação a representatividade adequada como pré-requisito de admissibilidade das ações coletivas. A despeito da omissão legislativa, a questão suscita divergências doutrinárias e reflexos nas discussões jurisprudenciais.

Antes da promulgação da Lei da Ação Civil Pública, houve intenso debate sobre o modelo a ser adotado na regulamentação dos interesses coletivos *lato sensu*, mormente em relação à legitimação para agir e o seu controle. No início de 1984, o projeto de lei apresentado pelo grupo formado por Ada Pellegrini Grinover, Cândido Rangel Dinamarco,

---

[372] "Através do requisito da adequação da representação, o direito americano atinge três resultados: a um só tempo, minimiza o risco de colusão, incentiva uma conduta vigorosa do representante e do advogado do grupo e assegura que se traga para o processo a visão e os reais interesses dos membros do grupo". (GIDI, Antônio. "A representação adequada nas ações coletivas brasileiras: uma proposta". *RePro*, São Paulo: RT, n. 108, pp. 61-70, 2002, p. 66).

[373] O requisito da representatividade adequada é defendido por Mauro Cappelletti na análise dos direitos metaindividuais, os quais devem ser compreendidos sob o prisma de garantismo social ou coletivo. ("Formações sociais e interesses coletivos diante da justiça civil". *RePro*, São Paulo, RT, n. 5, pp. 128-159, jan./mar. 1977, p.155).

Kazuo Watanabe e Waldemar Mariz de Oliveira Júnior, levado ao Congresso Nacional pelo Deputado Flávio Bierrenbach,[374] continha expressa disposição acerca do controle pelo órgão julgador da representatividade adequada, a exemplo do modelo das *class actions*. Entretanto, em seminário do Ministério Público de São Paulo, realizado em dezembro de 1983, na cidade de São Lourenço, foi aprovada alternativa ao Projeto de Lei acima mencionado, de autoria dos promotores paulistas Antônio Augusto Mello de Camargo Ferraz, Édis Milaré e Nelson Nery Jr.

Este projeto, *a priori*, inclinou-se pela adoção do sistema *ope legis*, com a intenção de retirar da discricionariedade do órgão julgador a aferição da representatividade adequada, incorporando na lei rol taxativo com a menção expressa de todos aqueles que, em abstrato, teriam representatividade para demandar interesses coletivos. Esta proposta foi encaminhada ao Ministro da Justiça e apresentada ao Congresso Nacional, formalizando-se como Projeto de Lei, sob o número 4.984/85. Ao final, este projeto foi aprovado e culminou na Lei n. 7.347/85, em detrimento do Projeto de Lei anterior.

Diante deste contexto histórico e da dicção da Lei da Ação Civil Pública e das demais legislações coletivas que se seguiram, há quem interprete que o sistema processual coletivo brasileiro adotou o modelo *ope legis* de legitimação e representação para o processo. Com isso quer-se dizer que apenas os legitimados que se encontram arrolados taxativamente na legislação vigente é que podem figurar como autores na denominada ação civil pública e, ainda, que o legislador teria estabelecido uma presunção absoluta de que estes legitimados seriam verdadeiros representantes adequados, dispensando, *ex lege*, a análise do magistrado.[375]

Sob outro prisma, pode-se defender que nosso ordenamento não exclui expressamente o exame jurisdicional de representatividade adequada, e concluir que este controle no caso concreto não afronta à reconhecida opção pelo sistema legal de legitimação coletiva. Melhor explicando, pode-se afirmar que a opção *ope legis* refere-se apenas à

---

[374] Projeto de Lei n. 3.034/84, também denominado Projeto de Lei Flávio Bierrenbach.
[375] Neste sentido: Pedro da Silva Dinamarco. (*Ação civil pública*. São Paulo: Saraiva, 2001, pp. 201/202).

impossibilidade de ampliação jurisdicional do rol de legitimados coletivos, o que não significa vedação de análise da representatividade adequada entre os legitimados legais.

A dúvida que resta, portanto, é se, ainda sob a revelia da lei, poder-se-ia inferir do sistema coletivo brasileiro a possibilidade de controlar a representatividade adequada dos legitimados coletivos elencados na legislação processual.

Os operadores do Direito, durante estes anos de vigência da Lei da Ação Civil Pública, depararam-se com problemas práticos a respeito da atuação do legitimado coletivo, pois, no caso concreto, diferente da aparente presunção legislativa, nem sempre a idoneidade e a representatividade se mostraram qualidades inerentes àqueles que se encontram previstos no rol de legitimados coletivos. Nestes casos, pode-se afirmar que os interesses da coletividade não foram devidamente representados, dando-se abertura para a violação da garantia do devido processo legal dos indivíduos que não concorreram para a decisão, mas estão a ela vinculados. Além da garantia do devido processo legal, pode-se afirmar que a representatividade adequada perpassa também pela garantia constitucional ao acesso efetivo à justiça ou acesso à ordem jurídica justa. Esta é a conclusão de Maximilian Fierro Paschoal,[376] que, utilizando-se das lições de Kazuo Watanabe,[377] afirma que não basta a mera previsão da tutela coletiva, mas sim que os direitos sejam realmente defendidos, obtendo-se o resultado mais efetivo possível.

Deve-se reconhecer que o sistema brasileiro apresenta técnicas legislativas que servem de atenuantes à afronta a esta garantia constitucional, o que impede a equiparação da matéria com a legislação norte-americana.[378]

---

[376] PASCHOAL, Maximilian Fierro. A *representatividade adequada na ação coletiva brasileira*: lei da ação civil pública e código de defesa do consumidor. (2007). Dissertação de Mestrado. Universidade de São Paulo, Faculdade de Direito da Universidade de São Paulo – FADUSP, São Paulo, p. 7.

[377] WATANABE, Kazuo. "Assistência judiciária e juizado especial de pequenas causas". In: WATANABE, Kazuo (org.). *Juizado especial de pequenas causas*. São Paulo: Ed. Revista dos Tribunais, 1985.

[378] Importante esclarecer que a defesa da representatividade adequada neste trabalho

Em primeiro lugar, a delimitação taxativa dos representantes adequados, escolhidos pela importância da função que desempenham na defesa do interesse público e social, é uma técnica que certamente diminui os riscos de falhas na representação da coletividade, principalmente quando comparadas com o modelo que autoriza a abertura processual a qualquer indivíduo, como ocorre nas *class actions*. Este último sistema prima pela democratização do acesso à justiça, mas, em contrapartida, não há como negar que oferece um risco maior de que o desempenho do autor no processo coletivo não esteja a contento ou mesmo amplie as possibilidades de conluio e fraudes, exigindo, em contrapartida, um exame mais rigoroso da representatividade adequada.

Ademais, o sistema processual coletivo brasileiro previu a relativização da coisa julgada. Neste passo, diversamente do sistema das *class actions*, a coisa julgada recebe temperamentos quando o pedido é julgado improcedente, diante da técnica *secundum eventum probationis* e *secundum eventum litis* para as ações individuais. Assim, as ações coletivas não podem prejudicar pleitos individuais, salvo em caso de habilitação dos indivíduos como litisconsortes na ação civil pública, que é permitido na hipótese específica dos direitos individuais homogêneos.[379]

O escopo destas flexibilizações é evitar que a coletividade ausente seja submetida a uma decisão avessa a seus interesses em uma ação da qual não fez parte, e, principalmente, de uma decisão em que não se aferiu se o autor cumpriu o seu papel de representante da coletividade com idoneidade e capacidade necessária ao desempenho do mister.[380]

---

não visa a importar integralmente o instituto das *class actions*, diante das inegáveis diferenças entre o sistema norte-americano e o brasileiro. Entre elas, pode-se mencionar a origem remota das ações de classe nos Estados Unidos, consolidando o instituto como instrumento eficaz para a defesa dos direitos coletivos, contrapondo-se à experiência brasileira, que, a despeito da legislação avançada, ainda engendra esforços para demonstrar os resultados práticos das ações de classe.

[379] Artigo 103, parágrafo 2º da Lei n. 8.078/90.

[380] "O raciocínio do legislador foi claro: como não há garantias no nosso sistema de que o autor seja efetivamente um representante adequado dos interesses em jogo no processo, a sentença nele prolatada somente poderá atingir a coletividade se o julgamento do mérito se deu com um alto grau de certeza". (COSTA, Susana Henrique da. "O controle

Isto posto, justifica-se um caráter maior de essencialidade da representatividade adequada ao sistema norte-americano quando comparado com o ordenamento pátrio.

Ainda assim, os temperamentos do sistema processual coletivo brasileiro não funcionam como escudo inviolável à garantia do devido processo legal dos membros ausentes e ao seu corolário, o contraditório, bem como ao *acesso à ordem jurídica justa*. Deste modo, não se pode negar que há possibilidades reais de que a atuação não satisfatória do legitimado possa ir de encontro aos interesses transindividuais em determinadas hipóteses, sem canais alternativos para salvaguardar estes interesses.

Em primeiro lugar, tem-se que direitos transindividuais indivisíveis, como a modalidade de direitos difusos e direitos coletivos *stricto sensu*, por opção político-legislativa, somente podem ser demandados em juízo pelos legitimados coletivos enumerados taxativamente na legislação processual. Isso significa que, aos indivíduos é defeso perseguir direitos que não possam ser fragmentados. Postas estas premissas, tem-se que, caso o pedido da ação coletiva que veicula os direitos essencialmente coletivos seja julgado improcedente, sem qualquer temperamento de seus efeitos, nem os indivíduos, por expressa exclusão legal, nem outro legitimado coletivo, em razão do impedimento negativo da coisa julgada, poderão rediscutir a questão novamente, tornando, assim, a decisão imutável. Não há no sistema brasileiro qualquer empecilho de formação da coisa julgada caso o legitimado coletivo não tenha agido com a idoneidade necessária para se tornar um representante adequado. Ressalvados os casos de não esgotamento dos meios probatórios, em todos os demais, a *performance* do legitimado pode não ter sido razoável e ainda assim vinculará os membros ausentes.[381] Por estas razões, a

---

judicial da representatividade adequada". *In*: SALLES, Carlos Alberto (org.). *As grandes transformações do processo civil brasileiro*. São Paulo: Quartier Latin, 2009, p. 968).

[381] "Se a incompetência do representante – ou do seu advogado – limita-se à não-produção de material probatório suficiente, o problema é de menor gravidade porque a mesma ação coletiva poderá ser reproposta, se houver a apresentação de nova prova em ação subsequente. O problema começa a ficar mais delicado, porém, se a

exclusão do controle judicial de representatividade adequada torna-se inoportuna e o controle *ope legis*, insuficiente.[382]

A exigência legal de que o Ministério Público intervenha obrigatoriamente nas ações coletivas, atuando como fiscal da lei, não parece suficiente para resguardar as garantias processuais dos membros ausentes. Como bem pondera Antônio Gidi, de nada adianta o representante do Ministério Público constatar a inadequação do representante em uma ação coletiva concreta, se ele não puder alertar o juiz sobre esse fato e requerer a extinção do processo coletivo sem julgamento do mérito. E ainda, no caso de ser o Ministério Público autor da ação, não haverá sequer fiscalização para a atuação do referido órgão, que, a despeito de ter presunção de competência, também pode figurar como representante inadequado nos casos específicos.[383]

Outro perigo do não exercício da aferição jurisdicional da representatividade adequada encontra-se na possibilidade de que, no caso concreto, os interesses sociais não sejam reproduzidos de forma fidedigna nos processos coletivos. O monopólio de determinados legitimados à propositura da ação civil pública pode representar verdadeira concentração de poder, incitando estes entes legitimados ao desinteresse pela

---

incompetência do representante repercute na forma como o processo é conduzido ou na fundamentação jurídica da pretensão coletiva do grupo. É possível repropor a mesma ação coletiva com base em nova prova, mas não com base em uma melhor argumentação e fundamentação. Ademais, essa regra não se aplica às ações coletivas em tutela coletiva dos direitos individuais homogêneos. Daí a importância prática do tema em nosso direito". (GIDI, Antônio. *A class action como instrumento de tutela coletiva dos direitos*: as ações coletivas em uma perspectiva comparada. São Paulo: RT, 2007, p. 130).

[382] Neste sentido, Américo Bedê Freire Jr.: "Efetivamente, entendo que é necessário um controle judicial da adequação dos legitimados para a ação coletiva com o intuito de impedir que o instrumento criado para beneficiar o acesso à justiça produza resultados práticos diametralmente opostos, e nesse caso deve-se frisar que a coisa julgada *secundum eventum litis* não alcança todas as hipóteses em que uma representação inadequada possa causar prejuízos aos 'substituídos', aos fins pelos quais foi concebido". ("Pontos nervosos da tutela coletiva: Legitimação, competência e coisa julgada". In: MAZZEI, Rodrigo; NOLASCO, Rita Dias (orgs.). *Processo coletivo*. São Paulo: Quartier Latin, 2005, pp. 71/72).

[383] GIDI, Antônio. "A representação adequada nas ações coletivas brasileiras: uma proposta". *RePro*, São Paulo: RT, n. 108, pp. 61-70, 2002, p. 64.

opinião da sociedade civil, tornando, em consequência, o processo coletivo instrumento de imposição de poder de determinados grupos.

Há ainda, por parte da doutrina, uma grande preocupação com o desempenho das associações na postulação e condução das ações coletivas. Esta preocupação também foi compartilhada pelo legislador, que, visando a afastar fraudes, conluios e má atuação pelo desconhecimento do objeto da ação civil pública,[384] impôs alguns requisitos que devem ser observados pelas associações para que estas possam atuar na defesa dos direitos coletivos, quais sejam, a constituição da associação por pelo menos um ano previamente ao ajuizamento da ação coletiva e que a defesa dos interesses e direitos coletivos entre seus fins institucionais. A respeito do requisito do prazo mínimo, há previsão expressa sobre a possibilidade de que o lapso de pré-constituição da associação possa ser dispensado no caso concreto pelo julgador quando haja manifesto interesse social.[385]

Para Ada Pellegrini Grinover, a possibilidade de controle jurisdicional do requisito de pré-constituição da associação nada mais é do que a exteriorização da representatividade adequada.[386] Neste passo, alterando a sua posição anteriormente sustentada, conclui Grinover que o sistema brasileiro não é avesso ao controle da representatividade adequada pelo

---

[384] Maximilian Fierro Paschoal cita a Ação Civil Pública n. 2004.34.00.043627-3, que teve curso perante a 16ª Vara Federal do Distrito Federal. A referida ação coletiva foi proposta pela Associação da Defesa da Harmonia Constitucional contra atos do Conselho Administrativo de Defesa Econômica e da Secretaria de Direito Econômico do Ministério da Justiça. Posteriormente, desvendou-se que a autora da ação era um simulacro de associação civil, e que foi constituída tão somente com o escopo de ajuizar ações civis públicas, não em benefício da sociedade, mas de seus diretores, que veiculavam pretensões temerárias, sem ônus de sucumbência. (PASCHOAL, Maximilian Fierro. "A representatividade adequada e a discussão quanto à possibilidade do seu controle judicial no Brasil". *In:* SALLES, Carlos Alberto de (coord.). *As grandes transformações do processo civil brasileiro.* Homenagem ao Professor Kazuo Watanabe. São Paulo: Quartier Latin, 2009, pp. 901/902).

[385] Artigo 82, IV e parágrafo único, da Lei n. 8.078/90.

[386] GRINOVER, Ada Pellegrini. "Novas questões sobre a legitimação e a coisa julgada nas ações coletivas". *In: O processo*: estudos e pareceres, São Paulo: Perfil, 2005, p. 214. Verifica-se, portanto, que Grinover compreende a representatividade adequada como elemento integrante da legitimidade *ad causam*. Ver no mesmo sentido: GRINOVER, Ada Pellegrini. "Direito processual coletivo". *In:* GRINOVER, Ada Pellegrini; MENDES, Aluisio Gonçalves de Castro; WATANABE, Kazuo (coords.). *Direito processual coletivo e anteprojeto de código brasileiro de processos coletivos.* São Paulo: RT, 2007, p.14.

juiz no caso concreto, tratando-se de dever-poder do magistrado quando da análise da legitimidade ativa do ente legitimado.[387]

No que se refere à exigência de ter os interesses defendidos nas ações coletivas reproduzidos entre os fins institucionais das associações, o requisito também franqueia ao órgão julgador certa abertura para a verificação do comprometimento ideológico dos entes legitimados com o objeto da ação coletiva, garantindo assim a familiaridade do legitimado com a matéria. Pode-se afirmar que esta exigência também retrata o controle da representatividade adequada do ente legitimado pelo magistrado, vez que concorre para a análise de seu regular desempenho.

Neste último caso, a jurisprudência ainda promoveu um alargamento das possibilidades de aferição do objeto *sub judice* com os fins institucionais, passando-a a condição *sine qua non* para a legitimidade dos demais entes. É o que o Supremo Tribunal Federal denominou de "pertinência temática", exigindo-a não somente das associações, mas também de outros legitimados. Agindo assim, a mais alta Corte do País entendeu que nenhum órgão ou ente legitimado tem legitimidade incondicionada de atuação nas ações coletivas, devendo demonstrar a imbricação entre a sua função social perante a sociedade e o objeto jurídico a ser veiculado pelas vias jurisdicionais.

O requisito da "pertinência temática" pode representar uma das facetas da representatividade adequada, mas seu espectro é mais reduzido do que esta última.[388]

---

[387] GRINOVER, Ada Pellegrini. "Novas questões sobre a legitimação e a coisa julgada nas ações coletivas". In: *O processo*: estudos e pareceres, São Paulo: Perfil, 2005, pp. 224/225.

[388] Na proposta de Antônio Gidi para a formação de um Código de Processo Civil Coletivo para os países de direito escrito, há a previsão da análise da pertinência temática da associação e dos órgãos públicos (artigo 2º, IV, 2.4), com a análise de seus fins institucionais e do objeto do processo coletivo, sem prejuízo do requisito da representatividade adequada (artigo 3º, III, 3.1), discriminando as qualidades necessárias do representante e do advogado do grupo, sob pena de substituição por outro representante ou a extinção do processo sem julgamento do mérito. (GIDI, Antônio. "Código de processo civil coletivo: um modelo para países do direito escrito". In: MAZZEI, Rodrigo; NOLASCO, Rita Dias (coords.). *Processo civil coletivo*. São Paulo: Quartier Latin, 2005, pp. 760/761).

PROCESSOS COLETIVOS E POLÍTICAS PÚBLICAS

Além da imprescindível aproximação e comprometimento ideológico dos entes legitimados com os elementos objetivos da ação, faz-se necessário perquirir sobre a idoneidade do legitimado na condução deste processo coletivo e, também, se a causa de pedir e o pedido não são atos de monopólio do ente legitimado, o que lhes retira a legitimidade de defender corretamente o direito de uma coletividade. Desvela-se, portanto, a insuficiência de concentrar o requisito de representatividade adequada restrito somente à pertinência temática.

A fim de elidir qualquer afronta à cláusula do devido processo legal e de um de seus corolários, o contraditório, e de evitar a propositura de ações civis públicas embasadas em argumentos frágeis, que logo no início já indicam o seu insucesso, deve-se reconhecer a possibilidade do exame jurisdicional da representatividade adequada no sistema coletivo brasileiro.[389] Não há dúvidas que a presença deste requisito terá consequência direta no resultado e no sucesso da demanda. E, justamente pautado em sua importância, não haveria razoabilidade em aceitar, em abstrato, a presunção legal e absoluta quanto a esta capacidade.[390]

Nem mesmo o Ministério Público deve escapar de ter a sua representatividade adequada controlada no caso concreto, malgrado parte

---

[389] Na defesa da representatividade adequada, independente de lei expressa, a doutrina de Antônio Gidi: "Acontece que o Código de Defesa do Consumidor e a Lei de Ação Civil Pública se inserem em um contexto maior, que é a Constituição brasileira e o devido processo legal. Portanto, em verdade, pouco importa que a lei infraconstitucional brasileira não preveja expressamente que o juiz deva controlar a adequação do representante. Não se trata aqui de uma questão meramente processual, mas constitucional". ("A representação adequada nas ações coletivas brasileiras: uma proposta". *RePro*, São Paulo: RT, n. 108, pp. 61-70, 2002, p. 69).

[390] Cassio Scarpinella Bueno também compartilha do entendimento que a figura presumida do representante adequado pode ser posto em xeque sob o prisma constitucional do devido processo legal e do contraditório (artigo 5º, LIV e LV, CF, respectivamente). E complementa: "Destarte, toda a vez que o juiz entender que aquele que se apresenta portador de uma pretensão coletiva (melhor: pretensão coletivamente deduzida) não tem condições para bem representar a classe ou a coletividade ou o grupo respectivo, não deverá escudar-se atrás da letra da lei para deferir seguidamente àquela ação coletiva". ("As *class actions* norte-americanas e as ações coletivas brasileiras: pontos para uma reflexão conjunta". *RePro*, São Paulo: RT, n. 82, pp. 92-151, 1996, 1996, p. 130).

da doutrina ainda insista que a função social desempenhada por este órgão o presume representante adequado de forma absoluta.[391] Esta é a importante análise de Ada Pellegrini Grinover:

> E mesmo na atuação do Ministério Público têm aparecido casos concretos em que os interesses defendidos pelo *parquet* não coincidem com os verdadeiros valores sociais da classe de cujos interesses ele se diz portador em juízo. Assim, embora não seja esta a regra geral, não é raro que alguns membros do Ministério Público, tomados de excessivo zelo, litiguem em juízo como pseudodefensores de uma categoria cujos verdadeiros interesses podem estar em contraste com o pedido.[392]

Hodiernamente, o processo civil tende a afastar das presunções absolutas e outorgar poderes ao órgão julgador, para que, diante do caso concreto, possa decidir consoante aos elementos fáticos da demanda. Trata-se de tendência do Direito moderno, fruto das técnicas legislativa e constitucional, permeada por conceitos e princípios fluidos, que exigem interpretação e integração da norma pelo magistrado.[393] Franquear

---

[391] Para Álvaro Luiz Valery Mirra, a representatividade adequada do Ministério Público deve ser presumida de forma absoluta. ("A ação civil pública em defesa do meio ambiente: a representatividade adequada dos entes intermediários legitimados para a causa". *In:* MILARÉ, Édis (coord.). *Ação civil pública após 20 anos*: efetividade e desafios. São Paulo: RT, 2005, p. 46).

[392] Ada Pellegrini Grinover cita como exemplo o pedido de reserva da cota de 50% das vagas do exame de acesso à universidade aos egressos do ensino público nas vésperas do vestibular, causando intranquilidade. ("Novas questões sobre a legitimação e a coisa julgada nas ações coletivas". *In: O processo*: estudos e pareceres, São Paulo: Perfil, 2005, p. 213).

[393] "O princípio da legalidade, no início, era aplicado ao juiz de modo a significar o dever de obediência incondicional à lei, exceto em casos de inconstitucionalidade patente. Atualmente, contudo, o mesmo princípio é aplicado ao magistrado, todavia entendido como princípio da legalidade substancial: a norma legal aplicável deve ser interpretada de acordo com o disposto na Constituição, com seus princípios e os direitos fundamentais que ela assegura. Assim, diferentemente do magistrado do passado, adstrito ao princípio da legalidade formal, e quase destituído do poder, o juiz atual pauta a limitação de seus poderes na legalidade substancial, a fim de promover a efetiva justiça com o provimento jurisdicional". (PASCHOAL, Maximilian Fierro. *A representatividade adequada na ação coletiva brasileira*: lei da ação civil pública e código de defesa do consumidor. (2007). Dissertação de Mestrado. Universidade de São Paulo, Faculdade de Direito da Universidade de São Paulo – FADUSP, São Paulo, 2007, p. 164).

poderes ao magistrado, legitimando-o à função de aferir se o legitimado atua adequadamente é perfilhar coerentemente pelos trilhos da evolução da ciência jurídica,[394] a qual também apresenta, do outro lado da balança, o dever de motivação e o controle social das decisões judiciais, evitando decisões arbitrárias e contrárias à expansão das ações coletivas.[395] Esta é a importante conclusão de Antônio Gidi, após o estudo comparado das *class actions* e do sistema processual coletivo brasileiro:

> *Es un miedo en general que los jueces de derecho civil no tengan el poder, la inclinación o la capacidad profesional de examinar la representación adecuada en cada caso. Aunque es difícil de hacerlo, el control de la adecuación de la representación de los derechos de los miembros ausentes no puede ser dejado completamente fuera del escrutiunio judicial. El papel desempeñado por los jueces del derecho civil puede diferir substancialmente del desarrollado por los jueces del common law. Sin embargo, esto no significa necesariamente que los jueces de derecho civil sean incapaces de ejercer algún control sobre la representación adecuada, especialmente si están apoyados por otros medios.*[396]

---

[394] "Ora, defender que, para ser legitimado a figurar como ator ativo na demanda, necessite o autor coletivo, apenas, figurar no rol de legitimados de regras infraconstitucionais, sem adequar tais normas à interpretação constitucional que se mostra imperativa no caso em estudo, é atestar a prevalência de uma racionalidade abstrata, desvinculada do compromisso materialmente efetivador dos direitos fundamentais e da interpretação plural, alicerces do Estado Democrático de Direito". (OLIVEIRA, Cláudio Azevedo da Cruz; MELO, Pedro J. Costa; FERREIRA, Rafael Silva. "A intervenção do juiz na adequação do autor coletivo: um passo rumo à efetivação dos direitos fundamentais". *In:* DIDIER Jr., Fredie; MOUTA, José Henrique (coords.). *Tutela jurisdicional coletiva.* Salvador: JusPodivm, 2009, p. 148).

[395] Neste sentido, Cassio Scarpinella Bueno: "Este espírito tem dominado o legislador brasileiro. Com base na experiência jurídica fornecida por recentes diplomas legislativos brasileiros, verifica-se, de modo otimista, o incremento dos deveres do juiz na condução do processo e da efetividade das decisões judiciais. (BUENO, Cassio Scarpinella. "As *class actions* norte-americanas e as ações coletivas brasileiras: pontos para uma reflexão conjunta". *RePro*, São Paulo: RT, n. 82, pp. 92-151, 1996, p. 144).

[396] GIDI, Antônio. "Las acciones colectivas en Estados Unidos". *In:* GIDI, Antonio; MAC-GREGOR, Eduardo Ferrer (coords.). *Procesos colectivos*: la tutela de los derechos difusos, colectivos e individuales en una perspectiva comparada. Mexico: Editorial Porrúa, 2003, p. 79.

Neste contexto, outorgar ao órgão julgador o controle da representatividade adequada significa, assim como no modelo das *class actions*, resguardar as garantias processuais constitucionais, entre elas, a cláusula do devido processo legal, da qual decorrem todos os demais princípios e garantias de nosso sistema processual.

Pode-se afirmar que a importância deste requisito deve ser reconhecida até mesmo extraprocessualmente. Flávia Hellmeister Clito Fornaciari defende que o referido instituto deve ser analisado em relação à relação jurídica material, o que lhe dá sobrevida, ainda que extraído da relação jurídica processual. Melhor explicando, a representatividade adequada torna-se "qualidade apresentada pelo representante que atuará em nome da sociedade ou do grupo na defesa de interesses de ordem coletiva, qualidade essa identificada como a possibilidade da defesa eficiente e tenaz dos interesses envolvidos no âmbito social, administrativo ou judicial".[397]

Esta visão de desprendimento da representatividade adequada da relação processual é importante para destacar que as qualidades do representante, e, principalmente, a sua fidelidade aos interesses dos representados, deve dar-se não apenas em juízo, mas também perante as demais instâncias de reivindicações de direito sociais, mormente quando as formas de resguardo destes direitos são objeto de transação,[398] como ocorre com os termos de ajustamento de conduta.[399]

---

[397] FORNACIARI, Flavia Hellmeister Clito. *A representatividade adequada nos processos coletivos*. (2010) Tese de Doutorado. Universidade de São Paulo, Faculdade de Direito da Universidade São Paulo – FADUSP, São Paulo, p. 50.

[398] Pode-se defender que os órgãos públicos devem se revestir desta qualidade inerente ao representante adequado para firmarem os termos de ajustamento de conduta, sob pena de nulidade dos termos de transação. É o que parece depreender da lição de Flavia Hellmeister Clito Fornaciari: "Obviamente, antes de uma perquirição administrativa ou judicial dos direitos passíveis de tutela, a adequação do representante permanece velada, pois seus atos não terão, a princípio, efeito vinculante aos "representados". Todavia, a partir do momento em que o representante busca, nas esferas administrativa e judicial, impedir a violação dos direitos, reparar uma afronta já ocorrente ou defender o grupo em face de eventuais direitos antagônicos de outras pessoas ou grupos, sua atuação deverá ser fiscalizada, para evitar que seus atos prejudiquem os diretamente interessados". (*A representatividade adequada nos processos coletivos*. (2010) Tese de Doutorado. Universidade de São Paulo, Faculdade de Direito da Universidade São Paulo – FADUSP, São Paulo, p. 51).

[399] Artigo 5º, § 6º da Lei n. 7.347/85.

Com base neste raciocínio, o Código Modelo de Processos Coletivos para a Ibero-América contempla a legitimidade de qualquer pessoa física para o ajuizamento dos processos coletivos,[400-401] e, em contrapartida, prevê a observância do requisito da representatividade adequada *ope judicis*.[402]

A mesma tendência foi seguida pelo Anteprojeto de Código Brasileiro de Processos Coletivos,[403] resultado dos trabalhos do curso de pós-graduação da Faculdade de Direito da Universidade São Paulo, coordenada pela professora Ada Pellegrini Grinover, e do Instituto Brasileiro de

---

[400] Disponível em: <http://direitoprocessual.org.br/content/blocos/76/1>. Acesso em: 21 de dezembro de 2012.

[401] Artigo 3º, I: "São legitimados concorrentemente à ação coletiva: I. o cidadão, para a defesa dos interesses ou direitos difusos de que seja titular um grupo, categoria ou classe de pessoas ligadas por circunstâncias de fato".

[402] Artigo 2º: São Requisitos da ação coletiva: I – a adequada representatividade do legitimado; II – a relevância social da tutela coletiva, caracterizada pela natureza do bem jurídico, pelas características de lesão ou pelo elevado número de pessoas atingidas. (...) Parágrafo 2º: Na análise da representatividade adequada o juiz deverá analisar dados como: a – credibilidade, capacidade, prestígio e experiência do legitimado; b – seu histórico na proteção judicial e extrajudicial dos interesses ou direitos dos membros do grupo, categoria ou classe; c – sua conduta em outros processos coletivos; d – a sua capacidade financeira para a condução do processo coletivo; e – a coincidência entre os interesses dos membros do grupo, categoria ou classe e o objeto da demanda; f – o tempo de instituição da associação e a representatividade desta ou da pessoa física perante o grupo, categoria ou classe".

[403] O artigo 20, I, prevê a legitimidade das pessoas físicas para o ajuizamento das ações coletivas, desde que o juiz reconheça a sua representatividade adequada, declinando-se na alínea a, b e c requisitos exemplificativos para a análise deste requisito. Em texto sobre o referido Código, os dizeres de Ada Pellegrini Grinover: "A grande novidade consiste na exigência do requisito da "representatividade adequada" que, na prática, se mostrou útil para as ações civis públicas em geral, necessária para ampliar a legitimação ativa e indispensável para a admissibilidade de ações coletivas passivas, em que o grupo, categoria ou classe de pessoas figura na relação jurídica processual com o réu (Capítulo III). Como dito, a legitimação ativa à ação civil pública é ampliada, abrangendo a pessoa física, o que é recomendável, desde que adotado o temperamento da aferição do requisito da representatividade adequada". (GRINOVER, Ada Pellegrini. "Rumo a um código brasileiro de processos coletivos". *In*: MAZZEI, Rodrigo; NOLASCO, Rita Dias (coords.). *Processo civil coletivo*. São Paulo: Quartier Latin, 2005, p. 724).

Direito Processual, prevendo, assim, a legitimidade individual da pessoa física, salvo para o mandado de segurança coletivo,[404] desde que reconhecida a representatividade adequada.

Por estas linhas perfilhou o Anteprojeto elaborado pela Universidade do Rio de Janeiro (UERJ) e pela Universidade Estácio de Sá, sob a coordenação de Aluísio Mendes, o qual disciplinou a ampla legitimidade às pessoas físicas aos processos coletivos, inclusive para o mandado de segurança coletivo, sem descurar da análise *ope judicis* da representatividade adequada.[405]

A proposta de Antônio Gidi à instituição de um Código de Processo Civil Coletivo não contemplou a legitimação individual, mas incluiu expressamente não apenas o controle da representatividade adequada do legitimado coletivo, como também do advogado do grupo.[406]

Por fim, o Projeto de Lei n. 5.139/2009 (Substitutivo de 15.09.2009 apresentado pelo Deputado Antonio Carlos Biscaia), elaborado no âmbito do Ministério da Justiça, seguiu orientação diversa, mantendo-se a proibição da legitimidade das pessoas físicas ao ajuizamento das ações coletivas, assim como silenciou a respeito da possibilidade de aferição ampla da representatividade adequada pelo órgão julgador, mantendo apenas a possibilidade de análise da restrita pertinência temática.[407]

---

[404] Neste caso, a legitimidade ficou restrita ao Ministério Público, à Defensoria Pública, ao partido político com representação no Congresso Nacional e à entidade sindical, entidade de classe ou associação (artigo 42).

[405] A legitimidade individual e de outros entes e órgãos públicos encontra-se prevista no artigo 9º e a exigência da representatividade adequada e a relevância social da tutela coletiva estão no artigo 8º, I e II, respectivamente.

[406] Os legitimados têm previsão no artigo 2º e a representatividade adequada está prevista no artigo 3º, II.

[407] A proposta legislativa exige que as associações estejam legalmente constituídas e em funcionamento há pelo menos um ano, bem como que os interesses defendidos estejam inseridos em seus fins institucionais (artigo 6º, VII). A ressalva é que o juiz pode dispensar este pré-requisito de um ano quando haja manifesto interesse social (artigo 6º, VII, § 1º).

4.1.3 Representatividade adequada como instrumento de participação social na elaboração dos elementos objetivos da demanda coletiva

Consoante às linhas anteriormente escritas, a técnica do moderno processo civil coletivo deve proporcionar mecanismos para a abertura de participação dos membros ausentes, os quais serão atingidos pela decisão judicial, para que a eles seja dada oportunidade de concorrer para a conformação da demanda e resultado do provimento jurisdicional final. Para colimar a este desiderato, espera-se uma atuação decisiva e participativa por parte do órgão julgador, o qual tem o dever de concorrer para tornar efetivos estes mecanismos de participação da coletividade.

Escolhidos os entes legitimados à propositura e condução da ação civil pública por opção legislativa, pode-se anotar que o sistema brasileiro utilizou-se do modelo misto, conforme mencionado, com o escopo de evitar a concentração de poder somente nos órgão públicos, estendendo-o também à sociedade civil organizada. A legitimidade de cada um deles tem sua pertinência justificada, pois representam importantes defensores dos interesses da sociedade.

Mesmo considerando a estratégica posição que estes entes e órgãos ocupam, a presunção de que os legitimados coletivos atuam sempre como verdadeiros representantes de uma coletividade ausente deve ser analisada com ponderações e ressalvas, pois a opção pela presunção absoluta da representatividade adequada pode esconder riscos aptos a representar verdadeiro óbice para o exercício democrático dos direitos transindividuais, e, portanto, necessita ser repensada à luz dos valores democráticos.

Isso porque não é possível afirmar que, no caso concreto, os interesses sociais serão adequadamente veiculados ou, ainda, que estarão, de maneira absoluta, reproduzidos de forma fidedigna por intermédio da ação coletiva. Como outrora apontado, o legitimado coletivo pode se utilizar da ação civil pública para externar a sua opção jurídico-política, sem atentar para a integração dos anseios sociais à interpretação constitucional. Neste caso, não se pode afirmar que o legitimado está atuando na função de legítimo representante da sociedade, o que torna incoerente a sistemática do modelo processual coletivo, que tem em sua base o sistema representativo.[408]

Legitimação corresponde à atribuição de poder e, deste poder decorre uma posição de dominação, como bem explicitado por Donaldo Arlmelin,[409] parafraseando Max Weber. O autor ainda acrescenta que, em um Estado Democrático de Direito, o poder único deve resultar da vontade popular e se distribui por meio das normas jurídicas.[410]

O instituto da legitimação nas ações coletivas deve partir destas premissas gerais referentes ao tema e ainda deve considerar que o sistema coletivo apoia-se na ideia de representação popular. Este instituto não nos remete ao sentido técnico jurídico da palavra no direito processual civil brasileiro,[411] mas deve ser compreendido no sentido de "porta voz" da defesa dos interesses de um grupo.[412] Sendo assim, a representação, neste caso, se pauta nos valores da relação de confiança, controle, prestação de contas entre representantes e representados.

---

[408] Consoante à doutrina de Álvaro Luiz Valery Mirra, as ações coletivas são verdadeiros instrumentos de participação popular na proteção dos direitos e interesses difusos. Ainda segundo o autor, a participação direta se dá nas hipóteses em que a legitimidade ativa é conferida ao cidadão, e, a participação semidireta ocorre quando a legitimidade ativa é conferida aos grupos ou instituições sociais, como Ministério Público, Defensoria Pública, associações, sindicatos, ou seja, instituições e organismos que se encontram em posição intermediária entre o povo e os representantes eleitos. ("Associações civis e a defesa dos interesses difusos em juízo: Do direito vigente ao direito projetado". *In:* GRINOVER, Ada Pellegrini; MENDES, Aluisio Gonçalves de Castro; WATANABE, Kazuo (coords.). *Direito Processual coletivo e o anteprojeto de código brasileiro de processos coletivos*. São Paulo: RT, 2007, pp. 115-117).

[409] ARMELIN, Donaldo. "Ação civil pública: legitimidade processual e legitimidade política". *In:* SALLES, Carlos Alberto de (org.). *Processo civil e interesse público*: processo como instrumento de defesa social. São Paulo: RT, 2003, p. 113.

[410] ARMELIN, Donaldo. "Ação civil pública: legitimidade processual e legitimidade política". *In:* SALLES, Carlos Alberto de (org.). *Processo civil e interesse público*: processo como instrumento de defesa social. São Paulo: RT, 2003, pp. 113/114.

[411] GIDI, Antônio. "A representação adequada nas ações coletivas brasileiras: uma proposta". *RePro*, São Paulo: RT, n. 108, pp. 61-70, 2002. p. 61-70.

[412] FORNACIARI, Flavia Hellmeister Clito. *A representatividade adequada nos processos coletivos*. (2010) Tese de Doutorado. Universidade de São Paulo, Faculdade de Direito da Universidade São Paulo – FADUSP, São Paulo, p. 48.

PROCESSOS COLETIVOS E POLÍTICAS PÚBLICAS

A função do representante não está em externar e defender as suas opiniões e interesses individuais, mas em efetivamente representar a coletividade, garantindo eficientemente a defesa de interesses coletivos e difusos em juízo. Para isso, será necessário o desenvolvimento de técnicas que possibilitem que o representante se informe sobre a opinião dos representados e leve ao coletivo as informações sobre as discussões das quais participa,[413] consolidando uma relação de diálogo prévio, inerente ao instituto da representação.

Deste modo, é forçoso reconhecer que a outorga de legitimidade aos entes e órgãos públicos na representação de ações coletivas não representa a atribuição de poder para que o exerçam de forma incondicionada, com submissão da população às suas deliberações pessoais e isoladas. Ao contrário, o sistema é de representação da vontade popular, informada pela eticidade inerente às normas constitucionais. Com efeito, os preceitos processuais devem ser permeados pelos vetores democráticos de representação, o que força à necessária integração da pluralidade ínsita à discussão social ao conteúdo da legitimidade coletiva.

O rigor da exigência desta aproximação entre o representante e o representado quando discutidos os direitos coletivos ocorre principalmente quando o objeto veiculado corresponde ao controle jurisdicional de políticas públicas. Nesta hipótese, envolvem-se as problemáticas questões de natureza jurídico-políticas, as quais, pela importância no seio da sociedade e pela dispersão de seus efeitos, necessariamente devem se submeter à discussão prévia e plural com a parcela da sociedade civil que será atingida pela decisão coletiva.

Em termos práticos, o que se pretende defender é que a representatividade nas ações coletivas, seja na fase pré-processual, quando então se discute as bases para a conformação da demanda, seja durante todo o trâmite do processo, não se distancie do debate com a coletividade, para

---

[413] HOUTZAGER, Peter; SERAFIM, Lizandra; DOWBOR, Monika. *Enfrentando os desafios da representação em espaços participativos*. São Paulo: CEBRAP: IDS, 2008. Disponível em: <http://www.cebrap.org.br/v1/upload/pdf/enfrentando%20os%20desafios%20da%20representacao.pdf> Acesso em: 05 de janeiro de 2013, pp. 16/17.

que o legitimado coletivo possa apreender os anseios sociais e tornar-se um verdadeiro representante dos interesses da sociedade.

A proposta, portanto, é que o requisito da representatividade adequada, exercido *ope judicis*, seja utilizado como um instrumento idôneo a controlar a relação de representação dos legitimados coletivos, verificando-se se, no caso concreto, ela é exercida nos moldes democráticos e verdadeiramente representativos.

A despeito deste requisito abranger também a qualidade técnica do legitimado coletivo e de seu advogado, assim como ocorre nas *class actions*, a análise neste trabalho tem o enfoque específico na atuação política exercida pelo legitimado coletivo, principalmente quando o objeto da ação versa sobre o controle de políticas públicas.

Identifica-se na doutrina entendimento que distingue "representação adequada" e "representatividade adequada" como institutos diversos. Na concepção desta corrente, o primeiro coincide com o conceito de *adequacy of representation* das *class actions* e é delineado pelo autor como análise da eficiência da atuação do representante e de seu advogado na defesa dos interesses do grupo ou da classe representada, em processo já instaurado. De outro vértice, "representatividade adequada" é compreendida como faceta da representatividade política franqueada a determinados entes intermediários, ou seja, cuida-se de requisito de verificação se os legitimados coletivos atuam como porta-vozes dos interesses da sociedade e, assim, com total autonomia e independência frente aos detentores do poder econômico, atendendo, por fim, às reais expectativas da coletividade.[414]

Diversamente da posição acima descrita, não se compreende um conceito fragmentado de representação e representatividade adequada, pois há uma inerente imbricação entre os dois institutos descritos, com reflexos recíprocos, que infirmam a autonomia de cada um deles.

---

[414] MIRRA, Álvaro Luis Valery. *Participação, processo civil e defesa do meio ambiente*. São Paulo: Letras Jurídicas, 2011, pp. 213-216. Neste mesmo sentido: GIDI, Antonio. *Rumo a um Código de Processo Coletivo*: a codificação das ações coletivas no Brasil. Rio de Janeiro: Forense, 2008, p. 112.

Defende-se neste trabalho que a ausência de representatividade política pode ensejar a má condução do processo coletivo pelo legitimado, ou seja, a um desempenho inadequado na tutela dos interesses da coletividade. Portanto, a despeito, *in abstrato*, de o ordenamento jurídico ter elegido órgãos públicos e entes intermediários que, *a priori*, encontram-se em uma posição funcional e sociológica adequada para a real defesa dos interesses sociais, é possível que, no caso concreto, o desempenho seja inadequado, seja em razão do desconhecimento do legitimado dos fatos que permeiam a ação, seja por não estarem adequadamente reproduzidos os reais anseios da sociedade, agindo com arbitrariedade na postulação do pedido. Neste último caso, a falta de representação política conduz a uma defesa inadequada, da mesma forma como a falta de apuro técnico do representante, ambos com reflexos na seara da legitimação de agir.

Deve-se ressaltar que esta representatividade do legitimado coletivo não corresponde sua submissão à vontade da maioria, caso contrário, correria-se o risco de incidir nos mesmos vícios dos demais Poderes. A judicialização da política passa pelo espectro constitucional, que transcende o conteúdo democrático baseado na regra da maioria, de modo a abranger e proteger valores éticos que consubstanciam uma sociedade solidária, o que muitas vezes passa pela proteção dos direitos das minorias que não tiveram voz perante os demais canais de representação política. Assim, o que se está a defender é que o ato de interpretar e identificar o real significado dos preceitos constitucionais e legais para reproduzi-los em um processo, como forma de confrontá-los à atuação política dos demais Poderes, concluindo-se, posteriormente, pelo desvio do interesse público, não pode representar uma atividade isolada, decorrente das convicções pessoais do legitimado coletivo. Em momento algum deve se perder de vista que o legitimado é apenas um representante, por meio do qual são expressos o poder e a vontade que advém do povo.[415]

---

[415] "Cuantas más certezas encontremos sobre la capacidad del representante para hablar por aquelllos que no intervienen directamente em el proceso, mayor será la legitimidad constitucional de la sentencia dictada. Esa legitimidad estará dada no solo por la violación del derecho individual al devido proceso de aquel que podríam haber actuado por si mismo em defensa del derecho constitucional pretendidamente violado, sin además por incorporar

A escolha legislativa por determinados organismos e instituições públicas — consubstanciados em técnicas de legitimidade extraordinária — para que estes externem as discordâncias com as opções políticas tomadas por intermédio da democracia representativa não pode significar o rompimento político-ideológico com o dissenso ínsito às iniciativas judiciais.[416] Em resposta à técnica da legitimidade extraordinária, em que o substituto tem legitimidade para falar por toda uma coletividade, deve haver a previsão de mecanismos que incitem a participação popular, ao menos para corroborar o delineamento da demanda.

Repisa-se que os legitimados não estão vinculados à opinião da maioria exposta na audiência pública e nas consultas públicas, sendo-lhe, portanto, autorizado a inclinar-se a defender a posição de uma minoria, após a detida análise dos fatos e do direito que revestem o objeto debatido. De qualquer forma, os deveres de informação, motivação, prestação de contas, entre outros, do representante perante os representados se mantêm.

A aproximação entre o representante e os representados deve iniciar-se em um momento pré-processual, ou seja, de maneira preliminar à propositura da ação coletiva. Deste modo, o representante deve desenvolver um estreito diálogo com a população, o que pode ser feito por intermédio das audiências públicas e das consultas públicas, mantendo-a sempre informada sobre a conclusão dos debates e sobre quais condutas irá adotar.[417]

---

al debate um grado de participación social congruente con la naturaleza de lós derechos debatidos. Se trata de procesos complejos en los cuales la justicia debe pronunciarse luego de escuchar las dinstintas posiciones de todas las partes afectadas". (VERBIC, Francisco; OTEIZA, Eduardo. "La representatividad adecuada como requisito constitucional de los procesos colectivos. Cuáles son los nuevos estándares que brinda el fallo 'harabi'?" Disponível em: <http://www.franciscoverbic.com.ar/index.php?option=com_content&view=article&id=62&Itemid=97&lang=pt> Acesso em: 03 de janeiro de 2013, p. 02).

[416] CABRAL, Antônio do Passo. "O novo procedimento-modelo alemão: uma alternativa às ações coletivas". *In:* DIDIER Jr., Fredie (org.). *Leituras complementares de processo civil.* Salvador, 2009, pp. 29/30.

[417] "Na hipótese em que o pedido formulado pelo autor coletivo consista na obtenção de um provimento judicial que substitua o processo de decisão política, o juiz deve

PROCESSOS COLETIVOS E POLÍTICAS PÚBLICAS

A pertinência da propositura da ação e, em caso positivo, a conformação de seus elementos objetivos, causa de pedir e pedido, devem ser alvo de intenso debate entre o legitimado processual e a coletividade. É neste momento que, não somente ocorre a pluralização do diálogo com a sociedade, necessária para dirimir questões de natureza jurídico-políticas, como também se proporciona a melhor compreensão pelo ente ou órgão público a respeito das questões fáticas que envolvem a controvérsia. Noutros termos, a estreita aproximação do legitimado coletivo com os representados antes da propositura da ação encontra fundamento também na oportunidade de melhor colheita de informações perante a comunidade que sofrerá os efeitos do controle da política pública pretendida.

Este último objetivo da investigação e diálogo prévio do legitimado é fundamental no sistema brasileiro, pois, diferente das *class actions*, não se exige que o autor tenha sofrido diretamente a lesão e que, portanto, tenha interesse próprio e individual na causa, a denominada *standing* do sistema norte-americano.[418] De acordo com o sistema pátrio, os agentes que compõem os órgãos públicos e os indivíduos que integram os corpos intermediários não necessariamente se incluem no grupo ou

---

investigar se a solução buscada perante o Poder Judiciário não fere o princípio democrático. (...) Trata-se, em verdade, de garantir o regular desenvolvimento do processo político e a participação efetiva dos interessados, o que somente pode ser aferido a partir das informações contidas na inicial. (...) Sustento, portanto, que as ações coletivas podem consistir em um importante espaço de ampliação de debate democrático, desde que o autor coletivo vá buscar na própria sociedade as respostas para os problemas sociais e econômicos do país". (*Amicus curiae e audiência pública no processo civil brasileiro*: propostas para o fortalecimento da cidadania através das ações coletivas no Brasil. Publicado em: 19 de novembro de 2005. Disponível em: <http://www.revistadoutrina.trf4.jus.br/index.htm?http://www.revistadoutrina.trf4.jus.br/artigos/edicao009/eduardo_appio.htm> Acesso em: 15 de setembro de 2012).

[418] *Standing* no direito norte-americano aproxima-se do conceito de legitimidade. Assim, os tribunais norte-americanos exigem, para a conclusão da legitimidade do autor da ação coletiva, que este esteja na mesma posição caso fosse parte em uma ação individual. Em outras palavras, para ser autor em ação individual ou coletiva o sistema americano exige que a parte tenha uma relação real, atual e adversária com a parte contrária (MULLENIX, Linda. *Os processos coletivos nos países de civil law e common law*: uma análise de direito comparado. São Paulo: RT, 2008, p. 280).

na coletividade que tem violado o seu direito, estando autorizados a imiscuírem-se em questões diversas, obedecendo apenas a "pertinência temática", conforme antes exposto.

Este distanciamento dos elementos fáticos pode conduzir a situações distorcidas da realidade social e também do interesse social que permeia a controvérsia coletiva.[419]

Por não pertencerem à classe e não terem sofrido o dano, os entes legitimados devem aproximar-se do grupo a que pertence este direito para que possam compreender os fatos e as razões jurídicas que justificam a propositura da ação coletiva.[420]

No caso dos direitos difusos, mesmo a dispersão dos interesses não retira o dever dos entes legitimados, enquanto representantes adequados, de discutir com a sociedade, por intermédio de audiências públicas,[421] antes da propositura da ação, servindo este estreito diálogo como parâmetro

---

[419] "No entanto, se em algumas hipóteses o esquema atual tem justificação social nobre, por outro lado traz dificuldades em certos pontos, tanto no que tange à substituição processual como à vinculação de terceiros ao resultado da demanda coletiva. As razões que identificamos para o problema são: a) o distanciamento que existe, muitas vezes, entre o legitimado extraordinário e os fatos a serem expostos; e b) o estabelecimento de sistemas automaticamente inclusivos dos membros ausentes da classe (*absent class members*) aos efeitos do julgamento, o que desconsidera dissidências e especificidades dentro da coletividade substituída". (CABRAL, Antônio do Passo. "A causa de pedir nas ações coletivas". *In:* DIDIER Jr., Fredie; MOUTA, José Henrique (coords.). *Tutela jurisdicional coletiva*. Salvador: JusPodivm, 2009, pp. 63/64).

[420] Na defesa de Susana Henrique da Costa pelo sistema misto da representatividade adequada, que também contemple o controle feito pelo órgão julgador: "(...) é salutar a existência de um controle específico e voltado às circunstâncias do caso concreto. Caso contrário, seria permitida a defesa de determinado interesse de massa por autor legalmente legitimado, porém totalmente dissociado e alheio ao objeto do processo". ("O controle judicial da representatividade adequada". *In:* SALLES, Carlos Alberto (org.). *As grandes transformações do processo civil brasileiro*. São Paulo: Quartier Latin, 2009, p. 973).

[421] A previsão de audiências públicas pelo Ministério Público se encontra regulamentada em sua Lei Orgânica Nacional (artigo 27, parágrafo único, IV, da Lei n. 8.625/93). A Defensoria Pública também tem, em sua função institucional, a convocação de audiências públicas para discutir matérias relacionadas às suas funções institucionais, consoante ao artigo 4º da Lei n. 80/94.

para delimitar os elementos objetos da lide. Trata-se, nas palavras de Alexandre Amaral Gavronski, de autêntica técnica extraprocessual de informação desse legitimado.[422]

Deste modo, tem-se que o incentivo de participação social na elaboração da demanda é dever dos autores das ações coletivas. São eles que, preliminarmente à propositura da ação, devem se aproximar da sociedade civil e despertar o interesse desta coletividade em participar de um diálogo plural e aberto, franqueando a possibilidade de concorrerem para a delimitação da causa de pedir e do pedido, servindo-se, por fim, de verdadeiros porta-vozes dos direitos coletivos.

O controle do cumprimento deste dever se faz a *posteriori,* por intermédio do requisito da representatividade adequada. O magistrado, ao receber a petição inicial e durante o curso da demanda, deve analisar se, no caso concreto, o autor, de fato, se fez legítimo representante dos interesses da sociedade, preocupando-se em se aproximar da coletividade e oportunizar o debate franco e aberto. Caso se verifique que o autor não reúne as condições necessárias para o cumprimento deste requisito, sua ausência não deve ensejar a extinção do processo sem julgamento do mérito, e sim a nomeação de outro legitimado a sucedê-lo.[423]

Por esta razão, o momento da estabilização objetiva da demanda não pode se submeter ao sistema de preclusão rígido do processo individual, diante da possibilidade de se concluir pela errônea narração da causa de pedir ou da equívoca conformação do pedido, devendo-se permitir uma maior flexibilização do procedimento.

As associações, a despeito de emergirem do seio da própria sociedade, também não escapam deste controle jurisdicional da representatividade

---

[422] GAVRONSKI, Alexandre Amaral. *Técnicas extraprocessuais de tutela coletiva*: a efetividade da tutela coletiva fora do processo judicial. São Paulo: RT, 2010, p. 328. Sugere Gavronski que, ao final dos debates, o legitimado coletivo que convocou a audiência pública exponha o posicionamento que se formou, fixe tempo para comunicá-lo ou indique as diligências que pretende adotar a partir da audiência e antes de alguma conclusão. (*Técnicas extraprocessuais de tutela coletiva*: a efetividade da tutela coletiva fora do processo judicial. São Paulo: RT, 2010, p. 332).

[423] Este sistema consta nos Anteprojetos do Código Brasileiro de Processos Coletivos.

adequada. Para além da possibilidade de má condução do processo e também da ocorrência de fraudes e conluios, estes entes podem, em determinadas circunstâncias, não reproduzir, por meio do processo judicial, os reais anseios sociais.

Não há dúvidas acerca da imprescindibilidade do incentivo da participação das associações no controle jurisdicional das políticas públicas.[424] Mas não se pode negar que há um importante risco das atuações advindas das associações travestirem-se sempre de uma situação legitimadora, sob a justificativa de que suas ações são frutos dos anseios da sociedade civil organizada. A prática, se compreendida como absoluta, pode desvelar a fragilidade desta presunção. Isso porque o Brasil é considerado um País de baixa propensão associativa, em virtude dos processos históricos de dominação e verticalização do Estado e da sociabilidade política.[425] E, mesmo os cidadãos que são associados, nem sempre participam ativamente da busca dos fins institucionais almejados pela associação e, muitas vezes, titularizam um inexpressivo grau de pertencimento àquele grupo.

Por estas e outras razões, é possível que o agir de uma associação não seja plural e não expresse os interesses da sociedade. O poder de defender direitos indivisíveis em juízo pode não ser exercido, no caso concreto, com a legitimidade democrática necessária, diante do esvaziamento participativo de sua composição e do esvaziamento democrático também no exercício de suas funções.

Em outros termos, as associações podem não ser representantes adequados da sociedade, malgrado todo o reconhecimento e prestígio

---

[424] "(...) a participação em associações civis ajuda os participantes a entrar em contato com a democracia, a praticá-la em um micro-universo, a aprender sobre como entrar em contato com o Estado, e, nesse processo, entender sobre como melhor defender os seus interesses". (AVRITZER, Leonardo; RECAMÁN, Marisol; VENTURI, Gustavo. "O associativismo na cidade de São Paulo". *In:* AVRITZER, Leonardo (org.). *A participação em São Paulo*. São Paulo: Unesp, 2004, p. 30).

[425] AVRITZER, Leonardo; RECAMÁN, Marisol; VENTURI, Gustavo. "O associativismo na cidade de São Paulo". *In:* AVRITZER, Leonardo (org.). *A participação em São Paulo*. São Paulo: Unesp, 2004, p. 11.

que merecem diante de sua posição social e política. Assim, a estes organismos também deve ser oposto o requisito da representatividade adequada, que não deve ser analisado como um obstáculo ao acesso à justiça, mas um mecanismo de aprimoramento do sistema de ações coletivas.

Somente no caso concreto é que se pode aferir se o requisito de representatividade adequada foi realmente observado. Não se faz possível presumir de forma absoluta que o legitimado escolhido pelo ordenamento irá cumprir com a sua função e tornar-se um verdadeiro representante, incumbindo-se de desempenhar todos os deveres inerentes ao exercício da representatividade adequada. Sem controle no caso concreto, este compromisso pode ser facilmente violado.

Esta é a importante conclusão de Cassio Scarpinella Bueno:

> Não condiz com o espírito da Constituição a presunção legislativa de representantes adequados a título de portadores de afirmações de direitos dos membros ausentes da relação processual. O juiz deve ter, ainda, participação ativa na averiguação de se tratar a hipótese fática trazida à sua presença (...). Deverá exigir que seja descrita a coletividade, deverá, se entender necessário, convocar e ouvir membros da coletividade, deverá verificar, ainda, quais os interesses que prevalecem no interior destas mesmas coletividades. Realizada esta tarefa, estarão superados muitos dos óbices que poderiam ser postos para a solução brasileira da coisa julgada.[426]

É certo que o magistrado terá o dever de motivar a sua decisão no caso de vislumbrar a ausência de representatividade adequada, seguindo-se o mandamento constitucional direcionado a todas as decisões judiciais (artigo 93, IX, da CF).[427]

---

[426] BUENO, Cassio Scarpinella. "As *class actions* norte-americanas e as ações coletivas brasileiras: pontos para uma reflexão conjunta". *RePro,* São Paulo: RT, n. 82, pp. 92-151, 1996, pp. 144/145.

[427] "De outro lado, na negativa, plausível que o juiz entenda que, naquele caso concreto, os vetores do devido processo legal não estão sendo adequadamente cumpridos. Nestes

Destarte, o órgão julgador tem o dever de apontar as razões pelas quais o legitimado não cumpre o seu papel de adequado representante, podendo-se falar, no modelo brasileiro, em presunção relativa de adequada representatividade dos legitimados coletivos escolhidos pela seleção legislativa.

Mas não é só. Ele tem ainda o dever de concorrer para sanar as irregularidades e, por fim, verificando a impossibilidade de o legitimado manter-se no pólo ativo, determinar a sua substituição por outro legitimado. Certamente, o caminho mais fácil da extinção sem julgamento do mérito por ilegitimidade da parte diante da ausência da representatividade adequada não se coaduna com os princípios que permeiam o sistema processual coletivo atual e até mesmo com as novas regras do CPC (art. 139, IX).

Ao se inclinar para a defesa do controle jurisdicional das políticas públicas e se entender que ela representa um dos mecanismos de democracia participativa admitidos no Estado Democrático de Direito, exigem-se, em contrapartida, instrumentos que façam deste exercício jurisdicional um canal de participação popular. De outro vértice, deve ser extirpado quaisquer resquícios que visem a infirmar a força das vozes populares. A técnica da representatividade, em qualquer instância de poder, deve servir como um mecanismo de reprodução e eco da verdadeira vontade popular, caso contrário, deve ser considerada ilegítima e incapaz de produzir efeitos, diante de sua evidente afronta à cláusula republicana de que todo poder emana do povo.

4.2 PARTICIPAÇÃO POPULAR POR INTERMÉDIO DAS AUDIÊNCIAS PÚBLICAS

Concluiu-se nos capítulos anteriores que os processos de massa podem se tornar verdadeiros instrumentos de democracia participativa

---

casos, deve recursar, motivadamente, o prosseguimento da ação, ao menos, enquanto veículo de tutela coletiva". (BUENO, Cassio Scarpinella. "As *class actions* norte-americanas e as ações coletivas brasileiras: pontos para uma reflexão conjunta". *RePro*, São Paulo: RT, n. 82, pp. 92-151, 1996, p. 129).

quando o seu objeto visa à contestação das ações e das omissões advindas do Poder Público em assuntos de alta relevância social e política. A técnica dos processos coletivos permite estender os efeitos das decisões a todos aqueles que se enquadram no mesmo contexto fático e jurídico, resguardando-se a coerência necessária quando o objeto é indivisível. O Direito instrumental, portanto, cumpre o seu papel e proporciona a dinâmica imprescindível à adequada intervenção jurisdicional na gestão da coisa pública.

Contudo, a conclusão de que o processo coletivo se trata de verdadeiro canal de exercício da democracia participativa pode ser alvo de questionamento quando confrontada com o sistema representativo de legitimidade coletiva. Em outras palavras, parece haver um contrassenso em defender que a tutela coletiva é erigida a um canal de exercício da democracia direta e participativa quando ao cidadão é defeso provocar diretamente o Poder Judiciário para expor as razões da sua argumentação em favor da ilegalidade ou da inconstitucionalidade da atuação ou inércia estatal, que gere efeitos difusos. Assim, o cidadão é forçado a se submeter a um sistema representativo de interesses, aproximando-se, neste aspecto, dos postulados da democracia representativa.

Por outro lado, deve-se ponderar que, ainda que houvesse para o indivíduo abertura para o ajuizamento do processo coletivo, este também atuaria como representante dos demais membros da coletividade, exatamente como ocorre na ação popular. A conclusão, portanto, é de ser inescapável ao sistema processual coletivo o modelo representativo de interesses, o que está em perfeita consonância com os princípios da efetividade e da economia processual.

Com o objetivo de tentar contornar os entraves deste modelo, o controle jurisdicional da representatividade adequada se faz mecanismo importante para garantir que haja, de fato, a representação dos interesses da coletividade pelos legitimados coletivos, uma vez que estes sequer foram escolhidos democraticamente pela massa que sofrerá os efeitos da decisão coletiva, ressalvadas as flexibilizações permitidas à coisa julgada.

Ainda assim, é possível avançar um pouco mais e concentrar-se nas técnicas diretas de inserção da sociedade civil no debate processual, refletindo a expressão real e efetiva do princípio democrático que deve permear o processo civil de interesse público.

Neste esteio, é possível se utilizar da técnica processual para desconstituir, no processo coletivo, o conceito rígido de que o contraditório deve limitar-se à relação dialética estabelecida entre as partes formais que integram a lide. Além da *participação pelo processo*, é possível que a tutela coletiva proporcione a *participação no processo*,[428] utilizando-se como instrumento as audiências públicas, com o escopo de garantir a efetiva participação dos cidadãos nas deliberações de interesse público.

A história brasileira nos revela uma relação de dominação política da sociedade civil, o que concorreu para fragilizar o processo de participação nas decisões de interesse social, servindo, ao longo do tempo, de abertura para a disseminação de injustiças e descasos com a opinião pública.[429] De outro vértice, é possível afirmar que, atualmente, a cultura brasileira de participação democrática encontra-se em expansão em todas as esferas de poder, corroborando para a construção coletiva e social do Direito.[430]

---

[428] Segundo a lição de Ada Pellegrini Grinover, exposta no artigo "Direito processual coletivo", no processo individual há a *participação no processo*, o que se faz por meio do contraditório. Já no processo coletivo, a participação se faz *pelo processo*, pois o contraditório é exercido pelo portador em juízo dos direitos transindividuais. No entanto, no Anteprojeto de Código Brasileiro de Processos Coletivos, que contou com a orientação da professora Ada Pellegrini Grinover, mencionam-se serem princípios da tutela jurisdicional coletiva a participação *pelo processo* e no *processo* (artigo 2º, alínea "c").

[429] Em artigo intitulado "Audiência pública como direito de participação", Maria Goretti Dal Bosco discorre sobre a baixa densidade da participação política no Brasil: "As barreiras no Brasil são primeiramente de natureza cultural, já que o modelo político que adotamos, chamado de democracia, encontra-se ainda em fase de aperfeiçoamento, motivada esta situação, em muito, pelo longo período de ditadura militar que tomou conta do País". (DAL BOSCO, Maria Goretti. *Audiência pública como direito de participação*. Disponível em: <http://www.oabms.org.br/Noticia/1080/audiencia-publica-como-direito-de-participacao> Acesso em: 03 de janeiro de 2012).

[430] Na leitura de Diogo de Figueiredo Moreira Neto: "Só muito recentemente se vem reconhecendo a necessidade de complementar a democracia representativa com a democracia participativa, especialmente na Administração Pública, cujos quadros têm sido tradicionalmente refratários à ingerência coletiva por parte da sociedade".

Nas demais instâncias de Poder, os novos canais e espaços políticos de participação direta da população na elaboração políticas públicas vêm servindo de referência e de exemplo, demonstrando ser possível a implantação dos mecanismos de democracia participativa na gestão da coisa pública, como abordado no primeiro capítulo. Os resultados colhidos concorrem para a racionalização dos programas do Estado e também dão voz aos grupos politicamente marginalizados, com ênfase nos direitos sub-representados.

Estas práticas participativas revelam uma nova qualidade de cidadania, renovando a credibilidade do cidadão em seu potencial de se fazer voz ativa e, em consequência, na possibilidade de intervir e influenciar os processos decisórios do Governo.

Ao lado destes canais democráticos encontram-se as audiências públicas. Em alguns casos, a sua importância é ratificada e exigida pela legislação,[431] impondo ao Poder estatal a sua observância no exercício da gestão pública. Em outros, ainda que não haja a vinculação legal, a sua observância, sempre que possível, cumpre com o princípio constitucional democrático,[432] estabelecendo uma relação dialógica entre a Administração Pública e o cidadão.

Destarte, diante da experiência nos demais Poderes e do contexto democrático atual, pode-se afirmar que as audiências públicas se

---

(MOREIRA NETO, Diogo Figueiredo. *Mutações do direito administrativo*. Rio de Janeiro: Renovar, 2001, p. 206).

[431] Estatuto da Cidade (Lei n. 10.257/2001), artigo 43, II; Lei n. 8.666/93, artigo 39; Lei n. 9.427/96, artigo 4º, § 3º; Lei n. 9.478/97, artigo 19; Lei n. 9.784/99, artigo 32; Lei n. 101/2000, artigo 48, parágrafo único, I; Lei n. 11.445/2007, artigo 11, IV, entre outras.

[432] Para Lúcia Valle Figueiredo, como a própria Constituição Federal prescreve uma atuação participativa, mesmo sem obrigatoriedade legal ou constitucional, grandes projetos ou importantes decisões a serem tomadas necessariamente deveriam ser precedidos de audiências públicas ("Instrumentos da administração consensual: a audiência pública e sua finalidade". *Revista Eletrônica de Direito Administrativo Econômico*, n. 11, Salvador, ago./set./out. 2007. Disponível em: <http://www.ipea.gov.br/participacao/images/REDAE-11-AGOSTO-2007-LUCIA20VALLE.pdf> Acesso em: 20 de setembro de 2012, p. 14).

consagraram como instrumento de inegável efetividade à gestão pública, pois permitem o controle pela sociedade dos atos públicos, servem como importante meio para a informação social e prestam-se à colheita de informações sobre fatos e diversas opiniões que derivam do seio da sociedade. Enfim, o resultado concorre para a formação de decisões com maior potencial racionalizador e legitimador, elementos essenciais que consubstanciam a base do poder político.

As audiências públicas tiveram origem no direito anglo-saxão (*public hearings*), tornando-se, hodiernamente, uma prática universal.[433] Este instrumento democrático tem fulcro na garantia do devido processo legal substancial, que se revela na prerrogativa de o indivíduo ser ouvido quando esteja em jogo os seus interesses.[434]

No Direito brasileiro, pode-se afirmar que a audiência pública também integra a garantia do devido processo legal substancial, expressa no artigo 5º, LV, da Constituição Federal, e ainda se faz expressão das garantias constitucionais do contraditório e da ampla defesa.[435]

Nas palavras de Augustín Gordillo, as audiências públicas têm espaço quando o que está em pauta são decisões públicas de largo interesse social, servindo de meio para que sejam submetidas à prévia discussão juntamente com a sociedade:

> *Pero el derecho comparado ya de antaño introduce uma segunda forma de cumplir con el antiguo principio audi alteram pars y es la necesidad política y jurídica de escuchar al público antes de adoptar uma decisón,*

---

[433] GORDILLO, Agustín. "Tratado de derecho administrativo". 9ª Ed. Tomo 2: La defensa del usuário y del administrado. Buenos Ayres: FDA, 2009. Disponível em: www.gordillo.com.br. Acesso em 10 de julho de 2012, p. XI-2.

[434] MOREIRA NETO, Diogo Figueiredo. *Mutações do direito administrativo*. Rio de Janeiro: Renovar, 2001, pp. 207/208.

[435] Segundo Mariana Mencio, no âmbito da Administração Pública as audiências públicas têm fundamento nos seguintes dispositivos constitucionais: artigo 5º, XXXIII, LV, artigo 29, XII, artigo 37, *caput*; artigo 194, parágrafo único, VII, artigo 198, III, artigo 204, II e artigo 225, *caput* e, no âmbito do Poder Legislativo, encontram respaldo no artigo 58, II. (*Regime jurídico da audiência pública na gestão democrática das cidades*. São Paulo: Fórum, 2007, p. 110).

cuando ella consiste em uma medida de carácter general, um proyecto que afecta al usuário o a la comunidad, al medio ambiente, la designación de um magistrado del la Corte Suprema, etc. Su campo de aplicación es sumamente amplio y si la considera em el marco ampliado de la participación ciudadana ostenta diversas variantes y ramificaciones. Su funcionamiento suponde necesariamente que la autoridad pública someta um proyecto al debate público, proyecto que debe tener el suficiente grado de detalle como para permitir una eficaz discusión.[436]

Com efeito, as audiências públicas são instrumentos democráticos já conhecidos dos demais Poderes. Esta experiência pode perfeitamente ser transportada ao Poder Judiciário, como procedimento que antecede às importantes decisões judiciais, principalmente quando o assunto refere-se ao controle de políticas públicas.

Nesta hipótese, o Poder Judiciário irá intervir, quando autorizado pelo sistema jurídico-político, em assuntos que, *a priori,* referem-se à função dos demais Poderes. Deste modo, a densidade democrática que permeia as decisões jurisdicionais deve aproximar-se daquelas que qualificam o exercício dos demais poderes políticos, seja porque possuem um conteúdo mais genérico, seja pela forte conotação político-social.

Atualmente, há exemplos concretos da eficiência das audiências públicas realizadas no âmbito jurisdicional. O Supremo Tribunal Federal já se utilizou da técnica para debater com a sociedade temas polêmicos e de largo espectro político.[437] Os resultados foram extremamente positivos. Os participantes das audiências públicas trouxeram ao debate subsídios técnicos e esclarecimentos sobre os reflexos políticos e econômicos, proporcionando o aclaramento das questões que consubstanciavam a matéria em pauta. A abertura do debate para além dos componentes do Tribunal, com a autorização para a explanação de *experts* sobre

---

[436] GORDILLO, Agustín. "Tratado de derecho administrativo". 9ª Ed. Tomo 2: La defensa del usuário y del administrado. Buenos Ayres: FDA, 2009. Disponível em: www.gordillo.com.br. Acesso em 10 de julho de 2012, p. XI-2.
[437] Para conferir as audiências públicas realizadas e as que serão realizadas: http://www.stf.jus.br/portal/audienciaPublica/audienciaPublicaPrincipal.asp.

o assunto, defendendo teses contrapostas, recebeu a devida publicização, despertando a atenção da população sobre a relevância do assunto.[438]

Deve-se reconhecer que as audiências públicas já realizadas no âmbito do Supremo Tribunal Federal tiveram como precípuo escopo o aporte de conhecimento técnico que reveste a matéria objeto de determinado processo ou de diversos processos que seriam julgados por aquela Corte, com a participação de especialistas aptos a esclarecerem e aprofundarem o conhecimento técnico dos Ministros que compõem a Corte. A despeito de se tratar de uma oportunidade para a manifestação de opiniões diversas e plurais, inseridas em diferenciadas funções e posições da sociedade civil, o objeto precípuo foi franquear fala àqueles titulares de um vasto currículo e experiência, pertinente à matéria em discussão.[439]

O recorte que se pretende dar às audiências públicas no âmbito dos processos coletivos é o da possibilidade de servirem, não apenas como instrumento de esclarecimento técnico dos elementos que compõem a lide, jurídicos ou não, mas também que possam ser utilizadas como espaço democrático de expressão daqueles que serão atingidos pela decisão coletiva, independente de seu saber técnico sobre o tema, valendo-se de seu conhecimento e sua opinião sobre os fatos e, ainda, de sua experiência cotidiana acerca daquele direito que também se insere em seu patrimônio jurídico.

O valor informativo da inserção das audiências públicas no processo coletivo deve ser sempre o de inclusão popular, com vozes plurais que lhe são inerentes, seja para exprimir as importantes considerações

---

[438] Gustavo Justino de Oliveira ressalta o caráter pedagógico das audiências públicas, pois, por meio dela se estabelece uma real oportunidade de conscientização e educação da população sobre as diretrizes e as políticas públicas. ("As audiências públicas e o processo administrativo brasileiro". *Revista de Informação Legislativa*, vol. 34, n. 135, pp. 271-281, Brasília, Senado Federal, jul./set. 1997. Disponível em: <http://www2.senado.gov.br/bdsf/bitstream/id/280/4/r135-31.pdf>. Acesso em: 04 de janeiro de 2015. p. 149).

[439] O parágrafo único do artigo 154 do Regimento Interno do STF atribui ao ministro que presidir a audiência pública a função de selecionar as pessoas que serão ouvidas (inciso III), devendo garantir a participação de diversas correntes de opinião (inciso II).

de especialistas sobre a matéria, seja para a participação efetiva da sociedade civil, a qual, ainda que não seja titular da *expertise* sobre o assunto, é a real destinatária destas importantes decisões de natureza jurídica e também de inegáveis reflexos políticos, econômicos e sociais. Em síntese, estas audiências públicas devem servir de espaço a autorizar que, por meio dela, se possam esclarecer, através de *experts* no assunto, determinados pontos técnicos ainda obscuros, concorrendo para a qualificação das decisões jurisdicionais, e, ainda, devem também se prestar como via de participação útil aos cidadãos, os quais podem se utilizar da argumentação pessoal e individual para influenciar a decisão judicial, bem como trazer fatos não devidamente esclarecidos sobre a situação específica.

O principal objetivo da inserção das audiências públicas no âmbito do processo coletivo é proporcionar a pluralização do debate, fase prévia à decisão judicial. O escopo, portanto, é expandir a amplitude do contraditório, superando os limites estreitos da relação dialética entre o ente legitimado e o Poder Público. Trata-se da socialização da garantia constitucional do contraditório, imprescindível ao processo coletivo, que carrega a marca da transindividualidade de seu elemento subjetivo e da politização de seu objeto.[440]

Quando a controvérsia em debate refere-se ao controle de políticas públicas, os contornos da socialização das técnicas processuais devem se tornar mais fortes e acentuados. As políticas públicas são instrumentos estratégicos para se colimar a efetivação dos direitos fundamentais. Portanto, o que está em julgamento no processo coletivo é a outorga de

---

[440] Sobre a participação nas decisões referentes aos conflitos sociais sobre interesses coletivos: "Esses procedimentos devem ser estruturados de forma a permitir a mais ampla participação de "sujeitos coletivos", com a integração do maior número possível de pontos de vista sobre a questão a ser decidida, havendo ainda de se prever a possibilidade de a decisão ser tornar, a um só tempo, vinculante para os casos futuros semelhantes e passível de ser modificada, diante da experiência adquirida em sua aplicação". (GUERRA FILHO, Willis Santiago. "Noções fundamentais sobre o princípio constitucional da proporcionalidade". *In: Leituras complementares de direito constitucional*: controle de constitucionalidade e hermenêutica constitucional. Salvador: JusPodivm, 2008, p. 67).

valores sociais aos preceitos constitucionais e legais, que irão ter consequências diretas nos direitos que perfazem a dignidade de uma determinada coletividade.

E, em razão da natureza política destas decisões, o debate público e plural compõe o espírito democrático necessário à sua legitimidade social, não pela submissão do órgão julgador à vontade popular, pois, ao contrário das controvérsias que giram em torno das audiências públicas que integram o devido processo legal da Administração Pública, no âmbito jurisdicional não há qualquer divergência acerca da impossibilidade de vinculação do órgão julgador ao resultado da audiência pública. Não há dúvidas que o magistrado não está adstrito às manifestações externadas em audiência, mas, por outro lado, este tornar-se ouvinte das opiniões da sociedade civil, mormente quando o objeto do processo refere-se à intervenção jurisdicional em matéria de políticas destinadas à consecução dos objetivos da República Federativa do Brasil, certamente concorrerá para uma decisão mais plural, racional e legítima,[441] pois fruto de um debate reflexivo com os próprios destinatários das políticas públicas a serem construídas, os quais podem trazer valiosas informações e ponderações que a qualificação técnica nem sempre consegue identificar.

Ademais, ao contrariar as opiniões exaradas nas audiências públicas, os magistrados deverão utilizar-se da técnica argumentativa para demonstrar a razão pela qual a sua decisão se afasta do resultado da audiência pública, corroborando para o melhor desempenho de seu dever de fundamentação (artigo 93, IX, da CF),[442] e maior transparência do sistema jurisdicional.

---

[441] Para Alexandre Amaral Gavronski, a participação acresce à legitimidade social à decisão administrativo, legislativa e judicial. (*Técnicas extraprocessuais de tutela coletiva*: a efetividade da tutela coletiva fora do processo judicial. São Paulo: RT, 2010, p. 334).

[442] "Assim, surge outro importante efeito da audiência pública, aquele de impor um ônus argumentativo (*Argumentationslast*), caso desejem os órgãos administrativos e judiciais afastar-se da conclusão popular. Isso ocorre porque, às vezes, o ordenamento estabelece um primado apriorístico (*prima facie Vorrang*) de certos valores, interesses e direitos em detrimento de outros. Assim, quando observada esse "hierarquia" valorativa, para que o magistrado faça prevalecer o bem, valor ou direito que não aquele *prima facie* prevalente, deve ter "razões mais fortes" (*stäkere Grunde)* do que seria necessário para

Como visto, o Estado Democrático de Direito tem suas bases na ênfase da proteção e do resguardo dos direitos fundamentais e é informado por um conteúdo democratizante, que alberga a intensa participação social na tomada de decisões sobre a forma de se alcançar estes direitos fundamentais. E, dessa participação advém naturalmente o dissenso, resultado festejado em uma sociedade multicultural e plural como a brasileira. Na construção e implementação de políticas públicas é este diálogo social que concorre para a maior probabilidade de acerto da decisão, que enseja maior conformação social nas deliberações políticas e sociais, que franqueia a real transparência à população acerca do procedimento, enfim, que culmina em dar real significado à democratização das decisões de cunho político.

As audiências públicas, como um dos novos mecanismos democráticos, concorrem para delinear o perfil progressista do processo civil no Estado Democrático de Direito, como bem aponta Roberto Omar Berizonce:

> *En el fondo, claro, los soportes instrumentales son tan solo eso, pero también es exacto que sin ellos difícilmente podría cumplirse sua alta misión. El activismo pretoriano para la creación de nuevas herramientas procesales de apoyo al actuar del tribunal, ha quedado demonstrado resulta esencial para la legitimación democrática de las decisiones de fondo. Diálogo interinstitucional, democracia deliberativa en el espacio judicial, participación comunitária en el debate y construcción de las políticas públicas, avances "experimentales" en la decisón, métodos de control en la ejecución, no son sino andamiajes que le permiten desempeñar en plenitud la misión esencial que le corresponde a la Corte como componedora de la paz social, arbitrando entre intereses y, al mismo tiempo, consolidando las convicciones democráticas, ahora legitimada también, por la utilización fructífera de aquellos procedimientos.*[443]

---

justificar a decisão em benefício do interesse privilegiado pela ordem jurídico". (CABRAL, Antonio de Passo. "Os efeitos processuais das audiências públicas". *Revista Eletrônica de Direito Administrativo Econômico*, n. 13, pp. 1-17, Bahia, fev./mar./abr. 2008. Disponível em: <http://www.direitodoestado.com/revista/REDAE-13-FEVEREIRO-2008--ANTONIO%20CABRAL.pdf> Acesso em: 24 de outubro de 2012, p. 7).

[443] BERIZONCE, Roberto Omar. "Activismo judicial y participación em la construcción de las políticas públicas". *RePro*, São Paulo: RT, n. 190, pp. 37-70, dez. 2010, p. 68.

Deve-se reconhecer que o sistema automaticamente inclusivo do processo coletivo, a despeito das reconhecidas qualidades, pode fragilizar a externalização desta pluralidade, contrapondo-se ao conteúdo democratizante das políticas públicas.

Caso a coletividade fique alijada do debate público, sem possibilidades de qualquer manifestação, perde-se a oportunidade de ouvir as razões que embasam a opinião individual de quem tem propriamente ameaçado ou violado o seu direito fundamental, pois são estes indivíduos, usuários do aparelhamento social, que melhor podem desvelar os vícios e as deficiências dos serviços e produtos oferecidos pelo Poder Público. Ao restringir o diálogo somente aos operadores do Direito, corre-se o risco de tornar o processo coletivo um procedimento meramente tecnocrático, culminando na violação de um dos mais importantes direitos fundamentais da atualidade: a democracia.

Repisa-se que o objetivo da utilização das audiências públicas no processo coletivo como um ato processual que integra à garantia do contraditório não é o de submeter uma decisão jurisdicional à vontade popular. Se por um lado o legitimado coletivo se faz representante da coletividade, por outro, o magistrado jamais pode atuar inclinado a ser o porta-voz de determinada minoria ou à maioria despida de poder de influência política nos demais Poderes devido à sua desorganização estrutural.[444]

O órgão julgador deve outorgar a correta interpretação aos princípios constitucionais, com a observância da harmonia e unidade de suas normas, sempre informado pelos objetivos a serem alcançados pela

---

Vale mencionar que a Suprema Corte de Justiça da Argentina regulamentou o procedimento relativo às audiências públicas por intermédio da Acordada 30/2007, que dispõe em suas considerações: "*Que, además, la participación ciudadana en actos de esa naturaleza y la difusión pública del modo em que esta Corte conoce de los asuntos en que, com carácter primordial, há de ejercer la jurisdicción más eminente que le confiere la Constitución Nacional, permitirá ponder a prueba directamente ante los ojos del país, la eficácia y objetividad de la administración de justicia que realiza este Tribunal* (...)".

[444] FISS, Owen. *Um novo processo civil*: estudos norte-americanos sobre jurisdição, constituição e sociedade. Traduzido por Daniel Porto Godinho da Silva e Melina de Medeiros Rós. São Paulo: RT, 2004, p. 36.

República Federativa do Brasil, os quais já estão declarados na Carta Política. O magistrado não deve perder o seu foco e atenção de aferir se houve ou não violação dos direitos dos cidadãos, sendo a correção via poder jurisdicional, das disfuncionalidades da democracia representativa, mera consequência desta atividade.

Neste sentido, a razão da implementação de técnicas com perfil participativo é oportunizar à coletividade a influenciar o órgão julgador, por intermédio de uma relação argumentativa. Estes espaços abertos proporcionam a integração da sociedade civil no debate sobre o significado justo dos valores constitucionais.[445]

Nos ensinamentos de Peter Häberle, a teoria da interpretação constitucional esteve por muito tempo vinculada a um modelo de interpretação de uma "sociedade fechada". No Estado constitucional democrático, o exercício interpretativo deve converter-se em um procedimento da "sociedade aberta dos intérpretes da Constituição", permitindo que todos os grupos, órgãos estatais e cidadãos possam ser verdadeiros intérpretes da norma constitucional, retirando dos órgãos oficiais o monopólio do exercício da hermenêutica.[446] Segundo o autor, o direito processual deve tornar-se parte do direito de participação democrática:

> Os instrumentos de informação dos juízes constitucionais – não apesar, mas em razão da própria vinculação à lei – devem ser ampliados e aperfeiçoados, especialmente no que se refere às

---

[445] "A *Constituição viva* depende de processos interpretativos em que se devem inserir todos os órgãos estatais, as entidades privadas e os cidadãos. A interpretação constitucional, como processo público, aberto e evolutivo, depende da maior comunicação entre o Estado e a sociedade. Cabe, destarte, ao ordenamento jurídico não apenas assegurar a interpretação aberta da Constituição, mas promover a opinião pública, estabelecendo canais de comunicação entre governantes e governados". (CAMBI, Eduardo. Neoconstitucionalismo e neoprocessualismo: *Direitos fundamentais, políticas públicas e protagonismo judiciário*. São Paulo: RT, 2009, p. 373).

[446] HABERLE, Peter. *Hermenêutica constitucional:* Sociedade aberta dos intérpretes da Sociedade aberta dos intérpretes da Constituição. Contribuição para a interpretação pluralista e "procedimental" da Constituição. Traduzido por Gilmar Ferreira Mendes a interpretação pluralista e "procedimental" da Constituição. Traduzido por Gilmar Ferreira Mendes. Porto Alegre: Sergio Antonio Fabris Editor, 1997, pp. 12/13.

formas gradativas de participação e à própria possibilidade de participação no processo constitucional (especialmente nas audiências e nas "intervenções"). Devem ser desenvolvidas novas formas de participação das potências públicas pluralistas enquanto intérpretes em sentido amplo da Constituição.[447]

Desta maneira, os destinatários das normas tornam-se também os responsáveis pela construção do Direito interpretado, ou seja, deixam de ser meros espectadores, para se tornarem protagonistas do processo de hermenêutica constitucional, real e vivenciado, desvelando inúmeras reflexões oriundas dos mais diversos setores da sociedade.

Atualmente, não há previsão legal expressa para a realização das audiências públicas nos processos coletivos, mas há regramento para os casos em que o julgamento transcende os interesses das partes. É o caso do controle concentrado de constitucionalidade, em que a Lei n. 9.868/99 prevê a possibilidade de o relator da ação direta de inconstitucionalidade (artigo 9º, § 1º) e da ação direta de constitucionalidade (artigo 20, § 1º), propostas perante o Supremo Tribunal Federal, fixar data para realização de audiências públicas para ouvir pessoas com experiência e autoridade na matéria, quando necessário para o esclarecimento de matéria ou circunstância de fato, ou diante da notória insuficiência das informações existentes nos autos. Esta previsão legal também se encontra estampada no artigo 6º, § 1º, da Lei n. 9.882/99, que dispõe sobre a arguição de descumprimento de preceito fundamental.

O Código de Processo Civil (Lei n. 13.105/15) alargou as possibilidades de realização de audiências públicas para o depoimento de pessoas com experiência e conhecimento na matéria, na hipótese do incidente de resolução de demandas repetitivas (artigo 983, § 1º) e no julgamento de recursos extraordinários e especiais repetitivos (artigo 1.038,

---

[447] HABERLE, Peter. *Hermenêutica constitucional*: Sociedade aberta dos intérpretes da Constituição. Contribuição para a interpretação pluralista e "procedimental" da Constituição. Traduzido por Gilmar Ferreira Mendes. Porto Alegre: Sergio Antonio Fabris Editor, 1997, pp. 46-48.

inciso II). Estes institutos visam à construção de uma teoria de precedentes judiciais, com vistas a garantir uma interpretação normativa uniforme às demandas que versam sobre a mesma matéria e ainda de outorgar racionalidade ao julgamento de várias questões repetitivas. Diante da função pública que representam, justifica-se o alargamento do diálogo processual, com vistas a aumentar a qualidade da decisão, que se projetará inclusive para as futuras decisões.

O processo coletivo por sua vez não se preconiza sobre o sistema de precedentes persuasivos ou vinculantes, mas sim sobre a eficácia *erga omnes* e *ultra partes* da coisa julgada. Diante da transcedência de seus efeitos, inegável a necessidade de um debate amplo e aberto que possa concorrer para a qualificação da decisão a ser proferida.

A proposta de inserção das audiências públicas nos processos coletivos foi inserida expressamente no artigo 22 do Projeto de Lei n. 5.139/2009 (Substituto),[448] que visa a reformar o procedimento referente à ação civil pública. Pela leitura do referido dispositivo, verifica-se a intenção de outorgar à audiência pública uma abertura democrática mais ampla, servindo não apenas para a oitiva de especialistas no assunto, mas também dando oportunidade de manifestação aos demais membros da sociedade, a fim de garantir ampla participação social.

Vale ainda mencionar sobre o Projeto de Lei n. 8058/14, que institui o processo especial para o controle e a intervenção em políticas públicas pelo Poder Judiciário, apresentado pelo Deputado Paulo Teixeira e de autoria da professora Ada Pellegrini Grinover e de Kazuo Watanabe e demais colaboradores, que dispõe, no seu artigo 10º,[449] sobre a possibilidade de realização de audiências públicas, possibilitando a convocação da sociedade civil, instituições e órgãos especializados.

---

[448] Artigo 22 do Projeto de Lei n. 5.139/2009: "Em qualquer tempo ou grau do procedimento, o juiz ou tribunal poderá submeter a questão objeto da ação coletiva a audiências públicas, ouvindo especialistas no assunto e membros da sociedade, de modo a garantir a mais ampla participação social e adequada cognição judicial".

[449] A redação do artigo 10º é: "Caso tenha por esclarecidas as questões suscitadas na fase preliminar, o juiz poderá designar audiências públicas, convocando representantes da sociedade civil e de instituições e órgãos especializados".

O melhor prisma para analisar a permissibilidade das audiências públicas no processo coletivo é compreendê-las como um instrumento processual de espectro de aplicação amplo quando se está diante de um debate jurisdicional em que se insere questões de alta relevância social. Neste sentido, para Eduardo Cambi, as audiências públicas podem ser utilizadas como técnica processual, a despeito da ausência de previsão expressa, com fulcro no direito fundamental à tutela jurisdicional adequada e efetiva (artigo 5º, XXXV, da CF).[450]

De lege lata, é possível afirmar que nosso ordenamento jurídico autoriza a adoção das audiências públicas como técnica procedimental no processo coletivo, que tem por objeto questões de alta relevância social. Além dos fundamentos acima expostos, podem ser acrescentadas as garantias do devido processo legal (artigo 5º, LIV, da CF) e do contraditório (artigo 5º, LV, da CF), as quais também servem de substrato jurídico para a realização de audiências públicas nos processos coletivos.

Mesmo sem dispositivo legal expresso, podem-se apontar casos bem sucedidos de realização de audiências públicas com diversos setores da sociedade em demandas coletivas com desdobramentos econômicos, políticos e sociais.[451]

Ainda que a utilização das audiências públicas esteja embasada em princípios processuais constitucionais, faz-se importante para a consolidação

---

[450] CAMBI, Eduardo. *Neoconstitucionalismo e neoprocessualismo*: Direitos fundamentais, políticas públicas e protagonismo judiciário. São Paulo: RT, 2009, p. 378.

[451] Nos autos da ação civil pública visando à recomposição do meio ambiente degradado em função das construções irregulares realizadas na Praia Brava (Itajaí/SC) e Praia dos Amores (Balneário do Camburiú/SC), o juiz federal Zenildo Bodnar determinou a realização de audiência pública de conciliação, com a presença da sociedade civil, entidades e órgãos públicos. Na decisão judicial, esclareceu-se que a audiência seria aberta a todos os interessados, bem como determinou o envio de convites às autoridades relacionadas ao assunto, associações e aos professores da universidade de diversas disciplinas. (Decisão publicada na *Repro*, São Paulo: RT, n. 108, pp. 339/340). Pode-se ainda mencionar a audiência pública determinada pela Câmara Especial do Tribunal de Justiça de São Paulo, nos autos da ação civil pública 0150735-64.2008.8.26.0002, ajuizada por entidades ligadas à educação e aos direitos humanos, com vistas à construção e a disponibilidade de unidades de creches e pré-escolas em número suficiente para o atendimento da demanda no Município de São Paulo.

do exercício da técnica processual a sua previsão expressa nas legislações processuais coletivas.

A previsão das audiências públicas em nossa legislação ou mesmo nas propostas legislativas não trazem a regulamentação do procedimento das audiências públicas, o que pode suscitar dúvidas de como elas podem concorrer para cumprir com o seu desiderato, sem comprometer o regular deslinde do processo coletivo. Deste modo, é mister traçar algumas premissas básicas sobre o *iter* da audiência pública, ou seja, sobre as regras e princípios a ela vinculados.

Como atos de natureza processual, as audiências públicas devem observar os princípios do devido processo legal, da publicidade, da oralidade, da oficialidade, do contraditório, da ampla defesa, da economia processual, entre outros princípios constitucionais e infraconstitucionais.[452] E, justamente em virtude do *status* de ato processual, a audiência pública deve ser orientada por um regramento mínimo da forma como será conduzida, resguardando-se assim, a certeza e a segurança jurídica, que devem sempre permear o procedimento. Esta racionalidade, inerente à técnica processual, que qualifica o seu *iter*, deve funcionar como vetor orientador da audiência pública, evitando-se o desvirtuamento de seu desiderato ou a violação a outro princípio processual.[453]

Estas regras, no entanto, devem ser determinadas pelo próprio magistrado. Melhor explicando, não há como negar uma ampla dose de

---

[452] Estes princípios são citados por Gordillo ao mencionar sobre as audiências públicas realizadas perante a Administração Pública (GORDILLO, Agustín. "Tratado de derecho administrativo". 9ª Ed. Tomo 2: La defensa del usuário y del administrado. Buenos Aires: FDA, 2009. Disponível em: www.gordillo.com.br. Acesso em 10 de julho de 2012, p. X-11). De qualquer modo, tais princípios também são inerentes ao Direito processual e devem ser aplicados às audiências públicas realizadas no âmbito do Poder Judiciário. Esta também é a opinião de Alexandre Amaral Gavronski. (*Técnicas extraprocessuais de tutela coletiva*: a efetividade da tutela coletiva fora do processo judicial. São Paulo: RT, 2010, p. 329).

[453] O procedimento das audiências públicas realizadas perante o STF foi regulamentado após a Emenda Regimental 29/2009, que alterou seu Regimento Interno. Ainda assim, trata-se da regulamentação de um procedimento mínimo (artigo 154, do Regimento Interno do STF), e não exaustivo, sobre a audiência pública.

discricionariedade do magistrado, que determina a realização e preside a audiência pública, de estabelecer as regras que irão orientar o debate público. Em razão das particularidades encontradas em cada processo coletivo,[454] o mais acertado é que o procedimento seja delimitado previamente pelo órgão julgador, dando-lhe a devida publicidade, com o fito de resguardar o princípio da segurança jurídica.

A exemplo, a função do magistrado de determinar aqueles que poderão se manifestar nas audiências públicas passa pela análise da extensão do objeto litigioso, que varia de acordo com o caso concreto. Um processo coletivo pode dizer respeito a uma dada comunidade, a um bairro, a uma cidade, a um Estado ou até mesmo a todo o País, dependendo da extensão da indivisibilidade do objeto litigioso. Há casos em que será possível ouvir todos aqueles que se habilitarem para se manifestar. Em outros, diante da ampla abertura à sociedade, o magistrado terá que delimitar os manifestantes, escolhendo-os de acordo com a sua representatividade social e a pluralidade de argumentos.

Ainda, no que pertine ao procedimento, a fim de concorrer com a pluralidade desejada neste debate público, o magistrado deve se preocupar com a publicização do evento, utilizando-se dos meios acessíveis a todos os níveis sociais para dar ciência da audiência a ser realizada, evitando-se a sua restrição a veículo oficial de imprensa, que pouco efeito prático possui. O importante é que a informação sobre a realização da audiência pública consiga alcançar, de forma razoável, grande parte da coletividade que se vinculará à decisão acerca do objeto litigioso. Desta maneira, por intermédio de edital de convocação, publicado com prazo razoável de antecedência para realização da audiência, o

---

[454] Corroborando esta assertiva, a importante lição de Agustín Gordillo: "*Existe uma estrecha relación entre los princípios de contradicción y participación, por uma parte y de oralidad e informalismo, por la outra. El debate em la audiência pública debe, por su própria naturaleza, ser oral e informal, pero logicamente ordenado por el órgano que preside la audiência. Esto no requiere em modo alguno normas generales para todas las audiências, sino que debe ser resuelto em cada caso singular conforme a los princípios que informan este procedimiento*". ("Tratado de derecho administrativo". 9ª Ed. Tomo 2: La defensa del usuário y del administrado. Buenos Aires: FDA, 2009. Disponível em: www.gordillo.com.br. Acesso em 10 de julho de 2012, pp. XI-11).

Poder Judiciário deve conclamar a participação da sociedade civil, dando-lhes ciência do local, data do evento e, ainda que de forma sucinta, da matéria a ser debatida.[455]

É imprescindível que o magistrado que conduz a audiência pública, antes de conferir voz aos presentes, informe a população sobre a causa de pedir e o pedido da ação coletiva proposta, expondo, de forma objetiva, as circunstâncias fáticas apontadas pelo legitimado, bem como a violação ao direito que serve de substrato jurídico para a ação coletiva.

Da mesma forma, o magistrado deve expor as razões de defesa apresentadas pelo réu em contestação, a fim de evitar qualquer violação ao princípio da igualdade, dando oportunidades iguais a ambos os lados para influenciar o prolator da decisão. Vale ressaltar que esta exposição inicial deve sempre ser realizada por meio de uma linguagem simples, com a substituição de termos técnicos jurídicos por outros termos inteligíveis a todos os cidadãos.

Os debates devem sempre ser conduzidos visando à distribuição de forma equânime das oportunidades de manifestação aos cidadãos, aos representantes das pessoas jurídicas e também aos entes federativos, sendo certo que suas participações estarão condicionadas à estreita relação com o objeto da ação coletiva.

Vale reiterar que a participação dos interessados, além de estar condicionada à isonomia entre os representantes de diversos setores sociais e institucionais, também poderá sofrer limitações no que pertine aos números de habilitações para manifestação, que deverá sempre ser direcionada pela razoabilidade, haja vista que o número excessivo de participações pode transformar a audiência pública em um procedimento

---

[455] Os meios de convocação são sugeridos por Alexandre Gavronski, que, a despeito de dissertar sobre os meios de convocação das audiências públicas pelos legitimados coletivos antes da realização da audiência, podem também ser utilizados pelo magistrado. Deste modo, sugere o autor a via eletrônica, o auxílio da imprensa, os meios de comunicação em massa (jornal, televisão, rádios, etc), envio de cópias dos editais às universidades, em virtude do caráter multidisciplinar da questão, cópia aos demais entes legitimados. (*Técnicas extraprocessuais de tutela coletiva*: a efetividade da tutela coletiva fora do processo judicial. São Paulo: RT, 2010, p. 335).

infindável, e, em consequência, ineficiente e desinteressante para a população e para o próprio magistrado que a está conduzindo.

Quanto ao desenvolver dos debates públicos, é inegável que devem ser conduzidos por um formalismo moderado, assim como todos os atos perfilhados pela oralidade ampla. O que particulariza o êxito das audiências públicas é a possibilidade de amplo fluxo de informações e a sua publicização imediata a todos os ouvintes, facilitando a sua reprodução para os membros ausentes da coletividade. Não há dúvidas que a oralidade permite o estabelecimento de uma relação dialética mais fluida, contínua e menos rígida quando comparada com as manifestações processuais escritas. Nestas últimas, em razão dos vetores processuais a que deve obediência, como o princípio da preclusão, o princípio da eventualidade, o princípio da impugnação especificada, a litigiosidade torna-se mais intensa e dificulta o debate franco e a aproximação dos litigantes, infirmando, por fim, as chances de se construir um diálogo baseado no consenso argumentativo.

Vale ressaltar que a discussão sobre as políticas públicas envolve, em grande parte das vezes, um desconhecimento por parte do órgão julgador dos fatos que compõem o objeto litigioso. Este desconhecimento, que pode até ser um fato notado no próprio legitimado que propõe a ação coletiva, tem inúmeras causas, dentre elas, a ausência de prestação de informações pelo Poder Público à população de dados inerentes ao planejamento das políticas públicas.

Nesta linha, pode-se afirmar que as audiências públicas são momentos importantes para que estes fatos sejam revelados e esclarecidos, por meio da demonstração de dados colhidos pela Administração Pública, a transparência dos custos para a formalização de uma determinada política pública e pela exposição das demais razões sobre a pertinência ou não da implantação de determinado programa governamental.

Em sede de contestação, estas informações dificilmente serão expostas de forma minuciosa e esclarecedora, como permite o debate oral, pois, em vez da argumentação de defesa ser feita por meio de um operador do Direito, como ocorre na defesa escrita, nas audiências públicas os próprios gestores públicos, que possuem conhecimento específico sobre a matéria, podem comparecer e, pessoalmente, declinar explicações pertinentes sobre o contexto fático, orçamentário, político e econômico que envolve a discussão da judicialização do direito social.

Registre-se, ainda, a possibilidade de o magistrado poder fazer perguntas a qualquer expositor, recebendo respostas imediatas e esclarecendo sobre qualquer dúvida que possa permear a matéria. Ciente o magistrado das particularidades que perfazem o objeto litigioso, este terá um potencial maior para se tornar um facilitador na aproximação para a formalização de um acordo entre as partes, poderá delimitar melhor os meios instrutórios para o deslinde do feito e, ao final, irá prolatar uma decisão mais qualificada.

Quanto ao momento oportuno para a realização da audiência pública, pode-se apontar a efetividade de ser realizada após a fase postulatória. Isso porque, neste momento, as partes estão mais propensas ao diálogo, o que concorre para a facilitação da formalização de um acordo. E, como ora mencionado, os esclarecimentos prestados em audiência serão aptos a orientar o órgão julgador quanto à pertinência das modalidades das provas a serem produzidas.

O número de audiências públicas realizadas também não deve ser restrito, desde que não esbarre no princípio da duração razoável do processo (artigo 5º, LXXVIII, da CF) e desde que tenha inequívoca efetividade. Por exemplo, há possibilidade de que na primeira audiência as partes consignem a possibilidade de realização de uma nova audiência, para que nesta seja debatido eventual proposta de acordo trazida pelo autor, por outro legitimado, pela sociedade civil ou pela própria Administração Pública.

Por fim, vale anotar a imprescindibilidade da formalização de uma ata da audiência, constando o registro dos debates da audiência, que deve ser encartada aos autos,[456] uma vez que as manifestações são meios legítimos de influência do órgão julgador.

---

[456] Há disposição similar no artigo 154, parágrafo único, VI, do Regimento Interno do Supremo Tribunal Federal: "Os trabalhos das audiências públicas serão registrados e juntados aos autos do processo, quando for o caso, ou arquivados no âmbito da Presidência".

A audiência pública representa o mecanismo de maior acessibilidade social, justamente por se tratar de um procedimento mais simplificado, sem maiores formalidades que possam representar obstáculos à manifestação popular. Acrescente-se ainda tratar-se de mecanismo revestido de um extenso valor pedagógico ao aperfeiçoamento da democracia participativa,[457] principalmente quando o assunto em pauta refere-se às medidas estratégicas para o atingimento de direitos fundamentais. Daí serem as audiências públicas instrumentos valiosos, principalmente a concorrer na difícil tarefa de aproximação do Poder Judiciário da sociedade civil.

4.3 *AMICUS CURIAE*: REPRESENTATIVIDADE DA SOCIEDADE CIVIL NO ENFRENTAMENTO AOS OBSTÁCULOS À INFORMAÇÃO

4.3.1 Do instituto: *amicus curiae*

É possível identificar, com maior precisão, que a gênese do *amicus curiae* encontra-se no Direito medieval inglês.[458] Nesta época, atribuía-se ao terceiro interveniente um papel informativo e supletivo direcionado aos magistrados,[459] qualificado pela possibilidade de

---

[457] MOREIRA NETO, Diogo Figueiredo. *Mutações do direito administrativo*. Rio de Janeiro: Renovar, 2001, p. 211.

[458] Na verdade, a origem deste instituto é controvertida na doutrina. Há uma tese de que suas raízes jazem no Direito romano, como derivação da figura do *consilliarius*, uma espécie de auxiliar do juízo, que poderia agir individualmente na qualidade de *iuris peritus*, ou integrar o *consilium*, órgão colegiado com funções consultivas. Contudo, diferentemente do *amicus curiae*, a intervenção do *consilium* era sempre provocada pelo magistrado e sua atuação caracterizava-se pela neutralidade, direcionada aos interesses da Justiça. Estes traços distintivos despertam a desconfiança de alguns doutrinadores quanto à origem romana do instituto.

[459] "O *amicus curiae*, nesse período, participava do processo apontando precedentes jurisprudenciais não mencionados pelas partes ou ignorados pelo julgador, atuando em benefício de menores, chamando a atenção do juízo para certos fatos, como o erro manifesto, a morte de uma das partes, o descumprimento do procedimento correto ou a existência de norma específica regulando a matéria. Cumpria um papel meramente informativo e supletivo, mas de clara importância para a corte". (DEL PRÁ, Carlos

intervenção espontânea em juízo. Portanto, foi no Direito anglo-saxão que as referências ao instituto surgiram de forma mais sistemática,[460] evoluíram para se incorporar ao sistema do *common law* americano, culminando no delineamento do modelo atual.

Inicialmente, a introdução deste instituto solucionou parte dos problemas causados pelo sistema legal inglês do *adversary system*,[461] que franqueava às partes a primazia para conduzir a marcha processual, assegurando-as uma atuação com grande liberdade e despertando, em contrapartida, oposição frontal a qualquer intervenção de terceiros no processo, preconizado no princípio *trial by duel*. Escoltadas por este sistema, não raras vezes, as partes eram movidas por intentos colusivos e fraudulentos. Assim, a possibilidade de intervenção do *amicus curiae* na demanda iniciou-se com a fiscalização da legitimidade da pretensão dos litigantes, assumindo o terceiro interveniente a função de identificar eventuais fraudes ou conluios entre as partes.[462]

Ainda na fase incipiente do Direito inglês, o *amicus curiae* também concorria para auxiliar o juízo no desempenho da função judicante. Deste modo, na qualidade de *attorney general* ou de *counsels,* estes terceiros eram responsáveis por elaborar pareceres, trazendo ao debate processual

---

Gustavo Rodrigues. *Amicus curiae*: instrumento de participação democrática e de aperfeiçoamento da prestação jurisdicional. Curitiba: Juruá, 2008, p. 25).

[460] BUENO, Cassio Scarpinella. *Amicus curiae no processo civil brasileiro*: um terceiro enigmático. São Paulo: Saraiva, 2008, p. 90.

[461] De acordo com José Carlos Barbosa Moreira, os principais aspectos do sistema do *adversary system* são: i) divisão nítida do procedimento em duas fases (a sessão de julgamento – *tria*l e a fase preparatória (*pre-trial*); ii) a atuação judicial limitada ao *trial*, sem prévio controle da atividade processual até sem prévio conhecimento da causa pelo juiz; iii) predomínio das provas orais e concentração da respectiva produção; iv) atribuição do controle do andamento do pleito e da coleta de provas aos próprios litigantes; v) escassa preocupação com a coincidência entre os fatos, tais como apresentados pelas partes ao órgão judicial e os fatos tais como se passaram. (MOREIRA, José Carlos Barbosa. "A revolução processual inglesa". *In: Temas de direito processual*. Nona série. São Paulo: Saraiva, 2007, pp. 69/70).

[462] DEL PRÁ, Carlos Gustavo Rodrigues. *Amicus curiae*: instrumento de participação democrática e de aperfeiçoamento da prestação jurisdicional. Curitiba: Juruá, 2008, p. 26.

precedentes e leis aplicáveis ao caso concreto, os quais eram desconhecidos pelo órgão julgador, mas úteis ao deslinde da controvérsia.[463]

Mas foi no Direito norte-americano que o instituto obteve ampla evolução, moldando-se aos contornos mais sólidos de atuação e ganhando visibilidade no cenário internacional.[464] Aos poucos, o *friend of Court* desvencilhou-se da neutralidade de sua atuação do Direito inglês, para cumprir uma função mais parcial e interessada.

O *amicus curiae* encontrou no sistema do *common law*, que subjaz na vinculação dos precedentes (*stare decisis*) aos casos futuros, terreno fértil para o seu desenvolvimento: o terceiro passou a ter interesse no julgamento favorável a uma das partes, auxiliando a Corte na solução da controvérsia, com o escopo de influenciar o resultado da decisão, diante da possibilidade de efeitos vinculantes aos casos futuros.[465] Destarte, o *amicus curiae* tornou-se alternativa mais flexível para a defesa dos interesses de terceiros que sofreriam os reflexos da decisão proferida no litígio, compensando-se a proibição da intervenção de outros interessados, alheios às partes, nas disputas privadas e, por outro lado, a transcendência dos efeitos da decisão, em razão da força vinculante dos precedentes judiciais.

Foi ainda no Direito norte-americano que a importância da função desempenhada pelo *amicus curiae* e a diversidade de sua aplicação acabou por desbordar o espectro meramente jurídico de sua atuação. Com o tempo, despertou-se a importância do instituto em contribuir

---

[463] BUENO, Cassio Scarpinella. *Amicus curiae no processo civil brasileiro*: um terceiro enigmático. São Paulo: Saraiva, 2008, p. 90.

[464] AGUIAR, Mirella de Carvalho. *Amicus curiae*. Salvador: JusPodivm, 2005, p. 11.

[465] "De fato, o sistema do *common law* adota o modelo do *stare decisis*, em que as decisões jurisprudenciais vinculam os casos semelhantes que venham a ocorrer no futuro. Assim, a força do precedente judicial pode fazer com que uma decisão proferida em relação a um litígio individual produza de algum modo efeitos a todos os futuros processos de mesma natureza. Surge então a necessidade de possibilitar que setores sociais diversos possam influenciar as decisões judiciais, ainda que não possuam interesse ou relação direta com o objeto do processo em que se manifestam". (CABRAL, Antonio do Passo. "Pelas asas do Hermes: a intervenção do amicus curiae, um terceiro especial". *RePro*, São Paulo: RT, n. 117, pp. 09-40, set.-out. 2004. p. 12).

no esclarecimento de assuntos pertinentes a outras Ciências e que eram essenciais para desvelar o substrato fático e normativo da controvérsia.[466] Trata-se de inegável contribuição para a consolidação da conformação multidisciplinar do instituto, que ganha cada vez mais espaço nos dias atuais, contribuindo para a pluralização do debate e para o estabelecimento de um diálogo estreito entre o Direito e as demais Ciências.

Pelas normas do instituto perante a Suprema Corte,[467] há regra, a princípio, que condicione a sua intervenção à concordância das partes,[468] ressalvadas as hipóteses em que o próprio Tribunal requer a sua manifestação ou ainda nos casos de intervenção das agências governamentais ou Estados da Federação.[469] No entanto, mesmo diante da discordância de uma das partes, a Corte tem discricionariedade para autorizar a sua manifestação, se entender pertinente, após a apresentação pelo *amicus* das razões que justificam o interesse em ingressar nos autos.[470] A despeito de não haver limitação para a intervenção dos *amici*, estes somente serão autorizados a intervir quando trouxerem ao debate questões relevantes e ainda não aventadas pelas partes, evitando-se a reiteração de manifestações já apresentadas.[471] Outrossim, a sua atuação se restringe à

---

[466] O caso emblemático no direito norte-americano foi o memorial *Brandeis Brief*, apresentado no caso "Müller v. Oregon", em 1908. De forma inédita, o advogado *Braindes* apresentou parecer que continha opiniões médicas, de estatísticas econômicas e sociais, bem como um exame minucioso de legislação estrangeira. De acordo com Gilmar Ferreira Mendes, este memorial "permitiu que desmistificasse a concepção dominante, segundo a qual a questão constitucional configurava simples "questão jurídica" de aferição de legitimidade da lei em face da Constituição". (MENDES, Gilmar Ferreira. "Lei n. 9868/99: processo e julgamento da ação direta de inconstitucionalidade e da ação declaratória de constitucionalidade perante o Supremo Tribunal Federal". *Jus Navigandi*, Teresina, ano 5, n. 41, 1 maio 2000. Disponível em: <http://jus.com.br/artigos/130>. Aesso em: 14 de outubro de 2012.

[467] Atualmente, o *amicus curiae* encontra-se regulamentado no Regimento Interno da Suprema Corte dos Estados Unidos (Regra 33, 34 e 37 da *Supreme Court of the U.S.*), assim como também pode ser identificado em determinadas legislações processuais dos estados federados daquele país.

[468] Regra 2 (a) do Regimento Interno da Suprema Corte.

[469] Regra 37.4 do Regimento Interno da Suprema Corte.

[470] Regra 2(b) do Regimento Interno da Suprema Corte.

[471] Regra 37.1 do Regimento Interno da Suprema Corte.

prática de apresentação de memoriais, com a observância das formalidades e dos prazos que lhes são prescritos,[472] e, excepcionalmente, podem ser autorizados a realizar sustentação oral.[473] Destaca-se ainda a possibilidade de as partes apresentarem memoriais de resposta às manifestações declinadas pela parte contrária e por seus *amici*.[474]

Outro importante regramento inserto no Regimento Interno da Suprema Corte norte-americana refere-se ao procedimento de transparência,[475] relacionado à intervenção e atuação do *amicus curiae* no processo. Para que o magistrado possa saber acerca dos interesses que estão por detrás deste instrumento processual, devem ser declinadas pelo *amicus* informações sobre os grupos e entidades que estão sendo representados pela manifestação deste terceiro interveniente, seus membros e advogados, inclusive informações sobre o apoio financeiro franqueado por eles para suportar eventuais gastos decorrentes de sua atuação.[476]

Nas palavras de Damares Medina,

> Esse item se mostra de fundamental importância à medida que permite à corte a rastreabilidade dos interesses econômicos envolvidos na causa, bem como no ingresso de um terceiro que se diz amigo da corte.[477]

Atualmente, o *amicus curiae* é o instrumento mais comum utilizado pelos grupos para defenderem seus interesses perante a Suprema Corte norte-americana. Esta forma de participação, portanto, não se mostra como uma fonte neutra, mas é declaradamente dirigida aos Tribunais de modo a persuadir os órgãos judiciais a se inclinarem pelo

---

[472] Regra 37.5 do Regimento Interno da Suprema Corte.

[473] Regra 37.3.(a) do Regimento Interno da Suprema Corte.

[474] Regra 15.6 do Regimento Interno da Suprema Corte.

[475] Expressão empregada por Damares Medina. (*Amicus curiae*: amigo da corte ou amigo da parte? São Paulo: Saraiva, 2010, p. 68).

[476] Regra 37.6 do Regimento Interno da Suprema Corte.

[477] MEDINA, Damares. *Amicus curiae*: amigo da corte ou amigo da parte? São Paulo: Saraiva, 2010, p. 69.

julgamento da causa de determinado litigante em detrimento do outro. E, a despeito das controvérsias, reconhece-se que o instituto contribui para aumentar as chances ao sucesso do litígio.[478]

O êxito da atuação do *amicus curiae* nos Estados Unidos fez com que esta figura fosse absorvida pela jurisprudência e pelo ordenamento jurídico de inúmeros países, ganhando destaque até mesmo no âmbito das Cortes internacionais,[479] reconhecido como instrumento efetivo na proteção dos Direito Humanos.

Os vetores socializantes e participativos que serviram de base e fomento ao desenvolvimento do *amicus curiae* acabaram por influenciar também a jurisprudência do Supremo Tribunal Federal, culminando, por fim, na sua sistematização legal, como meio de efetivo exercício democrático da interpretação constitucional. É certo que a inspiração pátria esteve preconizada no Direito comparado, mas com um perfil distinto, curvando-se às particularidades que perfazem o sistema romano-germânico e ainda aquelas inerentes ao Direito brasileiro.

A primeira previsão legal do instituto no Brasil ocorreu com a Lei n. 6.616/78, que alterou a Lei n. 6.385/76, esta última disciplinadora do mercado de valores mobiliários. Por intermédio da lei modificadora, introduziu-se a possibilidade de intervenção da Comissão de Valores Mobiliários, que possui a função de fiscalizar o mercado de capitais em processos judiciais que têm por objeto questões de Direito societário, e que, na esfera administrativa, esteja sujeita à competência da referida autarquia.[480] O objetivo desta intervenção é possibilitar ao juízo o acesso

---

[478] COLLINS Jr., Paul. *Friends os the Court;* examining the influence of the amicus curiae participation in U.S. Supreme Court Litigation. Disponível em: <http://www.psci.unt.edu/~pmcollins/LSR2004.pdf>. Acesso em: 13 de novembro de 2012.

[479] Podemos destacar que há previsão da figura do *amicus curiae* na Corte Interamericana de Direitos Humanos (artigo 45, alínea 1 e alínea 3; artigo 63, alínea 3), na Convenção Europeia de Direitos Humanos (artigo 36 (2)), na Corte Internacional de Justiça (artigo 50 do Estatuto); nos procedimentos de resolução de conflitos no âmbito da Organização Mundial de Comércio (através de uma interpretação extensiva do artigo 13 das regras para a resolução de controvérsias (DSU).

[480] Artigo 31 da Lei n. 6.385/76.

a informações específicas a respeito desta complexa matéria, que refoge ao saber jurídico comum, garantindo-se a compreensão do substrato fático e jurídico das questões em debate.[481]

A Lei n. 12.529/2011, que revogou a Lei n. 8.884/94, dispõe sobre a prevenção e a repressão às infrações contra a ordem econômica. A referida lei manteve dispositivo constante da lei anterior que prevê a intervenção do Conselho Administrativo de Defesa Econômica (CADE), na qualidade de assistente, nos processos judiciais em que se discuta a aplicação da referida lei.[482] Em razão desta intervenção, a doutrina aponta o dispositivo legal como mais uma hipótese de *amicus curiae*.[483]

Outra previsão legal de *amicus curiae* aventada pela doutrina encontra-se na Lei n. 10.259/2001, que institui os Juizados Especiais Cíveis e Criminais no âmbito da Justiça Federal. O artigo 14, § 7º, desta lei autoriza a manifestação de eventuais interessados, mesmo que não sejam

---

[481] "O juiz, pela própria natureza de sua formação profissional, não está em condições de resolver todos os problemas que se apresentam à sua apreciação. Depende, portanto, dos esclarecimentos que lhe são fornecidos pelos técnicos da CVM". (TAVARES, Osvaldo Hamilton. "A CVM como amicus curiae". *RePro*, São Paulo: RT, vol. 690, ano 82, pp. 286/287, abr. 1993). Contudo, na visão de Carlos Gustavo Del Prá, esta figura não parece se identificar totalmente com uma das funções desempenhadas pelo *amicus curiae*. Isso porque, a despeito de tratar-se de intervenção voluntária de terceiros, esta não se dá para o desempenho do direito de participação democrática, mas em razão do cumprimento de um dever legal, faltando-lhe, portanto, um atributo de tom mais democrático que caracteriza verdadeiramente o instituto do *amicus curiae*. (DEL PRÁ, Carlos Gustavo Rodrigues. *Amicus curiae*: instrumento de participação democrática e de aperfeiçoamento da prestação jurisdicional. Curitiba: Juruá, 2008, pp. 57-61).

[482] Artigo 118 da Lei n. 12.529/2011.

[483] Segundo a perspectiva de Antônio do Passo Cabral, tanto a intervenção da CVM, como a do CADE, caracterizam-se hipóteses de *amicus curiae*, pois, a despeito da ausência de interesse jurídico das autarquias na relação processual, uma vez que não mantêm relação jurídica ligada àquela deduzida no processo, descaracterizando-se assim o instituto da assistência, o embasamento da previsão legal destas intervenções pauta-se no interesse público, relacionada, na primeira hipótese, à fiscalização das atividades atinentes ao Direito societário, e, na segunda, justificada pela proteção da livre concorrência. (CABRAL, Antônio do Passo. "Pelas asas do Hermes: a intervenção do amicus curiae, um terceiro especial". *RePro*, São Paulo: RT, n. 117, pp. 09-40, set.-out. 2004, pp. 24/25).

partes, no pedido de uniformização de interpretação de lei federal, em caso de divergência entre decisões sobre questões de direito material proferidas por Turmas Recursais. Neste caso, como bem observa Mirella de Carvalho Aguiar, trata-se de genuína hipótese de *amicus curiae*,[484] uma vez que é cristalino não haver qualquer interesse jurídico por parte deste terceiro que irá se manifestar, o qual intervém na lide para pluralizar o debate em torno da interpretação à lei federal, ou seja, intervém tão somente para auxiliar o juízo no proferimento de uma decisão mais justa.

Há ainda quem identifique a figura do "amigo da corte" inserta no artigo 5º da Lei n. 9.469/97,[485] que permite a intervenção da União nas causas em que figurem como autoras e rés as autarquias, fundações públicas, sociedade de economia mista e empresas públicas federais. O parágrafo único do referido dispositivo ainda autoriza as pessoas jurídicas de direito público a intervirem nas demandas que possam ter reflexos econômicos, ainda que indiretos, dando-lhes oportunidade para esclarecer questões de fato e de direito. A natureza jurídica desta figura, contudo, não é pacífica na doutrina, podendo-se encontrar vozes que a compreendem como uma intervenção *sui generis*,[486] pois prescinde da demonstração de interesse jurídico, exigindo apenas o econômico, o que excluiria a sua classificação como assistência.

Cita ainda a doutrina a hipótese da Lei n. 9.279/96, que regula os direitos e obrigações relativos à propriedade industrial. Com arrimo na referida legislação, o Instituto Nacional da Propriedade Industrial (INPI) pode ser autor em ação de nulidade de patente, de desenho industrial e de marca. Não obstante, também há previsão legal na mencionada lei que prevê expressamente a intervenção do INPI nas ações em que se pleiteia a nulidade do registro da patente, de desenho industrial ou de

---

[484] AGUIAR, Mirella de Carvalho. *Amicus curiae*. Salvador: JusPodivm, 2005, p. 23.

[485] PEREIRA, Milton Luiz. "Amicus curiae: intervenção de terceiros". *Repro*, São Paulo: RT, n. 109, pp. 39-44, jan./mar. 2003.

[486] Neste sentido: DIDIER Jr., Fredie; ZANETI Jr., Hermes. *Curso de direito processual civil*. vol. 1. Salvador: JusPodivm, 2007, pp. 349-354.

marca[487]. Contudo, a natureza desta última intervenção também encontra controvérsia na doutrina e na jurisprudência, pois, entendem alguns que, caso o INPI não seja autor será, invariavelmente, réu; outros que a autarquia atuará como assistente simples do réu ou, ainda, há quem defenda que o INPI atuará como assistente listiconsorcial do réu.[488]

Mas o destaque do instituto, que instigou a doutrina e a jurisprudência a refletir mais a fundo a respeito das qualificadoras do *amicus curiae*, ocorreu após a sua inserção nas ações de controle de constitucionalidade, regulamentadas pela Lei n. 9.868/99.[489]

A disposição legal expressa referente à possibilidade de intervenção de um terceiro na discussão acerca dos valores inscritos na Constituição Federal representou a participação política da sociedade civil e, em última análise, a democratização da interpretação constitucional, oportunizando a socialização do conceito de intérpretes das normas constitucionais, para além dos legitimados ao controle concentrado de constitucionalidade.

Antes da positivação do instituto, a jurisprudência do Supremo Tribunal Federal já admitia a manifestação de terceiros estranhos ao processo, por intermédio de memoriais juntados aos autos.[490] A Lei n. 9.868/99

---

[487] Artigo 57, 118 e 175 da Lei n. 9.279/96, respectivamente.

[488] BUENO, Cassio Scarpinella. *Amicus curiae no processo civil brasileiro*: um terceiro enigmático. São Paulo: Saraiva, 2008, pp. 294/295.

[489] Na análise de Gustavo Binenbojm, "A inovação da Lei n. 9.868/99, entretanto, é dupla: (1ª) positivou-se, pela primeira vez entre nós, a figura do *amicus curiae* como interveniente do processo de controle de constitucionalidade, embora o STF, informalmente, já admitisse a sua manifestação por memoriais; (2ª) ao contrário do caráter de intervenção neutra da CVM, fulcrada na Lei n. 6.385/76, nos processos de ação direta de inconstitucionalidade, o órgão ou a entidade se habilitará para apresentar a sua visão da questão constitucional em testilha, oferecendo à Corte a sua interpretação, como partícipe ativo da sociedade aberta aos intérpretes da Constituição". (BINENBOJM, Gustavo. "A dimensão do amicus curiae no processo constitucional brasileiro: requisitos, poderes processuais e aplicabilidade no âmbito estatal". *Revista Eletrônica de Direito do Estado*, n. 1, jan. 2004. Disponível em: <http://www.direitodoestado.com.br> Acesso em: 05 de janeiro de 2013, p. 88).

[490] O *leading case* foi o julgamento do Agravo Regimental na ADIn n. 748-4, quando,

veio, portanto, ratificar a construção jurisprudencial da mais alta Corte do País.

O artigo 7º, *caput,* da lei em comento elide a possibilidade de intervenção de terceiros no procedimento objeto de controle concentrado de constitucionalidade. A razão desta exclusão encontra arrimo na defesa objetiva das normas constitucionais por meio do controle abstrato de constitucionalidade. Portanto, não há lugar para a defesa subjetiva de interesses, a qual é perseguida pelas clássicas modalidades de intervenção de terceiros, discriminadas no Código de Processo Civil, que exige interesse jurídico, consubstanciado na probabilidade de a decisão judicial influir sobre a situação jurídica de terceiros.

Mais a frente, o § 2º do artigo 7º, do mesmo diploma legal, contempla uma ressalva quanto à intervenção de terceiros na ação direta de inconstitucionalidade, permitindo ao relator, após a análise da relevância da matéria e da representatividade dos postulantes, admitir a manifestação de outros órgãos ou entidades. Este dispositivo é claro ao retratar um permissivo legal que alberga a figura do *amicus curiae,* a despeito de não denominá-lo expressamente. Não obstante, pode-se dizer que o § 1º do artigo 9º, do mesmo diploma legal, que contempla a possibilidade de realização de audiências publicas para ouvir depoimentos de pessoas com experiência e autoridade na matéria, também segue o mesmo raciocínio do instituto,[491] corroborando para afastar qualquer dúvida quanto ao seu acolhimento pelo ordenamento jurídico brasileiro.

Em que pesem os artigos discriminados referirem-se à Ação Direta de Inconstitucionalidade, o § 1º do artigo 20 da Lei n. 9.868/99, que se retrata ao procedimento da Ação Direta de Constitucionalidade, reproduz o teor do § 1º do artigo 9º do mesmo diploma legal, o que

---

por unanimidade de votos, o plenário do STF confirmou decisão monocrática do Ministro Celso de Mello e permitiu a permanência de um memorial apresentado por terceiros nos autos.

[491] GOES, Gisele Santos Fernandes. "Amicus curiae e sua função nos processos objetivos. Necessidade de universalização do instituto para outras demandas". In: DIDIER Jr., Fredie *et al.* (coord.). *O terceiro no processo civil brasileiro e assuntos correlatos*: estudos em Homenagem ao Professor Gusmão Carneiro. São Paulo: RT, 2010, p. 267.

ocorre também com o § 1º do artigo 6º da Lei n. 9.882/99, que disciplina a arguição de descumprimento de preceito fundamental.

Corroborado pela identidade das demandas, que representam instrumentos de controle concentrado de constitucionalidade, o Supremo Tribunal Federal admite a participação do *amicus curiae* em todas as ações acima apontadas.

Nesta mesma linha de intelecção e mantendo a mesma sistemática do Código de Processo Civil anterior[492], dispõe o artigo 950, § 3º do diploma processual vigente, que regulamenta o incidente de argüição de inconstitucionalidade, que o relator, observado a representatividade do postulante e a relevância da matéria, poderá admitir a manifestação de outros órgãos ou entidades no incidente. O que se verifica é que o legislador não se olvidou quanto ao controle difuso de constitucionalidade, aplicando a mesma *ratio* do controle concentrado,[493] alinhavado na socialização do debate em torno do resguardo das normas constitucionais.

Influenciado pelo êxito e pela importância nas ações de controle de constitucionalidade, o instituto foi introduzido também no procedimento de repercussão geral, inserto no § 6º do artigo 543-A do Código de Processo Civil de 1973. O NCPC manteve a previsão do *amicus curiae* (art. 1.035, § 4º) nesta hipótese.

Houve ainda, a previsão do instituto no artigo 3º, § 2º, da Lei n. 11.417/2006, que disciplina a edição, a revisão e o cancelamento de súmulas vinculantes pelo Supremo Tribunal Federal e ainda o § 4º do artigo 543-C do Código de Processo Civil de 1973,[494] acrescentado pela Lei n. 11.672/2008, que cuidava dos recursos especiais repetitivos. A intervenção o *amicus curiae* também foi previsto no procedimento para

---

[492] Artigo 482, § 3º, do Código de Processo Civil (Lei n. 5.869/73).

[493] CABRAL, Antônio do Passo. "Pelas asas do Hermes: a intervenção do amicus curiae, um terceiro especial". *RePro*, São Paulo: RT, n. 117, pp. 09-40, set.-out. 2004, p. 24.

[494] A referida lei regulamenta o artigo 103-A da Constituição Federal, introduzido pela Emenda 45/2004.

o julgamento de recursos especiais e extraordinários repetitivos no NCPC (art. 1038, I do NCPC).

O NCPC também trouxe a previsão do instituto no incidente de resolução de demandas repetitivas (art. 983).

Todas estas hipóteses legais mencionadas visam à pluralização do debate jurisdicional, diante da transcendência de seus efeitos, o que as qualifica como de largo interesse social.

Por fim, demonstrando a larga importância e projeção do referido instituto, o Novo Código de Processo Civil contempla expressamente a figura do *amicus curiae*. De acordo com o artigo 138, "o juiz ou o relator, considerando a relevância da matéria, a especificidade do tema objeto da demanda ou a repercussão social da controvérsia, poderá, por decisão irrecorrível, de ofício ou a requerimento das partes ou de quem pretenda manifestar-se, solicitar ou admitir a participação de pessoa natural ou jurídica, órgão ou entidade especializada, com representatividade adequada, no prazo de 15 dias de sua intimação". Esta alteração legislativa consagra definitivamente a intervenção do instituto em debate em todos os processos, individuais ou coletivos, que sejam qualificados pela relevância da matéria e repercussão social da controvérsia, com a possibilidade da intervenção do *amicus curiae* até mesmo em primeira instância.

Ainda que o *amicus curiae* apresente semelhanças com outros institutos do processo civil[495], não se pode dizer que há uma identificação plena com nenhuma delas, o que enseja a conclusão de se tratar de uma figura *sui generis* de intervenção,[496] ou, nas palavras de Cassio Scarpinella

---

[495] Outros doutrinadores verificam semelhanças com a figura do *custos legis*, função exercida pelo Ministério Público, contudo, ao *amicus curiae* a manifestação é facultativa e não está limitado às lides de interesses indisponíveis. Da mesma forma, o perito judicial também não se identifica com o amigo da corte, pois àquela figura se trata de um auxiliar do juízo, que recebe honorários profissionais e manifesta-se apenas em questões alheias às Ciências jurídicas. Assim, apesar das semelhanças, não há identificação total entre os institutos mencionados.

[496] Neste sentido: CABRAL, Antônio do Passo. "Pelas asas do Hermes: a intervenção

Bueno, um terceiro enigmático. Importante esclarecer que o Novo Código de Processo Civil traz a figura do *amicus curiae* como um capítulo dentro do Título III, denominada de intervenção de terceiros. No entanto, não há dúvidas de que esta figura não se identifica com as modalidades clássicas de intervenção de terceiros, pois lhe falta o interesse jurídico, requisito exigido pelo instituto tradicional da intervenção de terceiros.

A doutrina majoritariamente defende a neutralidade do *amicus curiae*, compreendendo-o como um auxiliar do juízo, que não atua em seu benefício, nem mesmo tem destinatário certo e preciso, mas intervém direcionado a concorrer para a construção da escorreita deliberação judicial.

Cassio Scarpinella Bueno defende que o altruísmo é o mote que rege o instituto em debate:

> Sua atuação tende a ser, por definição, altruísta. Altruísta em dois sentidos bem definidos. Primeiro, porque o *amicus* não atua em juízo em prol de direito ou interesse seu, próprio, 'egoísta'. Segundo, porque o interesse que motiva a intervenção e a consequente atuação processual do *amicus* é institucional, e, nessas condições, não tem, necessariamente, destinatário certo, preciso, individualizado, subjetivado. Pouco importa para o *amicus curiae* quem será o 'vitorioso' na demanda se o autor ou o réu. Ele tutela um interesse em si mesmo considerado. O 'beneficiar' autor e réu é consequência de sua atuação, não a causa.[497]

De fato, ainda que não se identifique plenamente o *amicus curiae* com as demais modalidades dos institutos jurídicos, pode-se afirmar tratar-se de um auxiliar do juízo,[498] vez que a sua função é qualificada

---

do *amicus curiae*, um terceiro especial". *RePro*, São Paulo: RT, n. 117, pp. 09-40, set.-out. 2004, p. 17.

[497] BUENO, Cassio Scarpinella. *Amicus curiae*: Uma Homenagem a Athos Gusmão Carneiro. *In:* DIDIER Jr., Fredie *et al.* (coord.). *O terceiro no processo civil brasileiro e assuntos correlatos*: estudos em Homenagem ao Professor Gusmão Carneiro. São Paulo: RT, 2010, pp. 443/444.

[498] Neste sentido, Fredie Didier Jr. (DIDIER Jr., Fredie; ZANETI Jr., Hermes. "A intervenção" judicial do conselho administrativo de defesa econômica (art. 89 da Lei

por ser informativa e esclarecedora da matéria em debate, trazendo ao diálogo processual novas informações e dados relevantes,[499] a fim de dotar o órgão julgador de elementos importantes e técnicos ao deslinde do feito. Não obstante, o escopo deste instituto é pluralizar o debate para além das partes formais, oportunizando-se, assim, o poder de influência da sociedade civil por intermédio de legítimos porta-vozes, de modo a franquear maior legitimação social às decisões de largo interesse político, econômico e social.

No entanto, reconhecer estas funções e qualidades que são ínsitas ao instituto do *amicus curiae* não lhe exige neutralidade quanto ao interesse no resultado da demanda. Melhor explicando, as vozes profundamente conhecedoras dos elementos fáticos e jurídicos que envolvem a matéria controvertida podem posicionar-se pela defesa de determinados interesses sectários da sociedade civil, sem que isso infirme a autoridade que detêm sobre a matéria em discussão e, deste modo, a sua potencialidade em contribuir para uma decisão escorreita e plural.

Faz-se necessário ainda reconhecer a dificuldade de se vislumbrar neutralidade na intervenção voluntária de terceiro que intenta contribuir no debate jurisdicional, pois, regra geral, a sua participação é impulsionada pelos reflexos espraiados do resultado da deliberação judicial, que poderá esbarrar sobre seus interesses, ou, até mesmo, pela postura em defender suas posições ideológicas. Mesmo neste último caso, não se pode falar em neutralidade, o que não desfigura o potencial de o *amicus*

Federal n. 8.884/94) e da comissão de valores mobiliários (art. 31 da Lei Federal n. 6.385/76)". *RePro*, São Paulo: RT, n. 115, pp. 151-163, mai./jun. 2004, p. 152); Leonardo José Carneiro da Cunha (CUNHA, Leonardo José Carneiro da. "Intervenção anômala: a intervenção de terceiro pelas pessoas jurídicas de direito pública prevista no parágrafo único do artigo 5º da Lei n. 9.469/97". *In:* DIDIER Jr., Fredie; WAMBIER, Teresa de Arruda Alvim (coord.). *Aspectos polêmicos e atuais sobre os terceiros no processo civil e assuntos afins*. São Paulo: RT, 2004, p. 623).

[499] No caso de a manifestação de terceiro não trazer novas informações e dados relevantes, pode o magistrado indeferir a sua intervenção, a fim de evitar tumulto processual (DEL PRÁ, Carlos Gustavo Rodrigues. *Amicus curiae*: instrumento de participação democrática e de aperfeiçoamento da prestação jurisdicional. Curitiba: Juruá, 2008, p. 213). Como visto, no mesmo sentido as regras do Regimento Interno da Suprema Corte dos Estados Unidos (Regra 37.1(a)).

curiae servir de auxiliar do juízo, mesmo que se posicione expressamente pela defesa de um dos lados da demanda.

Repisa-se que a ausência de neutralidade não retira a possibilidade deste terceiro de concorrer para o alcance de uma decisão ótima ou de se prestar à pluralização do debate, uma vez que trará informações técnicas sobre o assunto em pauta e ainda desenvolverá uma sólida argumentação, concorrendo, assim, para cumprir os seus objetivos funcionais, quais sejam, enriquecer o debate com novas informações e provocar a reflexão dos magistrados quanto aos pontos apresentados.

Pela análise da participação do instituto perante o Supremo Tribunal Federal, pode-se concluir que as manifestações destes terceiros, regra geral, são permeadas por um esforço argumentativo no desempenho de uma defesa parcial da constitucionalidade ou inconstitucionalidade dos atos normativos,[500] o que não retira a força democrática do instituto.

Ademais, não podem ser desconsiderados os dados colhidos na pesquisa empírica feita por Damares Medina, que, após analisar as atuações do *amicus curiae* perante o Supremo Tribunal Federal, concluiu haver uma notável relação causal entre o ingresso deste terceiro e o aumento das chances de êxito do lado por ele apoiado,[501] o que elide qualquer dúvida quanto à potencialidade de influência da manifestação deste no processo de tomada de decisão da Corte.

Posta esta conclusão, a autora aborda a preocupação com a possibilidade de haver desequilíbrio informacional quando o *amicus curiae*

---

[500] Como bem ilustra Guilherme Peres de Oliveira, na ADIn 2.858/RJ, na qual se discutiu a constitucionalidade da reserva de vagas em universidades públicas em favor de estudantes negros, a maior parte das entidades habilitadas na qualidade de *amicus curiae* denota, em sua própria nomenclatura, a defesa do resultado do processo (exemplos: Instituto de pesquisas e estudos afro-brasileiros, Centro de articulação de populações marginalizadas, etc..). "Amicus curiae no controle concentrado de constitucionalidade brasileiro: amigo da corte ou sujeito parcial do processo?" *In:* DIDIER, Fredie *et al.* (coord.). *O terceiro no processo civil brasileiro e assuntos correlatos*: estudos em Homenagem ao Professor Athos Gusmão Carneiro. São Paulo: RT, 2010, p. 281, nota de rodapé.
[501] MEDINA, Damares. *Amicus curiae*: amigo da corte ou amigo da parte? São Paulo: Saraiva, 2010, pp. 125-135.

atua apenas em apoio a um dos polos do processo, pois, demonstrou-se haver, no caso concreto, aumento do fluxo de informações apenas de um dos lados. Como soluções para evitar estes interesses concentrados do "amigo da corte", Damares Medina destaca como solução a adoção do procedimento eletrônico, nos termos Lei n. 11.419/2006[502] adotado no julgamento da ADPF 101,[503] que teve reconhecido êxito, inaugurando, na opinião da autora, um novo paradigma informacional, concorrendo tanto para a transparência do processo de tomada de decisão, quanto para a perspectiva de diminuição da assimetria de informações entre todas as partes envolvidas no julgamento. Outra medida proposta pela autora seria a realização de audiências públicas, estas reconhecidas como *locus* adequado para que o *amicus curiae* se manifeste em igualdade de condições com as demais partes do processo.[504]

A preocupação com o desequilíbrio informacional do *amicus curiae* provoca a reflexão sobre a necessidade de regramento mais especializado sobre a forma e o modo de sua participação, seja esta expressa por intermédio da apresentação de memoriais escritos nos autos, seja pela participação do "amigo da corte" nas audiências públicas.

Deste modo, a regulamentação deste instituto é necessária de modo a tratar de forma mais objetiva os requisitos para a intervenção destes terceiros que são imprescindíveis à abertura jurisdicional. Assim sendo, evita-se que o instituto fique refém eminentemente de um subjetivismo judicial, o que acaba por provocar questionamentos sobre os critérios de escolha na admissão destes terceiros, culminando em críticas sobre a potencialidade da participação destes terceiros provocar o desequilíbrio informacional no julgamento do feito.

Modelos de transparência que exijam explicações sobre o interesse na atuação na causa são medidas importantes que tornam mais transparentes

---

[502] A Lei n. 11.419/2006 dispõe sobre a informatização do processo judicial.

[503] Muito bem conduzida pela Relatora do processo, a Ministra Carmen Lúcia, houve a preocupação em admitir o mesmo número de *amicus curiae* para a defesa de determinada tese e da tese contrária.

[504] MEDINA, Damares. *Amicus curiae*: amigo da corte ou amigo da parte? São Paulo: Saraiva, 2010, p. 167.

e públicos os objetivos e intenções deste terceiro, possibilitando averiguar a legitimidade e o real caráter democrático desta intervenção. Assim, mostra-se pertinente condicionar a intervenção deste terceiro ao prévio esclarecimento a respeito da natureza da relação entre o *amicus curiae* com as partes, assim como a informação sobre eventual apoio financeiro franqueado para o suporte da manifestação do instituto. Não obstante, o pretendente deve revelar as entidades que estão representadas pela manifestação, a exemplo do que ocorre na normatização inserta no Regimento Interno da Suprema Corte dos Estados Unidos e a consolidação do entendimento perante a Corte Suprema de Justiça Argentina.[505]

Em linha de conclusão, pode-se afirmar que a premissa que deve dar suporte à legitimidade do *amicus curiae* é a normatização para o estabelecimento de padrões objetivos de participação deste instituto, franqueando, assim, oportunidades iguais a cada um dos lados.

Na jurisprudência do Supremo Tribunal Federal, a legitimidade da intervenção do *amicus curiae* está condicionada à aferição judicial de determinados requisitos, haja vista que o valor democrático que permeia o instituto não significa que toda e qualquer pessoa possa participar do debate constitucional travado nas relações processuais, sendo necessária a eleição do melhor porta-voz que represente a sociedade civil.[506]

Extrai-se das hipóteses regulamentadoras do instituto o cumprimento do requisito de relevância da matéria, ou seja, que a questão em

---

[505] Os requisitos para a admissão do *amicus curiae* na Argentina foram delimitados pela Corte Suprema de Justiça, na Acordada 28/2007, no artigo 2º: "*El Amigo del Tribunal deberá ser una persona física o jurídica con reconocida competencia sobre la cuestión debatida en el pleito; fundamentará su interés para participar en la causa e informará sobre la existencia de algún tipo de relación con las partes del proceso. Su actuación deberá limitarse a expresar una opinión fundada en defensa de un interés público o de una cuestión institucional relevante. Dicha presentación no podrá superar las veinte carillas de extensión*". Disponível em: http://www.csjn.gov.ar/.
[506] PORTO, Sérgio Gilberto; DALL'AGNOL Jr, Antônio Janyr; USTARROZ, Daniel. "Afirmação do amicus curiae no direito brasileiro". *In*: DIDIER Jr., Fredie *et al.* (coord.). *O terceiro no processo civil brasileiro e assuntos correlatos*: estudos em Homenagem ao Professor Athos Gusmão Carneiro. São Paulo: RT, 2010, p. 118.

debate deve ser permeada por um relevante interesse social,[507] que desperte a consciência do órgão julgador sobre a necessidade de pluralizar o debate, a fim de concorrer à decisão mais justa possível. Da mesma forma, os requisitos de "relevância da matéria", "especificidade do tema" e "repercussão social", contemplados no Novo Código de Processo Civil[508], demonstram a necessidade de se aferir, com cautela, os casos em que haverá a intervenção do amigo da corte.

Por fim, faz-se necessário averiguar a representatividade adequada do postulante. Para cumprir este requisito, o terceiro deve ser detentor de um notório conhecimento e experiência sobre os elementos fáticos e jurídicos que servem de substrato à controvérsia judicial, destacando-se, ainda, por figurar como verdadeiro representante da sociedade e ser reconhecido por sua idoneidade. Para a aferição da representatividade adequada deste terceiro, imprescindível a verificação de requisitos como "aptidões, qualidades, reputação, fins institucionais, tempo de existência e atuação nos mais diversos campos da vida e do direito em suas diversas facetas".[509]

Por estas breves linhas, foi possível demonstrar algumas particularidades que singularizam o *amicus curiae*. Em seguida, demonstrar-se-á a importância da intervenção deste terceiro nos processos coletivos que veiculam o controle de políticas públicas.

4.3.2 Democratização do debate processual por meio do amicus curiae

A introdução do *amicus curiae* no controle de constitucionalidade pela Lei n. 9.868/99 institucionalizou a democratização do procedimento

---

[507] DEL PRÁ, Carlos Gustavo Rodrigues. *Amicus curiae*: instrumento de participação democrática e de aperfeiçoamento da prestação jurisdicional. Curitiba: Juruá, 2008, p. 208.

[508] Art. 138. O juiz ou o relator, considerando a relevância da matéria, a especificidade do tema objeto da demanda ou a repercussão social da controvérsia, poderá, por decisão irrecorrível, de ofício ou a requerimento das partes ou de quem pretenda manifestar-se, solicitar ou admitir a participação de pessoa natural ou jurídica, órgão ou entidade especializada, com representatividade adequada, no prazo de 15 (quinze) dias de sua intimação.

[509] BUENO, Cassio Scapinella. *Amicus curiae no processo civil brasileiro*: um terceiro enigmático. São Paulo: Saraiva, 2008, p. 654.

hermenêutico das normas constitucionais, por intermédio da técnica processual, atribuindo à sociedade civil o *status* de copartícipe nos assuntos de alta relevância social.

Este instituto representou a consagração dos valores que servem de pilar ao Estado Democrático de Direito, em que não se autoriza que a interpretação das normas constitucionais fique circunscrita ao debate estreito das partes formais do processo, nem imersa no subjetivismo do órgão julgador. O compromisso assumido no Estado constitucional democrático é o de compartilhar com a sociedade as importantes deliberações de interesse social, antecedida de um diálogo plural e verdadeiramente democrático.

Arraigada nesta missão, espera-se da técnica processual o desenvolvimento de institutos com potencial democratizante, que, efetivamente, torne a jurisdição instância de participação social, com a gradativa diminuição da distância entre o poder jurisdicional e as demais ciências e os diversos setores da sociedade, que em muito podem contribuir para a busca de significados de normas mais justas e mais consentâneas com a realidade vivenciada por todos os brasileiros.

Preconizado nestes valores sociais e pluralísticos, o *amicus curiae* é integrado ao ordenamento jurídico brasileiro, como exteriorização do perfilhamento da moderna linha do processo civil de interesse público, que não mais se restringe ao resguardo de interesses particulares das partes, mas se estende aos conflitos de natureza política, com espeque nos princípios constitucionais, que conformam os institutos processuais participativos.

A matriz democrática do *amicus curiae*, assim como as audiências públicas, também encontra respaldo na visão republicana e democrática da interpretação constitucional, nos termos da doutrina perfilhada por Peter Häberle.[510] O escopo da intervenção de um terceiro no processo

---

[510] Para Peter Häberle, a democracia se desenvolve por intermédio de formas refinadas de mediação do processo público e pluralista da política e da práxis cotidiana. Nesta linha, acrescenta ainda que *experts* e "pessoas interessadas" também se convertem em intérpretes do direito estatal. Com bases nestas premissas, conclui que deve haver

de largo interesse social é pluralizar o debate, permitindo a abertura da interpretação das normas constitucionais aos atores que compõem a sociedade civil, afastando o monopólio dos órgãos oficiais nesta importante tarefa.

O valor finalístico do *amicus curiae* é fazer valer a teoria democrática da interpretação constitucional, que tem como pré-requisito a participação ativa do cidadão e das potências públicas.[511] A jurisdição necessita destes mecanismos democráticos, pois somente cumpre com o papel que lhe foi outorgado pelo Estado Democrático quando a leitura da Constituição Federal se faça "em voz alta e à luz do dia, no âmbito de um processo verdadeiramente público e republicano, pelos diversos atores da cena institucional – agentes públicos ou não – porque, ao fim e ao cabo, todos os membros da sociedade política fundamentam na Constituição, de forma direta e imediata seus direitos e deveres".[512]

Para além da pluralização do debate e do melhor desempenho no exercício da exegese pelo órgão julgador, a inserção das técnicas democráticas de participação de diversos setores da sociedade civil também corrobora com a legitimidade da decisão jurisdicional, como outrora já asseverado.

No processo constitucional em que se oportuniza a abertura hermenêutica por intermédio do *amicus curiae*, pode-se afirmar que a deci-

---

instrumentos processuais informativos ao juízo, especialmente através das audiências e intervenções. (*Hermenêutica constitucional*. Sociedade aberta dos intérpretes da Constituição. Contribuição para a interpretação pluralista e "procedimental" da Constituição. Trad. Gilmar Ferreira Mendes. Porto Alegre: Sergio Antonio Fabris Editor, 1997, pp. 36/37).

[511] HÄBERLE, Peter. "*Hermenêutica constitucional*. Sociedade aberta dos intérpretes da Constituição. Contribuição para a interpretação pluralista e "procedimental" da Constituição. Traduzido por Gilmar Ferreira Mendes. Porto Alegre: Sergio Antonio Fabris Editor, 1997, p. 14.

[512] COELHO, Inocêncio Mártires. "As ideias de Peter Häberle e a Abertura da interpretação constitucional". *Revista de Direito Público*, vol. 1, n. 06, Porto Alegre, out./dez. 2004. Disponível em: <http://dspace.idp.edu.br:8080/xmlui/bitstream/handle/123456789/477/Direito%20Publico%20n62004_Inocencio%20Martires%20Coelho.pdf?sequence=1> Acesso em: 02 de novembro de 2012, p. 06.

são judicial encontra maior respaldo perante a sociedade civil. Em voto proferido na ADI 2130-3/SC, o Ministro Celso de Mello enalteceu a importância da intervenção do *amicus curiae* em concorrer com a maior legitimação e efetividade social das decisões no controle concentrado de constitucionalidade e também na perspectiva essencialmente democrática desta participação processual.[513]

A complexidade e a diversidade dos conflitos de interesses da sociedade contemporânea culminam em litígios judiciais que não se restringem ao enquadramento do fato à norma, mas, ao contrário, exigem do magistrado um esforço interpretativo na construção da solução jurídica ao caso concreto, a fim de alcançar o significado justo dos conceitos indeterminados e da densidade difusa das normas constitucionais.

Como demonstrado nos capítulos anteriores, o controle jurisdicional de políticas públicas representa procedimento de intervenção da vida política do País. A atuação do Poder Judiciário encontra respaldo na possibilidade de resguardo das normas legais e constitucionais que tutelam os direitos fundamentais, e, diante do espectro transindividual que qualificam as políticas públicas, autorizam a utilização da técnica processual coletiva, respeitando-se a isonomia material entre aos titulares destes direitos, consoante aos valores insertos nas normas constitucionais. Estes reflexos, para além dos interesses das partes, franqueiam um viés transcendental a estas decisões proferidas, haja vista que irão esbarrar em interesses sociais, econômicos e políticos, sentidos por um largo número de pessoas.

Não obstante, é inerente à configuração do conceito de políticas públicas a multidisciplinariedade entre as Ciências, seja para desvelar o

---

[513] "Vê-se que a aplicação da norma legal em causa – que não outorga poder recursal ao *amicus curiae* – não só garantirá a maior efetividade e legitimidade às decisões deste tribunal, mas, sobretudo, valorizará, sob uma perspectiva eminentemente pluralística, o sentido essencialmente democrático dessa participação processual, enriquecida pelos elementos de informação e pelo acervo de experiências que esse mesmo *amicus curiae* poderá transmitir à Corte Constitucional, notadamente em um processo – como o de controle de constitucionalidade – cujas implicações políticas, sociais e econômicas, jurídicas e culturais são de irrecusável importância e de inquestionável significação".

embasamento fático que perfaz a controvérsia, seja para auxiliar o órgão julgador a vislumbrar os efeitos de diversas naturezas decorrentes do proferimento de uma decisão judicial que a implemente ou altere o seu conteúdo. Como já alertado, o controle jurisdicional de políticas públicas torna-se legítimo apenas para corrigir distorções desarrazoadas dos programas governamentais ou para afastar a leniência dos demais Poderes no respeito à eficácia ativa dos direitos fundamentais.

De qualquer modo, a racionalidade e a eficiência na distribuição do bem comum não podem ser desprezadas, sob pena de se criar outras iniquidades não autorizadas pelo sistema constitucional. Decidir sobre políticas públicas exige o reconhecimento pelo órgão julgador e pelas partes em litígio de que a Ciência Jurídica não poderá ofertar todas as respostas para o verdadeiro alcance da Justiça, sendo necessário promover a imbricação entre a norma posta e os fatos permeados pelas condicionantes que somente as demais Ciências podem esclarecer. O jurista, então, deve cada vez mais dialogar com os conhecedores das demais Ciências, aprofundando-se em assuntos econômicos, urbanísticos, psicológicos, médicos, sociais, históricos, entre outros, que serão de importância ímpar para o sucesso da intervenção jurisdicional.

Destarte, a Ciência jurídica, de forma isolada, ainda que preconizada nos preceitos constitucionais, não é suficiente para traçar os rumos de uma política bem sucedida, justamente em razão do desconhecimento dos assuntos relacionados à Economia, às Ciências Sociais e às Ciências Políticas, aos conhecimentos pedagógicos, às questões técnicas relacionadas à área da saúde, entre tantos outras, que também integram o verdadeiro conteúdo das normas constitucionais e legais. Não raras vezes, estes conhecimentos, atinentes a outras Ciências, representam a base para a interpretação das normas constitucionais relacionadas aos direitos fundamentais, escritas por meio de princípios de conteúdo aberto, cláusulas gerais e conceitos jurídicos indeterminados.[514]

---

[514] "*No obstante ello, la figura parece ser hecha a medida de este tipo de casos y de la gran mayoría en los que se ventilan cuestiones vinculadas con técnicamente complejos y requieren de opiniones expertas que no siempre se encuentran al alcance del tribunal interveniente. Es que especialmente en esta rama de incidência colectiva y de los denominados derechos difusos, resulta esencial*

A solução, no entanto, não está no reconhecimento da inoperância do Poder Judiciário em vindicar o controle e a implementação das políticas públicas, mas sim em trazer à técnica processual instrumentos participativos que permitam a convergência de várias Ciências, cada qual contribuindo na sua esfera de conhecimento para o melhor resultado possível de seus efeitos perante a sociedade.

Conclui-se assim que o controle jurisdicional de políticas públicas caracteriza-se pela complexidade dos aspectos fáticos envolvidos, que, se mal compreendidos, podem ensejar equívocos na distribuição do bem comum. O planejamento e a implementação de estratégias para a efetivação dos direitos fundamentais exigem *experts* no assunto, de modo a trazer ao debate um conteúdo técnico necessário à racionalização da atividade do Poder Público, com o escopo de alcançar os melhores resultados, culminando em uma equação razoável de custo benefício.

Não se pode descurar ainda da baixa densidade normativa dos direitos fundamentais inscritos nas normas constitucionais, acrescida da técnica legislativa contemporânea, delineada pelas cláusulas gerais e pelos conceitos jurídicos indeterminados, que culminam na exigência da participação mais ativa do órgão julgador e de outros atores para a construção de uma solução jurídica, que não mais versa sobre a sua mera revelação. Característica dos denominados "casos difíceis", a intervenção judicial nos programas governamentais, em grande parte das vezes, torna-se uma busca árdua para o alcance da adequada interpretação da norma jurídica. Assim sendo, faz-se imprescindível a discussão plural sobre os elementos da própria Ciência Jurídica, de modo a franquear maior legitimidade, maior acerto e mais segurança ao procedimento de construção da solução jurídica.

Diante das circunstâncias acima apontadas, em que está imersa a

---

integrar uma visión abarcativa del conflicto, producto de los diversos aportes que pueden realizarse, para la consolidación de valioros precedentes en la materia". (NÁPOLI, Andrés; VEZZULLA, Juan Martin. "El amicus curiae em las cusas ambientales". Disponível em <http://www.farn.org.ar/arch/El%20Amicus%20Curiae%20en%20las%20Causas%20Ambientales%20final.pdf> Acesso em: 06 de agosto de 2012).

discussão sobre o controle de políticas públicas pelo Poder Judiciário, mormente quando veiculado por uma ação coletiva, quando então o resultado é naturalmente transcendental, está justificada a imprescindibilidade de efetivação dos instrumentos participativos, a fim de garantir o perfil democrático do debate processual e o aumento da potencialidade de acerto nas decisões judiciais de reconhecida dificuldade.

Como se demonstrou, a institucionalização do *amicus curiae* no ordenamento brasileiro iniciou-se com a intervenção de órgãos e entidades, alheios à condição de parte processual, nas ações que veiculam matérias de ampla complexidade e de alta especificidade, e que, em razão disso, fogem à atuação comum dos Tribunais. Nestes casos, o terceiro intervém para auxiliar o magistrado na difícil tarefa de elucidar os fatos e o contexto jurídico, para a correta aplicação do Direito ao caso concreto.

Posteriormente, a previsão da intervenção deste auxiliar do juízo nas ações de controle de constitucionalidade vai ao encontro da socialização dos debates em torno do justo sentido empregado às normas constitucionais, com reflexos generalizados de interesse público e social.

No contexto atual do Novo Código de Processo Civil, o escopo é que o instituto ganhe contornos mais alargados, intervindo em processos de larga repercussão social e até mesmo em primeira instância, contribuindo efetivamente para decisões mais justas.

Em conclusão, tem-se que o vetor fomentador da previsão desta modalidade interventiva *sui generis* encontra-se na complexidade fática e jurídica do objeto posto em juízo e também na democratização dos debates, de modo a tornar a hermenêutica verdadeiro exercício de cidadania.

Portanto, a admissão de terceiros no processo coletivo, que tenham representatividade adequada para se manifestarem acerca destas premissas que servem de substrato fático e jurídico às normas constitucionais, irão qualificar o debate, por meio de informações e ponderações que, em muitas ocasiões, são desconhecidas pelas partes que compõem a lide e pelo órgão julgador.

É o *amicus curiae*, com conhecimento e experiência sobre a matéria posta em juízo, que pode contribuir para o estabelecimento de um diálogo mais estreito entre as Ciências Jurídicas e as demais Ciências, demonstrando que as normas de interesse público, na maior parte das vezes, representam a imbricação entre estas diversas Ciências. Esta relação dialética multidisciplinar se faz imprescindível para o êxito deste recente compromisso assumido pelo Poder Judiciário, qual seja, o de intervir em questões caracterizadas pela alta relevância política e social, e não mais restrita aos interesses privados das partes litigantes. É certo que tais questões postas a julgamento são imprescindíveis aos rumos do País, e, em razão de sua importância, não podem ficar restritas ao diálogo circunscrito apenas aos operadores do Direito.

Esta é a percepção de Álvaro Ricardo de Souza Cruz:

> Daí a necessidade de que essa descrição não se dê solipsisticamente, eis que o detalhamento de um estado de coisas por um físico de certo será diferente daquela procedida por um jurista. Assim, a compreensão de um processo que ocorra dialogicamente, garantindo a participação das partes, do juiz, de peritos e seus assistentes e muitas vezes de terceiros, como nos casos de *amicus curiae* é fundamental. Aqui o conceito de uma comunidade de princípios de Dworkin ganha relevância, assim como também a perspectiva de que Hércules não representa a figura de um super juiz, mas indica a necessidade da construção discursiva do processo.[515]

Como visto, teorias jurídicas e argumentos jurídicos, externados por diferentes prismas, podem também integrar a manifestação deste terceiro interveniente. A complexidade e sensibilidade da interpretação dos princípios constitucionais que conformam os direitos fundamentais

---

[515] CRUZ, Álvaro Ricardo de Souza. "Um olhar crítico-deliberativo sobre os direitos sociais no estado democrático de direito". *In:* SOUZA NETO, Cláudio Pereira de; SARMENTO, Daniel. *Direitos sociais*: fundamentos, judicialização e direitos sociais em espécie. Rio de Janeiro: Lumen Juris, 2008, p. 111.

suscitam diferentes visões na doutrina e na jurisprudência, justamente em razão do amplo grau de abertura normativa que apresentam.

A descoberta da eticidade inserta nas normas constitucionais e legais deve ser realizada por intermédio de um procedimento dialético e canalizado na ampla e direta participação de juristas que, pela qualificação que possuem, podem trazer uma importante contribuição na tarefa de auxiliar o órgão julgador em outorgar valores sociais aos preceitos constitucionais e legais.

O caráter democrático e plural do *amicus curiae* também é de grande valia quando o que está em pauta é a intervenção do Poder Judiciário nas ações estratégias para fazer valer os direitos fundamentais. Delimitou-se no presente trabalho que as políticas públicas representam matérias afetas, *a priori*, às funções dos demais poderes, os quais se apoiam no modelo de democracia representativa e em determinados mecanismos de democracia participativa.

Neste sentido, o que se pode extrair dos valores insertos nas normas constitucionais de um Estado Democrático de Direito, que tem como fundamento a dignidade da pessoa humana, com nítida ênfase nos direitos fundamentais e na participação política da sociedade civil, é que qualquer procedimento para a elaboração de políticas públicas deve ser integrado por uma densa carga democrática, de maneira a não se desviar dos anseios sociais.

Nesta linha de intelecção, conclui-se que o fundamento para a admissão da manifestação do *amicus curiae* nos processos coletivos que veiculam o controle jurisdicional de políticas públicas é estatuído sobre o mesmo propósito teleológico do controle concentrado de constitucionalidade: pluralização e democratização do debate para a socialização da atividade jurisdicional. São estas importantes vozes que concorrem, não apenas para qualificar o debate, mas também para franquear maior legitimidade social e transparência à intervenção excepcional do Poder Judiciário em assuntos que, à primeira vista,[516] competem aos demais Poderes.

---

[516] "En ese sentido, y en un escenario en el que se pretende consolidar la democracia

A maior ou menor abertura processual a estes terceiros auxiliares do juízo deve ser proporcional ao objeto processual a ser deliberado. De acordo com a pertinente conclusão de Peter Häberle, os critérios de interpretação constitucional devem ser mais abertos, quanto mais pluralista for a sociedade.[517] Nesta linha, quando estiverem em pauta matérias atinentes aos direitos fundamentais, a abertura processual deve necessariamente ser ampla, pois nosso País é constituído por uma sociedade plural, culturalmente diversificada, caracterizada, em cada região, por diferentes problemas sociais e, ainda, por uma expressiva desigualdade de renda. Assim sendo, do procedimento de extração do correto significado outorgado aos direitos fundamentais decorrem naturalmente os dissensos sociais, sendo legítimo que haja oportunidades para que tais dissensos sejam exteriorizados, sem desviar da trilha dos valores democráticos.

Nos termos da posição alinhavada por Cassio Scarpinella, nosso sistema processual civil nunca foi arredio à abertura democrática proporcionada pelo *amicus curiae*. De acordo com o processualista, a aplicação da dinâmica democrática do instituto já encontra autorização legal nos artigos 130, 335, 339 e 341, I e II, do Código de Processo Civil de 1973 (Lei n. 5.869/73).[518] Sem embargo, o Novo Código de Processo Civil (Lei n. 13.105/15) extirpa qualquer dúvida quanto à aplicação do *amicus curiae,* em processos individuais e coletivos, quando constatada,

---

participativa – aun cuando la adjetivación pudiera resultar redundante en relación con el término al que refiere, calificándolo -, vislumbramos que el amicus curiae puede encaramarse como una herramienta interesante para aportar en favor de la democratización y la transparencia del debate judicial, en ciertos casos que excedan el mero interés de las partes o supuestos que puedan resultar paradigmáticos por la proyección social y pública que la decisión a adoptar sea susceptible de engendrar". (BAZAN, Victor. El amicus en clave de derecho comparado y su reciente impulso en el derecho argentino. *Cuestiones constitucionales,* n. 12, ene./jun. 2005. Disponível em: <http://www.ejournal.unam.mx/cuc/cconst12/CUC1202.pdf.> Acesso em: 29 de novembro de 2012).

[517] HÄBERLE, Peter. *Hermenêutica constitucional.* Sociedade aberta dos intérpretes da Constituição. Contribuição para a interpretação pluralista e "procedimental" da Constituição. Traduzido por Gilmar Ferreira Mendes. Porto Alegre: Sergio Antonio Fabris Editor, 1997, p. 13.

[518] BUENO, Cassio Scarpinella. *Amicus curiae no processo civil brasileiro*: um terceiro enigmático. São Paulo: Saraiva, 2008, pp. 640/641.

no caso concreto, a relevância da matéria, a especificidade do objeto da demanda ou a repercussão social da controvérsia.

A doutrina sempre se mostrou entusiasta do instituto.

Eduardo Cambi e Kleber Ricardo Damasceno enaltecem a importância da intervenção do *amicus curiae* nos processos coletivos, diante da inegável carga democrática que qualifica este ramo processual. Deste modo, concluem que a intervenção deste terceiro "torna-se uma necessidade democrática de abertura do processo, a fim dele se conformar com os anseios e perspectivas de toda a sociedade".[519] Na mesma linha, Fernando da Fonseca Gajardoni e Luis Manoel Gomes Junior afirmam que, diante da repercussão e do alcance do direito tutelado em sede coletiva, faz-se conveniente que o juiz estimule a intervenção do *amicus curiae*, por meio do convite de entidades representativas dos interesses em pauta.[520]

Em linha de conclusão, pode-se afirmar que este instituto democrático deve ser pautado não pela natureza processual do instrumento, mas pelo Direito substancial a ser deliberado. Se o conteúdo sociológico qualifica-se por sua reconhecida importância política e social, mormente quando tem efeitos espraiados, diante da característica subjetiva da transindividualidade, não há razão para negar a sua intervenção, que tem reconhecida potencialidade democrática e plural.

E, por fim, se o instrumento é processualmente coletivo e o direito material qualifica-se pela correção ou implementação de uma política pública, o instituto do *amicus curiae* torna-se um instrumento valioso para franquear os contornos efetivamente democráticos que se exige do processo nos dias atuais.

---

[519] CAMBI, Eduardo; DAMASCENO, Kleber Ricardo. "Amicus curiae e o processo coletivo: uma proposta democrática". *RePro*, São Paulo: RT, n. 192, pp. 13-45, fev. 2011, p. 40.

[520] GAJARDONI, Fernando da Fonseca; GOMES JR., Luiz Manoel. "Ações coletivas e intervenção de terceiros". In: DIDIER, Fredie *et al.* (coord.). *O terceiro no processo civil brasileiro e assuntos correlatos*: estudos em Homenagem ao Professor Athos Gusmão Carneiro. São Paulo: RT, 2010, pp. 245/246.

CONCLUSÃO

O Estado Democrático de Direito, institucionalizado com a entrada em vigor da Constituição Federal de 1988, promoveu a rememoração das bases políticas, sociais e jurídicas de nosso País.

Neste novo contexto, a cláusula da dignidade da pessoa humana torna-se fundamento da República Federativa do Brasil e, portanto, elemento decisivo na interpretação e aplicação do ordenamento jurídico.

O Estado, por intermédio de todas as suas funções, vincula-se ao comprometimento ético da promoção da pessoa humana, responsabilizando-se em resguardar todo o espectro de direitos e garantias que se relaciona a este núcleo irredutível da dignidade, irradiador dos demais princípios constitucionais.

Descortina-se, deste modo, a insuficiência da preservação apenas dos denominados direitos de liberdade ou direitos de defesa, que sustentavam as bases normativas do Estado Liberal. A ideologia do Estado constitucional de direitos fundamentais subjaz na cláusula da igualdade substancial, e, desse modo, visa a franquear cidadania social ao indivíduo, preocupando-se também com os direitos que integram a solidariedade. Estes últimos passam a receber o importante reconhecimento de que também são imprescindíveis para a garantia de uma participação política plena do indivíduo.

No entanto, mesmo estando sob a égide do paradigma do Estado Democrático de Direito, constata-se estar ainda arraigado nos discursos dos poderes estatais a concepção de que os direitos de liberdade detêm eficácia jurídica plena, o que não se constata em relação aos direitos sociais. Insistem os Tribunais na dicotomia entre estas duas modalidades de direitos, utilizando-se do argumento de que os direitos sociais demandam custos para a sua implantação, o que não ocorre com os direitos de liberdade.

Demonstrou-se que este discurso traveste-se de uma ideologia alinhada aos resquícios do Estado Liberal. Isso porque todos os direitos, para tornarem-se plenos, demandam custos para a sua proteção pelo Poder Público. Portanto, quando se está em pauta a judicialização de direitos sociais, é imprescindível um diálogo franco e transparente sobre os reais custos dos direitos, despido de concepções preconcebidas e que não mais se ajustam ao modelo do Estado que os preceitos constitucionais atuais instituíram.

No esteio dos novos paradigmas introduzidos pelo contexto político do Estado Democrático de Direito, está o elemento de participação popular na esfera de deliberação das importantes decisões sobre os destinos do Estado.

A abertura do texto constitucional inicia-se com o enunciado de que *todo poder emana do povo,* erigindo a cláusula da soberania popular a *status* normativo e, portanto, transformando o conceito de democracia no mais fundamental dos direitos da nova ordem normativa do Estado contemporâneo.

A democracia representativa, a despeito de ainda manter-se como modelo hegemônico, justificado pelo contexto das democracias de larga escala, deve ser permeada por novos procedimentos de democracia participativa, que garantam a articulação concreta do cidadão para que este possa integrar o procedimento de construção das políticas delineadas pelos Estados e fiscalizar os atos praticados pelos governantes.

Este vetor participativo também terá seus efeitos irradiados perante a jurisdição, uma vez que esta se insere como uma das formas de exteriorização do Poder estatal. As consequências serão sentidas no processo, pois este é o instrumento pelo qual se exterioriza o poder da jurisdição.

Sob este prisma, a história nos revela que o processo civil, enquanto produto cultural, é diretamente influenciado pela ideologia estatal de cada momento histórico.

Neste passo, o processo jurisdicional deve se alinhar com os valores participativos impostos pelos princípios constitucionais, modelando os seus atos, de modo a torná-lo verdadeiro instrumento de participação no Poder.

Para o cumprimento deste míster, inicialmente a atenção deve ser voltada ao aprimoramento dos mecanismos que permitam um amplo acesso à justiça, mormente para a população mais carente.

Neste contexto, o contraditório revela-se como a garantia mais representativa deste novo modelo democrático. A proposta é franquear-lhe dimensão mais ampla, de modo a proporcionar um diálogo inclusivo e aberto, concorrendo para uma escorreita deliberação judicial.

Esta dimensão participativa do processo ganha reais contornos quando o seu objeto versa sobre o controle de políticas públicas. Para a melhor compreensão a respeito da legitimidade do Poder Judiciário intervir nesta seara, foram apresentadas algumas premissas.

Inicialmente, traçou-se uma evolução histórica do modelo político e jurídico vigente no Estado Liberal até o contexto atual. Diversamente do modelo liberal, o Poder Judiciário, no estágio atual, torna-se copartícipe das mais importantes decisões sobre os destinos do Estado. Posiciona-se, assim, como um importante Poder que também se direciona a alcançar os objetivos traçados pela Carta política.

Neste sentido, a função jurisdicional pode ser provocada a deliberar sobre os critérios de distribuição de recursos comuns, seja por intermédio da revisão ou da implantação de um programa governamental, ou seja, de uma política pública. Mas esta atuação não é incondicionada. Ao contrário, devem observar-se rigorosos critérios para que não se torne uma intromissão indevida na função dos demais Poderes, Executivo e Legislativo, pois lhes cabe, em um primeiro momento, o poder-dever de delinear os meios para a consecução dos direitos fundamentais.

As políticas públicas integram a dimensão do poder discricionário da Administração Pública. Assim, o gestor público, em razão de sua legitimidade representativa, é dotado de liberdade para escolher entre as legítimas opções postas no sistema.

Todavia, assim como todo poder-dever estatal, esta liberdade não é absoluta. A atuação do administrador público tem seus limites impostos pela identificação do espectro razoável de interpretação da norma, sendo certo que esta última função incube ao poder jurisdicional. Ultrapassada esta fronteira, é dever do Poder Judiciário intervir para cessar a violação ao direito e restabelecer a observância do ordenamento jurídico. Em síntese, é atribuição do Poder Judiciário delimitar a dimensão razoável de interpretação da norma, utilizando-se da técnica argumentativa e racional que informam a técnica da ponderação.

Neste trabalho, preocupou-se ainda com a identificação do modelo processual adequado para a discussão jurídico-política.

Os processos coletivos despontam no ordenamento jurídico brasileiro como *locus* para o exercício da democracia participativa. Desvinculado dos limites estreitos inerentes ao modelo processual individual, o denominado microssistema processual coletivo promove uma revolução no conceito de legitimação de agir, autoriza a dimensão ampla do objeto processual, redimensiona os efeitos da coisa julgada, de modo a moldar um instrumento plural, capaz de municiar o Poder Judiciário de um potencial efetivo a intervir nas questões de alta relevância política e social.

Malgrado o notável arcabouço legislativo que rege o direito processual coletivo atual, a doutrina aponta a necessidade de avançar ainda mais, de modo a aprimorar os atos processuais para que estejam rente à realidade social e sirvam aos reais propósitos do direito material. Esta exigência torna-se ainda mais rigorosa quando o que está em pauta é o controle de políticas públicas, de modo a afastar qualquer falha perpetrada pelo Poder Judiciário, o que irá concorrer para acirrar ainda mais as iniquidades sociais.

Com o escopo aprofundar o perfil democrático dos processos coletivos que veiculam o controle de políticas públicas foram propostos, neste trabalho, três novos institutos a integrar a dinâmica processual.

O primeiro deles refere-se ao controle pelo órgão julgador da representatividade adequada do legitimado coletivo. O objetivo é outorgar ao Poder Judiciário o poder-dever de aferir se o legitimado atua como um verdadeiro porta-voz dos substituídos. Defende-se assim que o órgão julgador deve ser autorizado a apreciar se os elementos objetivos que qualificam a ação proposta foram previamente debatidos com a sociedade, destinatária das políticas públicas que se visa a retificar ou implantar. Portanto, diante da importância social dos bens em discussão, e, considerando que o resultado da demanda pode vincular uma sociedade ou uma dada comunidade, o controle judicial da representatividade política do legitimado passa a ser um instrumento para afastar arbitrariedades do exercício de poder, evitando que condicione a população às deliberações pessoais e isoladas do legitimado coletivo.

Outro importante mecanismo apto a alargar a cláusula do contraditório e, em última análise, a participação popular perante o Poder Judiciário, é a audiência pública, instituto que já integra os procedimentos dos demais Poderes estatais e também mostrou-se um mecanismo eficiente perante o Superior Tribunal Federal.

As audiências públicas proporcionam que o debate em torno das políticas públicas seja informado pela característica democrática e plural, seja por intermédio das importantes considerações de especialistas de outras Ciências, seja em razão da importância da discussão útil com os cidadãos, que são os verdadeiros destinatários das políticas governamentais.

Por fim, destacou-se a importância do *amicus curiae*, instituto de matriz democrática, que ganhou prestígio no sistema norte-americano, espraiando-se aos demais países ocidentais. Em razão da complexidade multidisciplinar da temática que envolve as políticas públicas, defendeu-se que o *amicus curiae* revela-se um importante instrumento, apto a auxiliar o órgão julgador na difícil tarefa de identificar o verdadeiro sentido outorgado às normas constitucionais, principalmente aquelas de *status* fundamental e que se vinculam diretamente à dignidade da pessoa humana, permitindo, assim, aferir eventuais arbitrariedades cometidas pelos demais Poderes republicanos, que contrariem o compromisso ético imposto pela Constituição Federal.

REFERÊNCIAS BIBLIOGRÁFICAS

ABELHA, Marcelo. *Ação civil pública e meio ambiente*. Rio de Janeiro: Forense Universitária, 2009.

ABRAMOVICH, Victor; COURTIS, Christian. *Los derechos sociales como derechos exigibles*. Madrid: Editorial Trotta, 2002.

ABREU, Pedro Manoel. *Processo e democracia:* o processo jurisdicional como um locus da democracia participativa e da cidadania inclusiva no estado democrático de direito. São Paulo: Conselho Editorial, 2011.

AGUIAR, Cláudio Tenório Figueiredo. "O Ministério Público e a implementação de políticas públicas: dever institucional de proteção do núcleo essencial dos direitos fundamentais". *In:* VILLELA, Patrícia (coord.). *Ministério Público e políticas públicas*. Rio de Janeiro: Lumen Juris, 2009.

AGUIAR, Mirella de Carvalho. *Amicus curiae*. Salvador: JusPodivm, 2005.

AITH, Fernando. "Políticas públicas de estado e de governo: instrumentos de consolidação do estado democrático de direito e de promoção e proteção dos direitos humanos". *In:* BUCCI, Maria Paula Dallari (coord.). *Políticas públicas*: reflexos sobre o conceito jurídico. São Paulo: Saraiva, 2006.

ALEXY, Robert. *Teoria dos direitos fundamentais*. Traduzido por Virgílio Afonso da Silva. São Paulo: Malheiros, 2008.

ALMEIDA, Gregório Assagra de. *Direito processual coletivo brasileiro*: um novo ramo do direito processual. São Paulo: Saraiva, 2004.

ALMEIDA, João Batista de. "Ação civil pública revisitada: a reconstrução de um instrumento de cidadania". *In:* MILARÉ, Édis (coord.). *A ação civil pública após 25 anos*. São Paulo: RT, 2010.

ALONSO Jr., Hamilton. "A ampliação do objeto das ações civis públicas na implementação dos direitos fundamentais". *In:* MILARÉ, Édis (coord.). *A ação civil pública após 20 anos*: efetividade e desafios. São Paulo: RT, 2005.

ALVIM, Arruda. *Manual de direito processual civil*. vol. I. São Paulo: RT, 2008.

_____. "Ação civil pública: sua evolução normativa significou crescimento em prol da proteção às situações coletivas". *In:* MILARÉ, Édis (coord.). *A ação civil pública após 20 anos*: efetividade e desafios. São Paulo: RT, 2005.

AMARAL, Gustavo. *Direito, escassez & escolhas:* em busca de critérios jurídicos para lidar com a escassez de recursos e as decisões trágicas. Rio de Janeiro: Renovar, 2001.

APPIO, Eduardo. *A ação civil pública no estado democrático de direito*. Curitiba: Juruá, 2009.

_____. *Amicus curiae e audiência pública no processo civil brasileiro*: propostas para o fortalecimento da cidadania através das ações coletivas no Brasil. Publicado em: 19 de novembro de 2005. Disponível em: <http://www.revistadoutrina.trf4.jus.br/index.htm?http://www.revistadoutrina.trf4.jus.br/artigos/edicao009/eduardo_appio.htm> Acesso em: 15 de setembro de 2012.

_____. *Controle jurisdicional de políticas públicas no Brasil*. Curitiba: Juruá, 2009.

_____. *Discricionariedade política do poder judiciário*. Curitiba: Juruá, 2008.

ARAGÃO, Alexandre Santos de. "Teoria geral dos atos administrativos: uma releitura à luz dos novos paradigmas do direito administrativo". *In:* MEDAUAR, Odete; SCHIRATO, Vitor Rhein (coords.). *Os caminhos do ato administrativo*. São Paulo: RT, 2011.

ARANTES, Rogério Bastos. *Ministério Público e a política no Brasil*. São Paulo: Sumaré, 2002.

ARAÚJO FILHO, Luiz Paulo da Silva. *Ações coletivas*: a tutela jurisdicional dos direitos individuais homogêneos. Rio de Janeiro: Forense, 2000.

ARENHART, Sérgio Cruz. "As ações coletivas e o controle jurisdicional de políticas públicas pelo poder judiciário". *In:* MAZZEI, Rodrigo; NOLASCO, Rita Dias (coords.). *Processo civil coletivo*. São Paulo: Quartier Latin, 2005.

ARMELIN, Donaldo. "Ação civil pública: legitimidade processual e legitimidade política". *In:* SALLES, Carlos Alberto de (coord.). *Processo civil e interesse público*: processo como instrumento de defesa social. São Paulo: RT, 2003.

AVRITZER, Leonardo; RECAMÁN, Marisol; VENTURINI, Gustavo. "O associativismo na cidade de São Paulo". *In:* AVRITZER, Leonardo (coord.). *A participação em São Paulo*. São Paulo: Unesp, 2004.

AVRITZER, Leonardo; SOUZA, Boaventura dos Santos. "Introdução". *In:* SOUZA, Boaventura dos Santos (coord.). *Democratizar a democracia*: os caminhos da democracia participativa. Reinventar a Emancipação social para novos manifestos. Rio de Janeiro: Civilização Brasileira, 2002.

AVRITZER, Leonardo. "Modelos de deliberação democrática: uma análise do orçamento participativo". *In:* SOUZA, Boaventura dos Santos (coord.). *Democratizar a democracia*: os caminhos da democracia participativa. Reinventar a emancipação social para novos manifestos. Rio de Janeiro: Civilização Brasileira, 2002.

BANDEIRA DE MELLO, Celso Antônio. *Curso de direito administrativo*. 28ª Ed. São Paulo: Malheiros, 2011.

_____. *O conteúdo jurídico do princípio da igualdade*. 3ª Ed. São Paulo: Malheiros, 2011.

_____. *Discricionariedade e controle jurisdicional*. 2ª Ed. São Paulo: Malheiros, 2010.

BARCELLOS, Ana Paula de. *A eficácia dos princípios constitucionais*: o princípio da dignidade da pessoa humana. Rio de Janeiro: Renovar, 2002.

_____. "Neoconstitucionalismo, direitos fundamentais e controle das políticas públicas". *In:* CAMARGO, Marcelo Novelino (coord.). *Leituras complementares de direito constitucional:* direitos humanos e direitos fundamentais. Salvador: JusPodivm, 2008.

_____. "O mínimo existencial e algumas fundamentações: John Rawls, Michael Walzer e Robert Alexy". *In:* TORRES, Ricardo Lobo (coord.). *Legitimação dos direitos humanos*. São Paulo: Renovar, 2007.

_____. *Ponderação, racionalidade e atividade jurisdicional*. Rio de Janeiro: Renovar, 2005.

BARROS, Marcus Aurélio de Freitas. *Controle jurisdicional de políticas públicas*: parâmetros objetivos e tutela coletiva. Porto Alegre: Sergio Antonio Fabris, 2008.

BARROSO, Luis Roberto. *Curso de direito constitucional contemporâneo*: os conceitos fundamentais e a construção do novo modelo. 3ª Ed. São Paulo: Saraiva, 2009.

_____. "Da falta de efetividade à judicialização excessiva: direito à saúde, fornecimento gratuito de medicamentos e parâmetros para a atuação judicial". Disponível em http://www.luisrobertobarroso.com.br/wpcontent/themes/LRB/pdf/da_falta_de_efetiviade_a_judicializacao_excessiva.pdf. Acesso em 29 de julho de 2013.

_____. "Fundamentos teóricos e filosóficos do novo direito constitucional brasileiro". *In:* BARROSO, Luis Roberto (coord.). *Temas de direito constitucional*. Tomo II. Rio de Janeiro: Editora Renovar, 2009.

_____. *Interpretação e aplicação da constituição*. São Paulo: Saraiva, 2009.

_____. "Judicialização, ativismo judicial e legitimidade democrática". *In:* SILVA, Christine Oliveira Peter da; CARNEIRO, Gustavo Ferraz Sales (coords.). *Controle de constitucionalidade e direitos fundamentais*: estudos em Homenagem ao Professor Gilmar Mendes. Rio de Janeiro: Lumen Juris, 2010.

_____. *O controle de constitucionalidade no direito brasileiro*: exposição sistemática da doutrina e análise crítica da jurisprudência. São Paulo: Saraiva, 2011.

BAZAN, Victor. "El amicus en clave de derecho comparado y su reciente impulso en el derecho argentino". *Cuestiones constitucionales*, n. 12, Jan/Jun. 2005. Disponível em: <http://www.ejournal.unam.mx/cuc/cconst12/CUC1202.pdf.> Acesso em: 29 de novembro de 2012.

BEDAQUE, José dos Santos. *Direito e processo*: influência do direito material sobre o processo efetividade do processo e técnica processual. 2ª Ed. São Paulo: Malheiros, 2007.

_____. "Legitimidade processual e legitimidade política". *In:* SALLES, Carlos Alberto (coord.). *Processo civil e interesse público*: o processo como instrumento de defesa social. São Paulo: RT, 2003.

BENJAMIN, Antônio Herman V. "A 'citizen action' norte-americana e a tutela ambiental". *RePro*, São Paulo: RT, n. 62, pp. 61-78, 1991.

BENTES, Fernando R. N. M; HOFMANN, Florian F. "A litigância judicial dos direitos sociais no Brasil: uma abordagem empírica". *In:* SOUZA NETO, Cláudio Pereira de; SARMENTO, Daniel (coords.). *Direitos sociais*: fundamentos, judicialização e direitos sociais em espécie. Rio de Janeiro: Lumen Juris, 2008.

BERCOVICI, Gilberto. "Planejamento e políticas públicas: por uma nova compreensão do papel do Estado". *In:* BUCCI, Maria Paula Dallari (coord.). *Políticas públicas*: Reflexos sobre o conceito jurídico. São Paulo: Saraiva, 2006.

BERIZONCE, Roberto Omar. "Fundamentos y tendências actuales em el desarrollo del derecho procesual civil de las políticas públicas". *RePro*, São Paulo: RT, n. 190, pp. 37-70, dez. 2010.

_____."Activismo judicial y participación em la construcción de las políticas públicas". *Civil Procedure Review*, vol. 1, n. 3, pp. 46-74, sept./dec. 2010. Disponível em: <http://www.civilprocedurereview.com/busca/baixa_arquivo.php?id=24&embedded=true> Acesso em: 11 de dezembro de 2012.

BINENBOJM, Gustavo. "A democratização da jurisdição constitucional e o contributo da Lei n. 9.868/99". *In:* CAMARGO, Marcelo Novelino (coord.). *Leituras complementares de direito constitucional:* controle de constitucionalidade e hermenêutica constitucional. Salvador: JusPodivm, 2008.

_____. "A dimensão do amicus curiae no processo constitucional brasileiro: requisitos, poderes processuais e aplicabilidade no âmbito estatal". *Revista Eletrônica de Direito do Estado*, n. 26, mai/jun/jul 2011. Disponível em: <http://www.direitodoestado.com.br> Acesso em: 05 de janeiro de 2013.

_____. *Uma teoria do direito administrativo*: direitos fundamentais, democracia e constitucionalização. Rio de Janeiro: Renovar, 2006.

BOBBIO, Norberto. *A era dos direitos*. Traduzido por Carlos Nelson Coutinho. Rio de Janeiro: Elsevier, 2004.

_____. *Estado, governo, sociedade*: para uma teoria geral da política. Traduzido por Marco Aurélio Nogueira. Rio de Janeiro: Paz e Terra, 1987.

_____. *O futuro da democracia:* uma defesa das regras do jogo. Traduzido por Marco Aurélio Nogueira. São Paulo: Paz e Terra, 1986.

BOBBIT, Philip; CALABRESI, Guido. *Tragic choices*: the conflicts society confronted in the allocation of tragically scarce resources. Nova Iorque: W.W. Norton & Company, 1978.

BONAVIDES, Paulo. *Ciência política*. São Paulo: Malheiros, 2007.

_____. "O estado social e sua evolução rumo à democracia participativa". *In*: SOUZA NETO, Cláudio Pereira de; SARMENTO, Daniel (coord.). *Direitos sociais:* fundamentos, judicialização e direitos sociais em espécie. Rio de Janeiro: Lumen Juris, 2008.

_____. *Teoria constitucional da democracia participativa:* por um direito constitucional de luta e resistência, por uma nova hermenêutica, por uma repolitização da legitimidade. São Paulo: Malheiros, 2008.

_____. *Teoria geral do estado*. 7ª Ed. São Paulo: Malheiros, 2008.

BRASIL Jr., Samuel Meira. "O enforcement das decisões judiciárias no tocante às políticas públicas". *In:* GRINOVER, Ada Pellegrini; WATANABE, Kazuo (coords.). *O controle jurisdicional de políticas públicas*. Rio de Janeiro: Forense, 2011.

BUCCI, Maria Paula Dallari. As políticas públicas e o direito administrativo. *Revista Trimestral de Direito Público*, São Paulo: Malheiros, n. 13, pp. 134-144, 1996.

_____. *Direito administrativo e políticas públicas*. São Paulo: Saraiva, 2002.

_____. "Notas para uma metodologia jurídica da análise de políticas públicas. Apontamentos sobre o controle judicial de políticas públicas". *In:* FORTINI, Cristiana; ESTEVES, Júlio César dos Santos; DIAS, Maria Tereza Fonseca (coords.). *Políticas públicas:* possibilidades e limites. Belo Horizonte: Fórum, 2008.

_____. "O conceito de política pública em direito". *In:* BUCCI, Maria Paula Dallari (coord.). *Políticas públicas*: Reflexos sobre o conceito jurídico. São Paulo: Saraiva, 2006.

BUENO, Cassio Scarpinella. "Amicus curiae: Uma Homenagem a Athos Gusmão Carneiro". *In:* DIDIER Jr., Fredie *et al.* (coord.). *O terceiro no processo civil brasileiro e assuntos correlatos*: estudos em Homenagem ao Professor Gusmão Carneiro. São Paulo: RT, 2010.

_____. *Amicus curiae no processo civil brasileiro*: um terceiro enigmático. São Paulo: Saraiva, 2008.

_____. "As class actions norte-americanas e as ações coletivas brasileiras: pontos para uma reflexão conjunta". *RePro*, São Paulo: RT, n. 82, pp. 92-151, 1996.

_____. *Novo Código de Processo Civil Anotado*. São Paulo: Saraiva, 2015.

_____. "Processo civil de interesse público: uma proposta de sistematização". *In:* SALLES, Carlos Alberto (coord.). *Processo civil e interesse público*: o processo como instrumento de defesa social. São Paulo: RT, 2003.

BUENO FILHO, Edgard Silveira. "Amicus Curiae. A democratização do debate nos processos de controle de constitucionalidade". *Revista Diálogo Jurídico*, Salvador, n. 14, jun./ago. 2002. Disponível em: <http://www.direitopublico.com.br/pdf_14/DIALOGO-JURIDICO-14-JUNHO-AGOSTO-2002-EDGARD-SILVEIRA-BUENO-FILHO.pdf> Acesso em: 03 de janeiro de 2013.

BURGO, Vitor. "O controle dos atos administrativos pelo poder judiciário". *In:* GRINOVER, Ada Pellegrini; WATANABE, Kazuo (coords.). *O controle jurisdicional de políticas públicas*. Rio de Janeiro: Forense, 2011.

BURLE FILHO, José Emmanuel. "Ação civil pública: instrumento de educação democrática". *In:* MILARÉ, Édis (coord.). *Ação civil pública*: lei n. 7.347/85 – 15 anos. São Paulo: RT, 2002.

BURGOS, Marcelo; VIANNA, Luiz Werneck. "Revolução processual do direito e democracia progressiva". *In:* VIANNA, Luiz Werneck (coord.). *A democracia e os três poderes no Brasil*. Belo Horizonte: UFMG, 2002.

CABRAL, Antônio do Passo. "A causa de pedir nas ações coletivas". *In:* DIDIER Jr., Fredie; MOUTA, José Henrique (coords.). *Tutela jurisdicional coletiva*. Salvador: JusPodivm, 2009.

_____. "O novo procedimento-modelo (Musterverfahren) alemão: uma alternativa às ações coletivas". *In:* DIDIER Jr., Fredie (coord.). *Leituras complementares de processo civil*. Salvador, 2009.

_____. "Os efeitos processuais das audiências públicas". *Revista Eletrônica de Direito Administrativo Econômico,* Bahia, n. 13, pp. 1-17, fev./mar./abr. 2008. Disponível em: <http://www.direitodoestado.com/revista/REDAE-13-FEVEREIRO-2008-ANTONIO%20CABRAL.pdf> Acesso em: 24 de outubro de 2012.

_____. "Pelas asas do Hermes: a intervenção do amicus curiae, um terceiro especial". *RePro*, São Paulo: RT, n. 117, pp. 09-40, set.-out. 2004.

CADEMARTORI, Luiz Henrique Urquhart. *Discricionariedade administrativa no estado constitucional de direito*. Curitiba: Juruá, 2007.

CALDEIRA, Teresa; ACHARYA, Arnab; LAVALLE, Adrián Gurza. "Atores da sociedade civil e atores políticos: participação nas novas políticas democráticas em São Paulo". *In:* AVRITZER, Leonardo (coord.). *A participação em São Paulo*. São Paulo: Unesp, 2004.

CAMBI, Eduardo. "Função social no processo civil". *In:* DIDIER Jr., Fredie; MOUTA, José Henrique (coords.). *Tutela jurisdicional coletiva*. Salvador: JusPodivm, 2009.

_____. *Neoconstitucionalismo e neoprocessualismo*: Direitos fundamentais, políticas públicas e protagonismo judiciário. São Paulo: RT, 2009.

_____; DAMASCENO, Kleber Ricardo. "Amicus curiae e o processo coletivo: uma proposta democrática". *RePro*, São Paulo: RT, n. 192, pp. 13-45, fev. 2011.

CAMPILONGO, Celso Fernandes. *Direito e democracia*. São Paulo: Max Limonad, 1991.

_____. "O judiciário e a democracia no Brasil". *Revista da Usp*, São Paulo, n. 21, 1994. Disponível em: http://www.revistas.usp.br/revusp/article/view/26940/28718. Acesso em: 15 de dezembro de 2012.

_____. "Os desafios do judiciário: um enquadramento teórico". *In:* FARIA, José Eduardo (coord.). *Direitos humanos, direitos sociais e justiça*. São Paulo: Malheiros, 2010.

_____. "O trabalhador e o direito à saúde: a eficácia dos direitos sociais e o discurso neoliberal". *In:* DI GIORGI, Beatriz; CAMPILONGO, Celso Fernandes; PIOVESAN, Flávia (coords.). *Direito, cidadania e justiça:* ensaio sobre lógica, interpretação, teoria sociológica e filosofia jurídicas. São Paulo: RT, 1995.

CAMARGO, Marcelo Novelino. "O conteúdo jurídico da dignidade da pessoa humana". *In:* CAMARGO, Marcelo Novelino (coord.). *Leituras complementares de direito constitucional:* direitos humanos e direitos fundamentais. Salvador: Jus Podivm, 2008.

CAMPOS, Fernanda. "O Ministério Público como ator político na implementação de políticas públicas uma sociológica". *In:* VILLELA, Patrícia (coord.). *Ministério Público e políticas públicas*. Rio de Janeiro: Lumen Juris, 2009.

CANELA Jr., Osvaldo. *Controle judicial de políticas públicas*. São Paulo: Saraiva, 2011.

CANOTILHO, José Joaquim Gomes. "O direito constitucional como ciência de direção: o núcleo essencial de prestações sociais ou a localização incerta da socialidade. Contributo para a reabilitação da força normativa da 'constituição social'". *In:* CANOTILHO, J.J. Gomes; CORREIA, Marcus Orione Gonçalves; CORREIA, Érica Paula Barcha (coords.). *Direitos fundamentais sociais*. São Paulo: Saraiva, 2010.

_____. *Direito constitucional e teoria da constituição*. 7ª Ed. Coimbra: Almedina, 2003.

CARVALHO, Maria Alice Rezende de. "Cultura política, capital social e a questão do déficit democrático no Brasil". *In:* VIANNA, Luiz Werneck (coord.). *A democracia e os três poderes no Brasil*. Belo Horizonte: UFMG, 2002.

CARVALHO, Raquel Melo Urbano de. "Controle jurisdicional dos atos políticos e administrativos na saúde pública. *In:* FORTINI, Cristiana;

ESTEVES, Júlio César dos Santos; DIAS, Maria Tereza Fonseca (coords.). *Políticas públicas*: possibilidades e limites. Belo Horizonte: Fórum, 2008.

CARVALHO FILHO, José dos Santos. "Políticas públicas e pretensões judiciais determinativas". *In:* FORTINI, Cristiana; ESTEVES, Júlio César dos Santos; DIAS, Maria Tereza Fonseca (coord.). *Políticas públicas*: possibilidades e limites. Belo Horizonte: Fórum, 2008.

CAPPELLETTI, Mauro. *Juízes legisladores?* Traduzido por Carlos Alberto Alvaro de Oliveira. Porto Alegre: Sergio Antonio Fabris Editor, 1993.

_____; GARTH, Bryant. *Acesso à justiça*. Traduzido por Elen Gracie Northfleet. Porto Alegre: Sérgio Antonio Fabris Editor, 1988.

_____. "Formações sociais e interesses coletivos diante da justiça civil". Traduzido por Nelson Renato Palaia Riberia de Campos. *RePro*, São Paulo: RT, n. 5, p. 128-159, jan./mar. 1977.

_____. *Proceso, Ideologias, Sociedad*. Traduzido por Santiago Sentís Melendo e Tomás A. Banzhaf. Buenos Aires: Ediciones Juridicas Europa-America, 1974.

CHAYES, Abram. "The role of the judge in public law litigation". *Harvard Law Review*, Massachusetts, n. 7, vol. 89, may 1976.

CHRISTIANSEN, Eric. C. "Decidindo sobre direitos não-justiciáveis: direitos sócio-econômicos e a corte constitucional sul-africana". *In:* SOUZA NETO, Cláudio Pereira de; SARMENTO, Daniel (coords.). *Direitos sociais*: fundamentos, judicialização e direitos sociais em espécie. Rio de Janeiro: Lumen Juris, 2008.

CITTADINO, Gisele Guimarães. *Pluralismo, Direito e justiça distributiva*: elementos da filosofia constitucional contemporânea. Rio de Janeiro: Lumen Juris, 2004.

COELHO, Inocêncio Mártires. "As idéias de Peter Häberle e a Abertura da interpretação constitucional". *Revista de Direito Público*, Porto Alegre, vol. 1, n. 06, out./dez. 2004. Disponível em: <http://dspace.idp.edu.br:8080/xmlui/bitstream/handle/123456789/477/Direito%20Publico%20n62004_Inocencio%20%20Martires%20Coelho.pdf?sequence=1> Acesso em: 02 de novembro de 2012.

COLLINS Jr., Paul. *Friends os the Court*; examining the influence of the amicus curiae participation in U.S. Supreme Court Litigation. Disponível em:

<http://www.psci.unt.edu/~pmcollins/LSR2004.pdf> Acesso em: 13 de novembro de 2012.

COMPARATO, Fábio Konder. "Repensar a democracia". *In*: LIMA, Mário Martonio Mont'Alverne Barreto (coord.). *Democracia, Direito e Política*: estudos internacionais em Homenagem a Friedrich Müller. Florianópolis: Conceito Editorial, 2006.

CORTES, Osmar Mendes Paixão. "O pensamento jurídico-filosófico de Chäim Perelman". *In:* PONTES, Kassius Diniz da Silva; CÔRTES, Osmar Mendes Paixão; KAUFMANN, Rodrigo de Oliveira (coords.). *O raciocínio jurídico na filosofia contemporânea*: tópica e retórica no pensamento de Theodor Viehweg e Chäim Perelman. São Paulo: Carthago Editorial, 2002.

CORTEZ, Luis Francisco Aguilar. "Limites ao controle judicial de políticas públicas". *In:* GRINOVER, Ada Pellegrini; WATANABE, Kazuo (coords.). *O controle jurisdicional de políticas públicas*. Rio de Janeiro: Forense, 2011.

COSTA, Susana Henriques da. "O controle judicial da representatividade adequada". *In:* SALLES, Carlos Alberto (coord.). *As grandes transformações do processo civil brasileiro*. São Paulo: Quartier Latin, 2009.

COURTIS, Christian. "Critérios de justiciabilidade dos direitos econômicos, sociais e culturais: uma breve exploração". *In:* SOUZA NETO, Cláudio Pereira de; SARMENTO, Daniel. *Direitos sociais*: fundamentos, judicialização e direitos sociais em espécie. Rio de Janeiro: Lumen Juris, 2008.

CRUZ, Álvaro Ricardo de Souza. "Um olhar crítico-deliberativo sobre os direitos sociais no estado democrático de direito". *In:* SOUZA NETO, Cláudio Pereira de; SARMENTO, Daniel. *Direitos sociais*: fundamentos, judicialização e direitos sociais em espécie. Rio de Janeiro: Lumen Juris, 2008.

CRUZ, José Raimundo Gomes da. "O amicus curiae e os outros sujeitos do processo". *In:* DIDIER Jr., Fredie *et al.* (coord.). *O terceiro no processo civil brasileiro e assuntos correlatos*: estudos em Homenagem ao Professor Gusmão Carneiro. São Paulo: RT, 2010.

CRUZ, Luana Pedrosa de Figueiredo *et al. Comentários à nova lei do mandado de segurança*. São Paulo: RT, 2011.

CRUZ E TUCCI, José Rogério. *"Class action" e mandado de segurança coletivo*: diversificações conceptuais. São Paulo: Saraiva, 1990.

CUNHA Jr., Dirley. "A efetividade dos direitos fundamentais sociais e a reserva do possível". *In:* CAMARGO, Marcelo Novelino (coord.). *Leituras complementares de direito constitucional*: direitos humanos e direitos fundamentais. Salvador: JusPodivm, 2008.

_____. "A intervenção de terceiros no processo de controle abstrato de constitucionalidade. A intervenção do particular, do co-legitimado e do amicus curiae na ADIN, ADC e ADPF". *In:* DIDIER Jr., Fredie; WAMBIER, Teresa de Arruda Alvim (coord.). *Aspectos polêmicos e atuais sobre os terceiros no processo civil e assuntos afins*. São Paulo: RT, 2004.

CUNHA, Leonardo José Carneiro da. "Intervenção anômala: a intervenção de terceiro pelas pessoas jurídicas de direito pública prevista no parágrafo único do artigo 5º da Lei n. 9.469/97". *In:* DIDIER Jr., Fredie; WAMBIER, Teresa de Arruda Alvim (coord.). *Aspectos polêmicos e atuais sobre os terceiros no processo civil e assuntos afins*. São Paulo: RT, 2004.

DALL'AGNOL Jr., Antônio Janyr; USTARROZ, Daniel; PORTO, Sérgio Gilberto. "Afirmação do amicus curiae no direito brasileiro". *In:* DIDIER Jr., Fredie et al. (coord.). *O terceiro no processo civil brasileiro e assuntos correlatos*: estudos em Homenagem ao Professor Athos Gusmão Carneiro. São Paulo: RT, 2010.

DAL BOSCO, Maria Goretti. *Audiência pública como direito de participação*. Disponível em: <http://www.oabms.org.br/Noticia/1080/audiencia-publica-como-direito-de-participacao> Acesso em: 03 de janeiro de 2012.

DALLARI, Dalmo de Abreu. *O poder dos juízes*. 3ª Ed. São Paulo: Saraiva, 2007.

_____. *O futuro do estado*. 2ª Ed. São Paulo: Saraiva, 2007.

_____. *Elementos de teoria geral do estado*. São Paulo: Saraiva, 1991.

DAWALIBI, Marcelo. "Ação civil pública, escolhas políticas e litigiosidade". *In:* MILARÉ, Édis (coord.). *A ação civil pública após 25 anos*. São Paulo: RT, 2010.

DEL PRÁ, Carlos Gustavo Rodrigues. *Amicus curiae*: instrumento de participação democrática e de aperfeiçoamento da prestação jurisdicional. Curitiba: Juruá, 2008.

_____. "Breves considerações sobre o amicus curiae na ADIN e sua legitimidade recursal". *In:* DIDIER Jr., Fredie; WAMBIER, Teresa de Arruda Alvim (coords.). A*spectos polêmicos e atuais sobre os terceiros no processo civil e assuntos afins*. São Paulo: RT, 2004.

DENTI, Vittorio. "Il ruolo del giudice nel processo civile tra vechio e nuovo garantismo". *Rivista Trimestrale di Diritto e Procedura Civile*, Milão: Giuffré Editore, vol. 38, n. 3, p. 726-740, 1984.

DERANI, Cristiane. "Política pública e a norma política". *In:* BUCCI, Maria Paula Dallari (coord.). *Políticas públicas*: reflexos sobre o conceito jurídico. São Paulo: Saraiva, 2006.

DIDIER Jr., Fredie; ZANETI Jr., Hermes. "Princípio da adequação jurisdicional no processo coletivo: benfazeja proposta contida no projeto de nova lei de ação civil pública". *In:* GOZZOLI, Maria Clara *et al.* (coords.). *Em defesa de um novo sistema de processos coletivos*: estudos em Homenagem a Ada Pellegrini Grinover. São Paulo: Saraiva, 2010.

_____; _____. *Curso de direito processual civil*. vol. 1 e vol 4. Salvador: JusPodivm, 2007.

_____. "A intervenção judicial do conselho administrativo de defesa econômica (art. 89 da Lei Federal n. 8.884/94) e da comissão de valores mobiliários (art. 31 da Lei Federal n. 6.385/76)". *RePro*, São Paulo: RT, n. 115, p. 151-163, mai./jun. 2004.

DINAMARCO, Cândido Rangel. *Instituições do direito processual civil*. vol. 1. São Paulo: Malheiros, 2009.

_____. *A instrumentalidade do processo*. 14ª Ed. São Paulo: Malheiros, 2009.

DINAMARCO, Pedro da Silva. *Ação civil pública*. São Paulo: Saraiva, 2001.

DI PIETRO, Maria Sylvia Zanella. *Discricionariedade administrativa na constituição de 1988*. 2ª Ed. São Paulo: Atlas, 2007.

_____. *Direito administrativo*. 18ª Ed. São Paulo: Atlas, 2005.

_____. "Discricionariedade administrativa e controle judicial da administração". *In:* DOWBOR, Monika; HOUTZAGER, Peter; SERAFIM, Lizandra. *Enfrentando os desafios da representação em espaços participativos*. São Paulo: CEBRAP: IDS, 2008. Disponível em: <http://www.cebrap.org.

br/v1/upload/pdf/enfrentando%20os%20desafios%20da%20representacao. pdf> Acesso em: 05 de janeiro de 2013.

DROMI, José Roberto. *Instituciones de derecho administrativo*. Buenos Aires: Editorial Astrea: 1973.

DUARTE, David. *Procedimentalização, participação e fundamentação*: para uma concretização do princípio da imparcialidade administrativa como parâmetro decisório. Coimbra: Almedina, 1996.

DUTRA, Carlos Roberto de Alckmin. *Controle abstrato de constitucionalidade*: análise dos princípios processuais aplicáveis. São Paulo: Saraiva, 2012.

DWORKIN, Ronald. *Levando os direitos a sério*. Traduzido por Nelson Boeira. São Paulo: WMF Martins Fontes, 2010.

EISENBERG, José. "Pragmatismo, direito reflexivo e judicialização da política". *In:* VIANNA, Luiz Werneck (coord.). *A democracia e os três poderes no Brasil*. Belo Horizonte: UFMG, 2002.

FARIA, José Eduardo. "Os desafios do judiciário". *Revista USP*, n. 21, mar./abr./mai. 1994. Disponível em: <http://www.usp.br/revistausp/21/05-joseeduardo.pdf> Acesso em: 27 de dezembro de 2012.

_____. "A definição de interesse público". *In:* SALLES, Carlos Alberto (coord.). *Processo civil de interesse público*. São Paulo: RT, 2003.

FELDMANN, Fábio. "Ação civil pública: fator de mobilização social". *In:* MILARÉ, Édis (coord.). *Ação civil pública*: lei n. 7.347/85 – Reminiscência e reflexões após dez anos de aplicação. São Paulo: RT, 1995.

FERRARESI, Eurico. "A pessoa física como legitimada ativa à ação coletiva". *In:* GRINOVER, Ada Pellegrini; MENDES, Aluisio Gonçalves de Castro; WATANABE, Kazuo (coords.). *Direito Processual Coletivo e o Anteprojeto de Código Brasileiro de Processos Coletivos*. São Paulo: RT, 2007.

FERRAZ, Marcos Bosi. *Dilemas e escolhas do sistema de saúde*. São Paulo: Medbook, 2008.

FERREIRA, Éder. "As ações individuais no controle judicial de políticas públicas". *In:* GRINOVER, Ada Pellegrini; WATANABE, Kazuo (coords.). *O controle jurisdicional de políticas públicas*. Rio de Janeiro: Forense, 2011.

FERREIRA, Rafael Silva; OLIVEIRA, Cláudio Azevedo da Cruz; MELO, Pedro J. Costa. "A intervenção do juiz na adequação do autor coletivo: um passo rumo à efetivação dos direitos fundamentais". *In:* DIDIER Jr., Fredie; MOUTA, José Henrique (coords.). *Tutela jurisdicional coletiva.* Salvador: JusPodivm, 2009.

FIGUEIREDO, Lucia Valle. "Ação civil pública: Gizamento constitucional e legal". *In:* MILARÉ, Édis (coord.). *A ação civil pública após 20 anos*: efetividade e desafios. São Paulo: RT, 2005.

_____. "Instrumentos da administração consensual: a audiência pública e sua finalidade". *Revista Eletrônica de Direito Administrativo Econômico,* n. 11, Salvador, ago./set./out. 2007. Disponível em: <http://www.ipea.gov.br/participacao/images/REDAE-11-AGOSTO-2007-LUCIA20VALLE.pdf> Acesso em: 20 de setembro de 2012.

FIORILLO, Celso Antônio Pacheco. "A ação civil pública e a defesa dos direitos constitucionais difusos". *In:* MILARÉ, Édis (coord.). *Ação civil pública*: lei n. 7.347/85 – Reminiscências e reflexões após dez anos de aplicação. São Paulo: RT, 1995.

FISS, Owen. *Um novo processo civil*: estudos norte-americanos sobre jurisdição, constituição e sociedade. Traduzido por Daniel Porto Godinho da Silva e Melina de Medeiros Rós. São Paulo: RT, 2004.

FORNACIARI, Flávia Hellmeister Clito. (2010) *A representatividade adequada nos processos coletivos.* Tese de Doutorado. São Paulo: Universidade de São Paulo, Faculdade de Direito da Universidade São Paulo – FADUSP, São Paulo.

FREIRE Jr., Américo Bedê. *O controle judicial das políticas públicas.* São Paulo: RT, 2005.

_____. "Pontos nervosos da tutela coletiva: Legitimação, competência e coisa julgada". *In:* MAZZEI, Rodrigo; NOLASCO, Rita Dias (coords.). *Processo coletivo.* São Paulo: Quartier Latin, 2005.

FRONTINI, Paulo Salvador. "A ação civil pública em tutela dos direitos difusos: condições da ação: Indagação sobre a possibilidade jurídica do pedido, interesse processual e legitimidade dos efeitos jurídicos". *In:* MILARÉ, Édis (coord.). *A ação civil pública após 20 anos*: efetividade e desafios. São Paulo: RT, 2005.

_____. "Ação civil pública e o ressurgimento da cidadania: realidade e perplexidade: dos direitos difusos às obrigações difusas". *In:* MILARÉ, Édis (coord.). *A ação civil pública após 25 anos.* São Paulo: RT, 2010.

GABBAY, Daniela Monteiro; LUCON, Paulo Henrique dos Santos. "Superação do modelo processual rígido pelo anteprojeto do código brasileiro de processo coletivos, à luz da atividade gerencial do juiz". *In:* GRINOVER, Ada Pellegrini; MENDES, Aluísio Gonçalves de Castro; WATANABE, Kazuo (coords.). *Direito processual coletivo e anteprojeto de código brasileiro de processos coletivos.* São Paulo: RT, 2007.

GAJARDONI, Fernando da Fonseca; GOMES Jr., Luiz Manoel. "Ações coletivas e intervenção de terceiros". *In:* DIDIER, Fredie *et al.* (coord.). *O terceiro no processo civil brasileiro e assuntos correlatos*: estudos em Homenagem ao Professor Athos Gusmão Carneiro. São Paulo: RT, 2010.

GALDINO, Flávio. "O custo dos direitos". *In:* VIANNA, Luiz Werneck (coord.). *A democracia e os três poderes no Brasil.* Belo Horizonte: UFMG, 2002.

GARCIA, Emerson. "Jurisdição constitucional e legitimidade democrática: tensão dialética no controle de constitucionalidade". *In:* CAMARGO, Marcelo Novelino (coord.). *Leituras complementares de direito constitucional:* controle de constitucionalidade e hermenêutica constitucional. Salvador: Jus Podivm, 2008.

GARGARELLA, Roberto. "Democracia deliberativa e o papel dos juízes diante dos direitos sociais". *In:* SOUZA NETO, Cláudio Pereira de; SARMENTO, Daniel (coord.). *Direitos sociais*: fundamentos, judicialização e direitos sociais em espécie. Rio de Janeiro: Lumen Juris, 2008.

GAVRONSKI, Alexandre Amaral. "A tutela coletiva do século XXI e sua inserção no paradigma jurídico emergente". *In:* MILARÉ, Édis (coord.). *A ação civil pública após 25 anos.* São Paulo: RT, 2010.

_____. *Técnicas extraprocessuais de tutela coletiva*: a efetividade da tutela coletiva fora do processo judicial. São Paulo: RT, 2010.

_____. "Das origens ao futuro da lei da ação civil pública: o desafio de garantir acesso à justiça com efetividade". *In:* MILARÉ, Édis (coord.). *Ação civil pública após 20 anos*: efetividade e desafios. São Paulo: RT, 2005.

GIDI, Antônio. *A class action como instrumento de tutela coletiva dos direitos*: as ações coletivas em uma perspectiva comparada. São Paulo: RT, 2007.

_____. *Las acciones colectivas y la tutela de los derechos difusos, colectivos e individuales em Brasil*: un modelo para paises de derecho civil. Disponível em: <http://www.abdpc.org.br/abdpc/artigosautor.asp?id=98> Acesso em: 04 de janeiro de 2012.

_____. "Código de processo civil coletivo: um modelo para países do direito escrito". *In:* MAZZEI, Rodrigo; NOLASCO, Rita Dias (coords.). *Processo civil coletivo*. São Paulo: Quartier Latin, 2005.

_____. "Las acciones colectivas en Estados Unidos". *In:* GIDI, Antonio; MAC-GREGOR, Eduardo Ferrer (coords.). *Procesos colectivos*: la tutela de los derechos difusos, colectivos e individuales en una perspectiva comparada. Mexico: Editorial Porrúa, 2003.

_____. "Código de processo civil coletivo: um modelo para países de direito escrito". *RePro*, São Paulo: RT, n. 111, pp. 192-208, jul./set., 2003.

_____. "A representação adequada nas ações coletivas brasileiras: uma proposta". *RePro*, São Paulo: RT, n. 108, pp. 61-70, 2002.

_____. *Rumo a um Código de Processo Coletivo:* a codificação das ações coletivas no Brasil. Rio de Janeiro: Forense, 2008.

GODINHO, Robson Renault. "A admissibilidade da tutela jurisdicional e a efetividade e a efetividade dos processos envolvendo políticas públicas". *In:* VILLELA, Patrícia (coord.). *Ministério Público e políticas públicas*. Rio de Janeiro: Lumen Juris, 2009.

GOES, Gisele Santos Fernandes. "Amicus curiae e sua função nos processos objetivos: necessidade de universalização do instituto para outras demandas". *In:* DIDIER Jr., Fredie *et al.* (coord.). *O terceiro no processo civil brasileiro e assuntos correlatos*: estudos em Homenagem ao Professor Gusmão Carneiro. São Paulo: RT, 2010.

GONÇALVES, Alcindo. "Políticas públicas e ciência política". *In:* BUCCI, Maria Paula Dallari (coord.). *Políticas públicas*: reflexos sobre o conceito jurídico. São Paulo: Saraiva, 2006.

GONÇALVES, Aroldo Plínio. *Técnica processual e teoria do processo*. Rio de Janeiro: Aide Editora, 1992.

GORDILLO, Agustín. *Tratado de derecho administrativo y obras selectas*. 9ª Ed. Tomo 2: La defensa del usuário y del administrado. Buenos Aires: FDA, 2009. Disponível em: www.gordillo.com.br. Acesso em 10 de julho de 2012.

GRAU, Eros Roberto. *A ordem econômica na Constituição de 1988*. 14ª Ed. São Paulo: Malheiros, 2010.

GRINOVER, Ada Pellegrini. "O controle de políticas públicas pelo poder judiciário". *In:* SALLES, Carlos Alberto (coord.). *As grandes transformações do processo civil brasileiro*: homenagem ao Professor Kazuo Watababe. São Paulo: Quartier Latin, 2009.

_____; WATANABE, Kazuo. "O controle jurisdicional de políticas públicas". *In:* GRINOVER, Ada Pellegrini; WATANABE, Kazuo (coord.). *O controle jurisdicional de políticas públicas*. Rio de Janeiro: Forense, 2011.

_____; DINAMARCO, Cândido Rangel; CINTRA, Antônio Carlos de Araújo. *Teoria geral do processo*. São Paulo: Malheiros, 2008.

_____; WATANABE, Kazuo; MULLENIX, Linda. *Os processos coletivos nos países de civil law e common law*: uma análise de direito comparado. São Paulo: RT, 2008.

_____. "Direito processual coletivo". *In:* GRINOVER, Ada Pellegrini; MENDES, Aluisio Gonçalves de Castro; WATANABE, Kazuo (coords.). *Direito processual coletivo e anteprojeto de código brasileiro de processos coletivos*. São Paulo: RT, 2007.

_____. "A ação civil pública refém do autoritarismo". *In: O processo*: estudos e pareceres. São Paulo: Perfil, 2005.

_____. "Da class action for damages à ação de classe brasileira: os requisitos de admissibilidade". *In: O Processo*: estudos e pareceres. São Paulo: Perfil, 2005.

_____. "Novas questões sobre a legitimação e a coisa julgada nas ações coletivas". *In: O Processo*: estudos e pareceres, São Paulo: Perfil, 2005.

_____. "Rumo a um código brasileiro de processos coletivos". *In:* MAZZEI, Rodrigo; NOLASCO, Rita Dias (coords.). *Processo civil coletivo*. São Paulo: Quartier Latin, 2005.

_____. *"Significado social, político e jurídico da tutela dos interesses difusos". RePro*, São Paulo: RT, n. 97, pp. 9-15, 2000.

_____. *A marcha do processo*. São Paulo: Forense, 2000.

_____. *Novas tendências do direito processual*. São Paulo: Universitária Forense, 1989.

_____. *As garantias constitucionais do direito de ação*. São Paulo: RT, 1973.

GUEDES, Clarissa Diniz. "A legitimidade ativa na ação civil pública e os princípios constitucionais". *In:* MAZZEI, Rodrigo; NOLASCO, Rita Dias (coord). *Processo coletivo*. São Paulo: Quartier Latin, 2005.

GUERRA FILHO, Willis Santiago. "Noções fundamentais sobre o princípio constitucional da proporcionalidade". *In:* CAMARGO, Marcelo Novelino. *Leituras complementares de direito constitucional*: controle de constitucionalidade e hermenêutica constitucional. Salvador: JusPodivm, 2008.

GUIMARÃES, Juarez. "As culturas brasileiras da participação democrática". *In:* AVRITZER, Leonardo (coord.). *A participação em São Paulo*. São Paulo: Unesp, 2004.

HÄBERLE, Peter. *Hermenêutica constitucional:* Sociedade aberta dos intérpretes da Constituição. Contribuição para a interpretação pluralista e "procedimental" da Constituição. Traduzido por Gilmar Ferreira Mendes. Porto Alegre: Sergio Antonio Fabris Editor, 1997.

HESSE, Konrad. "Significado dos direitos fundamentais". Traduzido por Carlos dos Santos Almeida. *In: Temas fundamentais do direito constitucional*. São Paulo: Saraiva, 2009.

HOLMES, Stephen; SUNSTEIN, Cass R. *The cost of rights*: why liberty depends on taxes. Cambridge: Harvard University Press, 2000.

HOUTZAGER, Peter; SERAFIM, Lizandra; DOWBOR, Monika. *Enfrentando os desafios da representação em espaços participativos*. São Paulo: CEBRAP: IDS, 2008. Disponível em: <http://www.cebrap.org.br/v1/upload/pdf/enfrentando%20os%20desafios%20da%20representacao.pdf> Acesso em: 05 de janeiro de 2013.

IZAIAS, Rafael Silva. (2010) *A legitimação do estado democrático de direito na modernidade periférica*: uma observação a partir do caso brasileiro.

Dissertação de Mestrado. Universidade São Paulo, Faculdade de Direito, São Paulo.

KIM, Richard P. Pae; MIRANDA, Valsiélen Adiani. "Democratização das políticas públicas pelos conselhos e tutela dos interesses fundamentais". *Cadernos de Direito*. Piracicaba: Universidade Metodista de Piracicaba vol. 10(19). 2010. pp. 69-89. Disponível em: https://www.metodista.br/revistas/revistasunimep/index.php/direito/article/viewArticle/217. Acesso em 22 de julho de 2013.

JUSTEN FILHO, Marçal. *Curso de direito administrativo*. 7ª Ed. Belo Horizonte: Fórum, 2011.

LEAL, Mônica Clarissa Hennig. *Neoconstitucionalismo:* la audiência pública como instrumento de democratización de las jurisdicción constitucional y su efectividad em el fallo del supremo tribunal federal brasileño respecto al derecho a la salud. Disponível em: <http://www.juridicas.unam.mx/wccl/ponencias/13/230.pdf> Acesso em: 15 de setembro de 2012.

LEAL, Rogério Gesta. *Teoria do estado*: cidadania e poder político na modernidade. Porto Alegre: Livraria do Advogado, 2001.

LEITE, Glauco Salomão. "Supremacia judicial, direitos fundamentais e democracia: o controle judicial das leis na encruzilhada?". *In:* SARLET, Ingo Wolfgang; CARBONELL, Miguel; LEITE, George Salomão (coords.). *Direitos, deveres e garantias fundamentais*. Salvador: JusPodivm, 2011.

LENZA, Pedro. *Teoria geral da ação civil pública*. São Paulo: RT, 2008.

LEONEL, Ricardo de Barros. *Manual de processo coletivo*. São Paulo: RT, 2011.

_____. "Novos desafios do Ministério Público na tutela coletiva". *In:* MILARÉ, Édis (coord.). *A ação civil pública após 25 anos*. São Paulo: RT, 2010.

_____. "Causa de pedir e pedido nos processos coletivos: uma nova equação para a estabilização da demanda". *In:* GRINOVER, Ada Pellegrini; MENDES, Aluísio Gonçalves de Castro; WATANABE, Kazuo (coords.). *Direito processual coletivo e o anteprojeto de código brasileiro de processos coletivos*. São Paulo: RT, 2007.

LEONEL, Ricardo de Barros. "A causa petendi nas ações coletivas". *In:* BEDAQUE, José dos Santos; CRUZ E TUCCI, José Rogério (coords.). *Causa de pedir e pedido no processo civil*. São Paulo: RT, 2002.

LIBERATI, Wilson Donizeti. *Políticas Públicas no Estado Constitucional*. São Paulo: Atlas. 2013.

LOPES, Ana Maria D'Ávila. "A participação política das minorias no estado democrático de direito brasileiro". *In:* LIMA, Martonio Mont'Alverne Barreto; ALBUQUERQUE, Paulo Antonio de Menezes (coords.). *Democracia, direito e política*: estudos internacionais em Homenagem a Friedrich Müller. Florianópolis: Conceito Editorial, 2006.

LOPES Jr., Aury. *Introdução crítica ao processo penal*: fundamentos da instrumentalidade constitucional. Rio de Janeiro: Lumen Juris, 2009.

LOPES, José Reinaldo de Lima. "Em torno da 'reserva do possível'". *In:* SARLET, Ingo Wolfgang; TIMM, Luciano Benetti (coords.). *Direitos fundamentais e "reserva do possível"*. Porto Alegre: Livraria do Advogado, 2008.

_____. *Direitos sociais*: teoria e prática. São Paulo: Método, 2006.

_____. "Justiça e poder judiciário ou a virtude confronta a instituição". *Revista USP*, São Paulo: Universidade de São Paulo, n. 21, pp. 23-33, 1994.

_____. "Interpretação do pedido e da causa de pedir nas demandas coletivas (conexão, continência e litispendência)". *In:* LUCON, Paulo Henrique dos Santos (coord.). *Tutela coletiva:* 20 anos da lei da ação civil pública e do fundo de defesa dos direitos difusos e 15 anos do código de defesa do consumidor. São Paulo: Atlas, 2006.

MACEDO Jr., Ronaldo Porto. "Ação civil pública, direito social e os princípios". *In:* MILARÉ, Édis (coord.). *A ação civil pública após 20 anos:* efetividade e desafios. São Paulo: RT, 2005.

MANCUSO, Rodolfo de Camargo. *Acesso à justiça:* condicionantes legítimas e ilegítimas. São Paulo: RT, 2011.

_____. *Ação civil pública*: em defesa do meio ambiente, do patrimônio cultural e dos consumidores – Lei 7.347/1985 e Legislação Complementar. São Paulo: RT, 2007.

_____. *Jurisdição coletiva e coisa julgada*: teoria geral das ações coletivas. São Paulo: RT, 2007.

_____. *Interesses difusos*: conceito e legitimação para agir. São Paulo: RT, 2004.

_____. "A ação civil pública como instrumento de controle das chamadas políticas públicas". *In:* MILARÉ, Édis (coord.). *Ação civil pública*: lei n. 7.347/1985 – 15 anos. São Paulo: RT, 2002.

_____. "Controle judicial das chamadas políticas públicas". *In:* MILARÉ, Édis (coord.). *Ação civil pública*: lei n. 7.347/85 – 15 anos. São Paulo: RT, 2002.

MARANHÃO, Clayton. "O controle jurisdicional de políticas públicas". *In:* GOZZOLI, Maria Clara *et al.* (coord.). *Em defesa de um novo sistema de processos coletivos*: estudos em Homenagem a Ada Pellegrini Grinover. São Paulo: Saraiva, 2010.

MARINONI, Luiz Guilherme. *Técnica processual e tutela dos direitos*. 3ª Ed. São Paulo: RT, 2010.

_____. *Processo de conhecimento*. vol. 1. São Paulo: RT, 2007.

_____. *Teoria geral do processo*. 2ª Ed. São Paulo: RT, 2007.

_____. *Tutela inibitória*: individual e coletiva. 4ª Ed. São Paulo: RT, 2006.

_____. "A legitimidade da atuação do juiz a partir do direito fundamental à tutela jurisdicional efetiva". *Jus Navigandi*, ano 11, n. 1161. Publicado em: 05 de setembro de 2006, Teresina. Disponível em: <http://jus.com.br/revista/texto/8846> Acesso em: 20 de dezembro 2012.

_____. *Novas linhas do processo civil:* o acesso à justiça e os institutos fundamentais do direito processual. São Paulo: RT, 1993.

MARTINS, Fernando Barbalho. *Do direito à democracia*: neoconstitucionalismo, princípio democrático e a crise no sistema representativo. Rio de Janeiro: Lumen Juris, 2007.

MARTINS Jr., Wallace Paiva. "Ação civil pública, improbidade administrativa e políticas públicas". *In:* MILARÉ, Édis (coord.). *A ação civil pública após 25 anos*. São Paulo: RT, 2010.

MAZZILLI, Hugo Nigro. *A defesa dos interesses difusos em juízo:* meio ambiente, consumidor, patrimônio cultural, patrimônio público e outros interesses. São Paulo: Saraiva, 2012.

_____. *O inquérito civil*: investigações do Ministério Público, compromisso de ajustamento e audiências públicas. São Paulo: Saraiva, 2008.

MASSA-ARZABE, Patrícia Helena. "Dimensão jurídica das políticas públicas". *In:* BUCCI, Maria Paula Dallari (coord.). *Políticas públicas*: reflexos sobre o conceito jurídico. São Paulo: Saraiva, 2006.

MEDAUAR, Odete. *O direito administrativo em evolução*. São Paulo: RT, 2003.

_____. *Controle da administração pública*. São Paulo: RT, 1993.

MEDINA, Damares. *Amicus curiae*: amigo da corte ou amigo da parte? São Paulo: Saraiva, 2010.

MEDINA, José Miguel Garcia; WAMBIER, Teresa Arruda Alvim. "Amicus curiae". *In:* DIDIER Jr., Fredie *et al.* (coord.). *O terceiro no processo civil brasileiro e assuntos correlatos*: estudos em Homenagem ao Professor Gusmão Carneiro. São Paulo: RT, 2010.

MEIRELLES, Hely Lopes; ALEIXO, Délcio Balestero; BURLE FILHO, José Emmanuel. *Direito administrativo brasileiro*. São Paulo: Malheiros, 2011.

MELLO, Oswaldo Aranha Bandeira de. "Introdução". *Princípios gerais do direito administrativo*. 3ª Ed. vol. I. São Paulo: Malheiros, 2007.

MENCIO, Mariana. *Regime jurídico da audiência pública na gestão democrática das cidades*. São Paulo: Fórum, 2007.

MENDES, Aluísio Gonçalves de Castro. "Ação civil pública: desafios, perspectivas após 25 anos de vigência da Lei n. 7.347/1985". *In:* MILARÉ, Édis (coord.). *A ação civil pública após 25 anos*. São Paulo: RT, 2010.

_____. *Ações coletivas no direito comparado e nacional*. 2ª Ed. São Paulo: RT, 2010.

_____. "O anteprojeto de código brasileiro de processos coletivos: visão geral e pontos sensíveis". *In:* GRINOVER, Ada Pellegrini; MENDES, Aluísio Gonçalves de Castro; WATANABE, Kazuo (coords.). *Direito processual e o anteprojeto de código brasileiro de processos coletivos*. São Paulo: RT, 2007.

MENDES, Gilmar Ferreira. "Lei n. 9868/99: processo e julgamento da ação direta de inconstitucionalidade e da ação declaratória de constitucionalidade perante o Supremo Tribunal Federal". *Jus Navigandi*, Teresina, ano 5, n. 41, 1 maio 2000. Disponível em: http://jus.com.br/artigos/130. Acesso em: 14 de outubro de 2012.

MENDONÇA, Eduardo. "Da faculdade de gastar ao dever de agir: o esvaziamento contramajoritário de políticas públicas". *In:* SOUZA NETO, Cláudio Pereira de; SARMENTO, Daniel (coord.). *Direitos sociais*: fundamentos, judicialização e direitos sociais em espécie. Rio de Janeiro: Lumen Juris, 2008.

MEYER-PFLUG, Samantha; BASTOS, Celso Ribeiro. "A interpretação como fator de desenvolvimento e atualização das normas constitucionais". *In:* SILVA, Virgílio Afonso da (coord.). *Interpretação constitucional*. São Paulo: Malheiros, 2010.

MILARÉ, Édis. "Ação civil pública, instrumento indutor da sustentabilidade". *In:* MILARÉ, Édis (coord.). *A ação civil pública após 25 anos*. São Paulo: RT, 2010.

MIRRA, Álvaro Luiz Valery. *Participação, processo civil e defesa do meio ambiente*. São Paulo: Letras Jurídicas, 2011.

_____. "Associações civis e a defesa dos interesses difusos em juízo: Do direito vigente ao direito projetado". *In:* GRINOVER, Ada Pellegrini; MENDES, Aluisio Gonçalves de Castro; WATANABE, Kazuo (coords.). *Direito Processual coletivo e o anteprojeto de código brasileiro de processos coletivos*. São Paulo: RT, 2007.

_____. "A ação civil pública em defesa do meio ambiente: a representatividade adequada dos entes intermediários legitimados para a causa". *In:* MILARÉ, Édis (coord.). *Ação civil pública após 20 anos*: efetividade e desafios. São Paulo: RT, 2005.

MORAIS, José Luis Bolzan de. "Crise do estado e democracia: onde está o povo?" *In:* LIMA, Martonio Mont' Alverne Barreto; ALBUQUERQUE, Paulo Antonio de Menezes (coords.). *Democracia, direito e política*: estudos internacionais em Homenagem a Friedrich Müller. Florianópolis: Conselho Editorial, 2006.

MOREIRA, José Carlos Barbosa. "Ações coletivas na constituição de 1988". *In:* MILARÉ, Édis (coord.). *A ação civil pública após 25 anos*. São Paulo: RT, 2010.

_____. *Comentários ao código de processo civil*: lei n. 5.869, de 11 de janeiro de 1973. 14ª Ed. Rio de Janeiro: Forense, 2008.

_____. "A revolução processual inglesa". *In: Temas de direito processual*. Nona série. São Paulo: Saraiva, 2007.

_____. "A ação popular do direito brasileiro como instrumento de tutela jurisdicional dos chamados direitos difusos". *In: Temas de direito processual*. São Paulo: Saraiva, 1977.

MOREIRA NETO, Diogo Figueiredo. "Apontamentos sobre o controle judicial de políticas públicas". *In:* FORTINI, Cristiana; ESTEVES, Júlio César dos Santos; DIAS, Maria Tereza Fonseca (coord.). *Políticas públicas*: possibilidades e limites. Belo Horizonte: Fórum, 2008.

_____. *Mutações do direito administrativo*. 2ª Ed. Rio de Janeiro: Renovar, 2001.

MORO, Sérgio Fernando. *Jurisdição constitucional como democracia*. São Paulo: RT, 2004.

NERY, Rosa Maria Andrade; NERY Jr., Nelson. *Código de processo civil comentado e legislação extravagante*. 7ª Ed. São Paulo: RT, 2003.

NERY Jr., Nelson. "O Ministério Público e as ações coletivas". *In:* MILARÉ, Édis (coord.). Ação civil pública (Lei n. 7.347/85 – Reminiscências e reflexões após dez anos de aplicação). São Paulo: RT, 1995.

NEVES, Marcelo. *Entre Têmis e Leviatã:* uma relação difícil. O estado democrático de direito a partir e além de Luhmann e Habermas. São Paulo: Martins Fontes, 2008.

NOJIRI, Sergio. *A interpretação judicial do direito*. São Paulo: RT, 2005.

OLIVEIRA, Carlos Alberto Álvaro de. *A garantia do contraditório*. Disponível em: <http://www.abdpc.org.br/abdpc/artigos/Carlos%20A.%20A.%20de%20Oliveira%20%20formatado.pdf> Acesso em: 22 de outubro de 2012.

_____. *Do formalismo no processo civil*: proposta de um formalismo-valorativo. São Paulo: Saraiva, 2009.

OLIVEIRA, Guilherme Peres de. "Amicus curiae no controle concentrado de constitucionalidade brasileiro: amigo da corte ou sujeito parcial do processo?" *In:* DIDIER, Fredie *et al.* (coord.). *O terceiro no processo civil brasileiro e assuntos correlatos*: estudos em Homenagem ao Professor Athos Gusmão Carneiro. São Paulo: RT, 2010.

OLIVEIRA, Gustavo Henrique Justino de. "As audiências públicas e o processo administrativo brasileiro". *Revista de Informação Legislativa*, vol. 34, n. 135, p. 271-281, Brasília, Senado Federal, jul./set. 1997. Disponível em: <http://www2.senado.gov.br/bdsf/bitstream/id/280/4/r135-31.pdf>. Acesso em: 04 de janeiro de 2012.

OLIVEIRA, Swarai Cervone de. "Poderes do juiz nos processos coletivos". *In:* GOZZOLI, Maria Clara *et al.* (coord.). *Em defesa de um novo sistema de processos coletivos*: estudos em Homenagem a Ada Pellegrini Grinover. São Paulo: Saraiva, 2010.

OTEIZA, Eduardo; VERBIC, Francisco. *La representatividad adecuada como requisito constitucional de los procesos colectivos*: cuáles son los nuevos estándares que brinda el fallo "harabi"? *In:* <http://www.franciscoverbic.com.ar/index.php?option=com_content&view=article&id=62&Itemid=97&lang=pt> Acesso em: 03 de janeiro de 2013.

PALU, Oswaldo Luiz. *Controle dos atos de governo pela jurisdição*. São Paulo: RT, 2004.

PASCHOAL, Maximilian Fierro. (2007) A *representatividade adequada na ação coletiva brasileira:* lei da ação civil pública e código de defesa do consumidor. Dissertação de Mestrado. Universidade de São Paulo, Faculdade de Direito da Universidade de São Paulo – FADUSP, São Paulo.

_____. "A representatividade adequada e a discussão quanto à possibilidade do seu controle judicial no Brasil". *In:* SALLES, Carlos Alberto de (coord.). *As grandes transformações do processo civil brasileiro*: homenagem ao Professor Kazuo Watanabe. São Paulo: Quartier Latin, 2009.

PASSOS, José Joaquim Calmon de. "Democracia, participação e processo". *In:* GRINOVER, Ada Pellegrini; DINAMARCO, Cândido Rangel; WATANABE, Kazuo (coords.). *Participação e processo*. São Paulo: RT, 1988.

PAULA, Jônatas Luiz Moreira de. *A jurisdição como elemento de inclusão social:* revitalizando as regras do jogo democrático. Barueri: Manole, 2002.

PEREIRA, Milton Luiz. "Amicus curiae: intervenção de terceiros". *Repro*, São Paulo: RT, n. 109, pp. 39-44, jan./mar. 2003.

PEREIRA, Rodolfo Viana. *Direito constitucional democrático:* controle e participações como elementos fundantes e garantidores da constitucionalidade. Rio de Janeiro: Lumen Juris, 2008.

PEREZ, Marcos Augusto. "A participação da sociedade na formulação, decisão e execução de políticas públicas". *In:* BUCCI, Maria Paula Dallari (coord.). *Políticas públicas*: reflexos sobre o conceito jurídico. São Paulo: Saraiva, 2006.

PEREZ LUÑO, Antonio Enrique. *Los derechos fundamentales.* 7ª Ed. Madrid: Tecnos, 1998.

PONTES FILHO, Valmir. "O controle de políticas públicas". *In:* FORTINI, Cristiana; ESTEVES, Júlio César dos Santos; DIAS, Maria Tereza Fonseca (coords.). *Políticas públicas*: possibilidades e limites. Belo Horizonte: Fórum, 2008.

RAMOS, Elival da Silva. *Ativismo judicial*: parâmetros dogmáticos. São Paulo: Saraiva, 2010.

RAZABONI, Olívia Ferreira. (2009) *Amicus curiae*: democratização da jurisdição constitucional. Dissertação de Mestrado. Universidade de São Paulo, Faculdade de Direito da Universidade de São Paulo – FADUSP, São Paulo.

REALE, Miguel. *Filosofia do direito*. vol. 1. São Paulo: Saraiva, 1978.

SALLES, Carlos Alberto. "Coisa julgada e extensão dos efeitos da sentença em matéria de direitos sociais constitucionais". *In:* GOZZOLI, Maria Clara *et al.* (coords.). *Em defesa de um novo sistema de processos coletivos*: estudos em Homenagem a Ada Pellegrini Grinover. São Paulo: Saraiva, 2010.

_____. "Duas faces da proteção judicial dos direitos sociais no Brasil". *In:* SALLES, Carlos Alberto (coord.). *As grandes transformações do processo civil brasileiro*: homenagem ao Professor Kazuo Watanabe. São Paulo: Quartier Latin, 2009.

_____. "Ações coletivas: Premissas para comparação com o sistema jurídico norte-americano". *In:* SALLES, Carlos Alberto; SILVA, Solange Teles; NUSDEO, Ana Maria (coords.). *Processos coletivos e tutela ambiental*. Santos: Leopoldianum, 2006.

_____. "Políticas públicas e processo: a questão da legitimidade nas ações coletivas". *In:* BUCCI, Maria Paula Dallari (coord.). *Políticas públicas*: reflexões sobre o conceito jurídico. São Paulo: Saraiva, 2006.

_____. "Políticas públicas e legitimidade para a defesa de interesses difusos e coletivos". *RePro*, São Paulo: RT, n. 121, ano 30, pp. 38-50, 2005.

_____. "Execução específica e ação civil pública". *In:* MILARÉ, Édis (coord.). *A ação civil pública após 20 anos:* efetividade e desafios. São Paulo: RT, 2005.

_____. "Processo civil de interesse público". *In:* SALLES, Carlos Alberto (coord.). *Processo civil e interesse público*: o processo como instrumento de defesa social. São Paulo: RT, 2003.

_____. "Ação civil pública contra omissões do poder público: limites e possibilidades". *In:* SALLES, Carlos Alberto (coord.). *Processo civil e interesse público*: o processo como instrumento de defesa social. São Paulo: RT, 2003.

_____. *Execução judicial em matéria ambiental.* São Paulo: RT, 1998.

SARLET, Ingo Wolfgang. *A eficácia dos direitos fundamentais*: uma teoria geral dos direitos fundamentais na perspectiva constitucional. 11ª Ed. Porto Alegre: Livraria do Advogado, 2012.

_____. "Direitos fundamentais, deveres de proteção e proporcionalidade: notas a respeito dos limites e possibilidades da aplicação das categorias da proibição de excesso e de insuficiência em matéria penal". *In:* SILVA, Christine Oliveira Peter da; CARNEIRO, Gustavo Ferraz (coords.). *Controle de constitucionalidade e direitos fundamentais*: estudos em Homenagem ao Professor Gilmar Mendes. Rio de Janeiro: Lumen Juris, 2010.

_____. "Segurança social, dignidade da pessoa humana e proibição de retrocesso: revisitando o problema da proteção dos direitos fundamentais sociais". *In:* CANOTILHO, José Joaquim Gomes; CORREIA, Marcus Orione Gonçalves; CORREIA, Érica Paula Barcha (coords.). *Direitos fundamentais sociais.* São Paulo: Saraiva, 2010.

_____. "Direitos fundamentais, orçamento e 'reserva do possível'". *In:* SARLET, Ingo Wolfgang; TIMM, Luciano Benetti (coords.). *Direitos fundamentais:* orçamento e "reserva do possível". Porto Alegre: Livraria do Advogado, 2008.

SARMENTO, Daniel. "A proteção judicial dos direitos sociais: alguns parâmetros ético-jurídicos". *In:* SOUZA NETO, Cláudio Pereira de; SARMENTO, Daniel (coord.). *Direitos sociais*: fundamentos, judicialização e direitos sociais em espécie. Rio de Janeiro: Lumen Juris, 2008.

SILVA, Carlos Augusto. *O processo civil como estratégia de poder*: reflexo da judicialização da política no Brasil. Rio de Janeiro: Renovar, 2004.

SILVA, Guilherme Amorim Campos da. *Direito ao desenvolvimento*. São Paulo: Método, 1999.

SILVA, José Afonso da. *Aplicabilidade das normas constitucionais*. São Paulo: Malheiros, 2009.

_____. *Curso de direito constitucional positivo*. 32ª Ed. São Paulo: Malheiros, 2009.

_____. "Democracia Participativa". *Cadernos de Soluções Constitucionais*. vol 2. São Paulo: Malheiros, 2006. pp. 183-214.

SILVA, Virgílio Afonso da. *Direitos fundamentais*: conteúdo essencial, restrições e eficácia. 2ª Ed. São Paulo: Malheiros, 2010.

_____. "O judiciário e as políticas públicas: entre a transformação social e obstáculo à realização dos direitos sociais". *In:* SOUZA NETO, Cláudio Pereira de; SARMENTO, Daniel (coord.). *Direitos Sociais*: fundamentos, judicialização e direitos sociais em espécie. Rio de Janeiro: Lumen Juris, 2008.

SOUZA, Boaventura dos Santos. *Pela mão de Alice*: o social e o político na pós-modernidade. São Paulo: Cortez, 2000.

SOUZA NETO, Cláudio Pereira de. "A justiciabilidade dos direitos sociais: críticas e parâmetros". *In:* SOUZA NETO, Cláudio Pereira de; SARMENTO, Daniel (coords.). *Direitos sociais*: fundamentos, judicialização e direitos sociais em espécie. Rio de Janeiro: Lumen Juris, 2008.

_____. "Os direitos fundamentais como condições para a cooperação na deliberação democrática". *In:* LIMA, Martonio Mont'Alverne Barreto; ALBUQUERQUE, Paulo Antonio de Menezes (coords.). *Democracia, direito e política*: estudos internacionais em Homenagem a Friedrich Müller. Florianópolis: Conceito Editorial, 2006.

SUNSTEIN, Cass R. *The partial constitution*. Cambridge: Harvard University Press, 1993.

TATAGIBA, Luciana. *Conselhos Gestores de Políticas Públicas e Democracia Participativa:* aprofundando o debate. Disponível em http://www.scielo.br/pdf/rsocp/n25/31122.pdf. Acesso em 22 de junho de 2013.

TARIN, Denise. "A aliança entre o Ministério Público e a sociedade civil na definição de políticas públicas". *In:* VILELLA, Patrícia (coord.). *Ministério Público e políticas públicas*. Rio de Janeiro: Lumen Juris, 2009.

TAVARES, André Ramos. "Abertura epistêmica do direito constitucional". *In:* CAMARGO, Marcelo Novelino (coord.). *Leituras complementares de direito constitucional*: controle de constitucionalidade e hermenêutica constitucional. Salvador: JusPodivm, 2008.

TAVARES, Osvaldo Hamilton. "A CVM como amicus curiae". *RePro*, São Paulo: RT, vol. 690, ano 82, pp. 286-287, abr. 1993.

TORRES, Ricardo Lobo. "A cidadania multidimensional na era dos direitos". *In:* LOBO, Ricardo (coord.). *Teoria dos direitos fundamentais*. Rio de Janeiro: Renovar, 2001.

_____. "O mínimo existencial como conteúdo essencial dos direitos fundamentais". *In:* SOUZA NETO, Cláudio Pereira de; SARMENTO, Daniel. (coord.). *Direitos sociais*: fundamentos, judicialização e direitos sociais em espécie. Rio de Janeiro: Lumen Juris, 2008.

_____. *Tratado de direito constitucional, financeiro e tributário*. vol. V: O orçamento na constituição. Rio de Janeiro: Renovar, 2008.

VENTURI, Elton. *Processo civil coletivo*. São Paulo: Malheiros, 2007.

_____. *Processo coletivo*: a tutela jurisdicional dos direitos difusos, coletivos e individuais homogêneos no Brasil. São Paulo: Malheiros, 2007.

VERBIC, Francisco. *Propuesta para regular la figura del amicus curiae en la provincia de Buenos Aires*. Disponível em: <https://www.academia.edu/3715682/Propuesta_para_regular_la_figura_el_amicus_curiae_en_la_Provincia_de_Buenos_Aires > Acesso em: 15 de Julho de 2016.

VESCOVI, Enrique. "Una forma natural de participación popular en el control de la justicia: el proceso por audiência pública". *In:* WATANABE, Kazuo;

GRINOVER, Ada Pellegrini; DINAMARCO, Cândido Rangel (coords.). *Participação e processo.* São Paulo: RT, 1988.

VEZZULLA, Juan Martin; NÁPOLI, Andrés. *El amicus curiae em las cusas ambientales.* Disponível em <http://www.ibrarian.net/navon/paper/EL_AMICUS_CURIAE_EN_LAS_CAUSAS_AMBIENTALES.pdf?paperid=12044884> Acesso em: 15 de Julho de 2016.

VICTOR, Rodrigo Albuquerque de. *Judicialização de políticas públicas para a educação infantil.* São Paulo: Saraiva, 2011.

VIGORITI, Vincenzo. "Os direitos individuais homogêneos e o neoprocessualismo". *In:* FIGUEIREDO, Guilherme José Purvin de; RODRIGUES, Marcelo Abelha (coords.). *O novo processo civil coletivo.* Rio de Janeiro: Lumen Juris, 2009.

_____. *Interessi collettivi e processo:* la legittimazione ad agire. Milano: Giuffrè Editore, 1979.

ZANETI Jr., Hermes. "A teoria da separação de poderes e o estado democrático constitucional". *In:* GRINOVER, Ada Pellegrini; WATANABE, Kazuo (coords.). *O controle jurisdicional de políticas públicas.* Rio de Janeiro: Forense, 2011.

_____. "Os direitos individuais homogêneos e o neoprocessualismo". *In:* FIGUEIREDO, Guilherme José Purvin; RODRIGUES, Marcelo Abelha (coords.). *O novo processo civil coletivo.* Rio de Janeiro: Lumen Juris, 2009.

ZAVASCKI, Teori Albino. *Tutela de direitos coletivos e tutela coletiva de direitos.* 3ª Ed. São Paulo: RT, 2008.

ZIEGLER, Jean. "Direito humano à alimentação adequada". *In:* PIOVESAN, Flávia (coord.). CONTI, Irio Luiz (Coord.) *Direito Humano à Alimentação Adequada.* Rio de Janeiro: Lumen Juris, 2007.

ZUFELATO, Camilo. "Controle judicial de políticas públicas mediante ações coletivas e individuais". *In:* GRINOVER, Ada Pellegrini; WATANABE, Kazuo (coord.). *O controle jurisdicional de políticas públicas.* Rio de Janeiro: Forense, 2011.

YEAZELL, Stephen C. *From medieval group litigation to the modern class action.* New Heaven: Yale University Press, 1987.

YOSHIDA, Consuelo Yatsuda Moromizato. "Ação civil pública: aspectos evolutivos e tendências. Protagonismo, integração e gestão participativa dos conflitos. Legitimidade e efetividade do processo decisório". *In:* MILARÉ, Édis (coord.). *Ação civil pública após 25 anos*. São Paulo: RT, 2010.

_____. "Ação civil pública: judicialização dos conflitos e redução da litigiosidade". *Ação civil pública após 20 anos*: efetividade e desafios. São Paulo: RT, 2005.

WAMBIER, Teresa Arruda Alvim. *Recurso especial, recurso extraordinário e ação rescisória*. 2ª Ed. São Paulo: RT, 2008.

_____; MEDINA, José Miguel Garcia. "Amicus curiae". *In:* DIDIER Jr., Fredie et al. (coord.). *O terceiro no processo civil brasileiro e assuntos correlatos*: Estudos em Homenagem ao Professor Gusmão Carneiro. São Paulo: RT, 2010.

WANG, Daniel Wei Liang. (2009) *Poder judiciário e participação democrática nas políticas públicas de saúde*. Dissertação de Mestrado. Universidade de São Paulo, Faculdade de Direito da Universidade de São Paulo – FADUSP, São Paulo.

WATANABE, Kazuo. "Controle jurisdicional de políticas públicas: 'Mínimo existencial' e demais direitos fundamentais imediatamente judicializáveis". *In:* GRINOVER, Ada Pellegrini; WATANABE, Kazuo (coord.). *O controle jurisdicional de políticas públicas*. Rio de Janeiro: Forense, 2011.

_____. "Processo Coletivo". *In:* GRINOVER, Ada Pellegrini; WATANABE, Kazuo; NERY Jr., Nelson. *Código Brasileiro de defesa do consumidor comentado pelos autores do anteprojeto*. vol. II. Rio de Janeiro: Forense, 2011.

_____. "Processo civil de interesse público. Introdução". *In:* SALLES, Carlos Alberto (coord). *Processo civil e interesse público*: o processo como instrumento de defesa social. São Paulo: RT, 2003.

_____. "Acesso à justiça e sociedade moderna". *In:* GRINOVER, Ada Pellegrini, DINAMARCO, Cândido Rangel; WATANABE, Kazuo (coord.). *Participação e processo*. São Paulo: RT, 1988.

_____. "Assistência judiciária e juizado especial de pequenas causas". *In:* WATANABE, Kazuo (coord.). *Juizado especial de pequenas causas*. São Paulo: RT, 1985.

A Editora Contracorrente se preocupa com todos os detalhes de suas obras! Aos curiosos, informamos que esse livro foi impresso pela Gráfica R.R. Donnelley em papel Polén Soft em Setembro de 2016.